일본어 달인이 되는 문법

일본어 달인이 되는 문법

지은이 이경수, 우오즈미 야스코
초판 1쇄 인쇄 2023년 8월 23일
초판 1쇄 발행 2023년 8월 31일

발행인 박효상 **편집장** 김현 **기획 · 편집** 장경희, 김효정 **디자인** 임정현
마케팅 이태호, 이전희 **관리** 김태옥

기획 · 편집 진행 김진아

종이 월드페이퍼 **인쇄 · 제본** 예림인쇄 · 바인딩

출판등록 제10-1835호 **발행처** 사람in **주소** 04034 서울시 마포구 양화로 11길 14-10 (서교동) 3F
전화 02) 338-3555(代) **팩스** 02) 338-3545 **E-mail** saramin@netsgo.com
Website www.saramin.com

ISBN
979-11-7101-020-2 13730

우아한 지적만보, 기민한 실사구시 사람in

일본어 달인이 되는 문법

읽기
듣기
쓰기
말하기를
모두 갖춘

완전
개정판

MP3 다운로드
www.saramin.com

이경수(한국방송통신대학교 일본학과교수)
우오즈미 야스코(한국방송통신대학교 일본학과교수)

사람in
saram
in.com

머리말

" 有志竟成 "

21세기는 글로벌 시대로 일컬어지고 있습니다. 미래지향적 발전을 위하여 우리에게 요구되는 것 중의 하나가 외국어구사능력입니다. 따라서 이 시대에 필요한 외국어라고 하면 일본어, 영어, 중국어라고 말하는 사람이 많습니다. 네, 그렇습니다. 일본어가 영어 못지않게 중요하다고 생각합니다. '그럼, 일본어를 잘하려면 어떻게 해야 하나요?'라고 질문하는 사람이 많습니다. 우선 일본어로 기본적인 의사소통능력이 필요합니다. 그러기 위해서는 문법을 잘 이해하고 활용하는 것이 중요합니다. 일본어 문법하면 딱딱하고, 진부하며, 재미없다는 인식을 가진 사람이 많습니다. 그 이유는 문법인 문(文)의 구조를 잘 이해하지 못했기 때문에 오는 현상이지요. 문장과 함께 문의 구조를 이해하고, 그 문의 구조를 일본어를 통하여 학습하게 된다면 일본어의 달인이 될 수 있습니다.

일본어 학습의 핵심은 일본어 문법입니다. 일본어 문의 다양한 구조를 통하여 일본어로 학습하고 일본 문화를 이해한다면, 여러분은 일본어와 일본어 문법의 달인이 될 것입니다.

여러분의 일본어 문법 이해를 돕기 위해 다음과 같은 신념으로 이 교재를 집필하게 되었습니다.

1. 초급부터 시작하시는 분, 중·상급이신 분, 가르치는 일에 종사하는 분 모두가 사용할 수 있도록 했습니다. 초급 학습자는 일본어 문법을 즐겁고 재미있게, 중·상급 학습자는 흥미를 더 느끼게 하고, 가르치고 있는 분은 쉽게 이해하고 가르칠 수 있도록 정리되어 있습니다.
2. 예문은 신선하고 시대에 맞게 구성하였으며, 주로 생활회화 위주의 예문으로 이루어져 있습니다.

3. 일본어 문법을 통하여 읽기, 쓰기, 말하기, 듣기가 자연스럽게 가능하도록 나선형으로 구성되어 있습니다.

4. 기존의 딱딱한 일본어 문법 교과서 형식에서 벗어나 학습하기 쉽게 이야기 형식으로 꾸며 놓았습니다.

5. 우리가 평소에 궁금하게 생각하고 구별하기 어려웠던 부분들도 알기 쉽게 정리해 놓았습니다.

필자는 오랜 국내외의 학술연구발표회, 일본 유학생활, 다양한 매체를 활용한 강의, 각종 국가고시 시험문제 출제를 통하여 어떻게 하면 쉽고 재미있게 가르치고 배울 수 있을까 하고 일본어 문법에 대하여 많이 고민하고 있는 연구자입니다.

'일본어 달인이 되는 문법'이 여러분의 일본어 학습에 진정한 길잡이가 되기를 진심으로 기원합니다.

저자 이경수

이 책의 구성

『일본어 달인이 되는 문법』은 기존의『일본어 문법의 달인이 되는 법』의 개정판으로, 일본어 문법에서 알아야 할 주요 문법 사항만을 뽑아 새로 편찬하였습니다. 일본어 선생님의 설명을 듣고 있는 것 같은 설명 방식을 살려, 일본어를 처음 시작하는 학습자는 읽으며 쉽게 이해할 수 있고, 일본어 문법의 정리가 필요한 학습자는 일본어 문법을 차근차근 정리할 수 있습니다.

챕터별로 [명사, 형용사 · 부사, 동사, 조동사, 경어, 조사, 가정 조건, 비즈니스 경어, 틀리기 쉬운 일본어 유사표현 비교]로 나누고, 각 챕터에서는 섹션으로 나누어 해당 항목을 가장 이해하기 쉬운 방법으로 설명하고 있습니다.

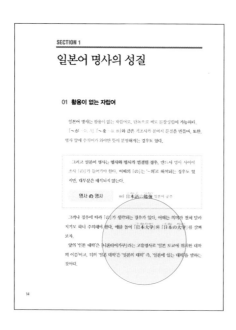

일본어 문법 설명을 선생님의 설명을 듣는 것 같은 방식으로 구체적이고 알기 쉽게 설명하였습니다.

음원이 필요한 부분은 QR 코드를 찍어, 원어민 선생님의 목소리로 바로 들을 수 있습니다.

● 표시의 Tip에서는 좀 더 다양한 일본어 표현과 지식을 배울 수 있습니다.

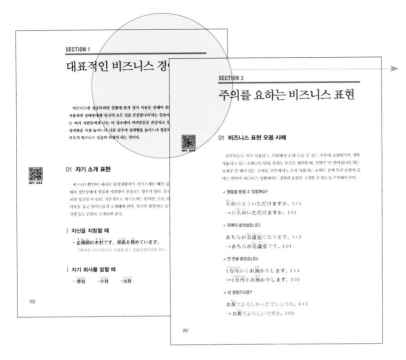

개정판에서는 비즈니스에서 사용하는 일본어 경어 표현을 추가 구성하였습니다. 일본어에서 가장 어렵다는 경어 표현을 상황에 맞게 구사할 수 있도록 정리하였습니다. 일반적인 표현과 경어 표현을 비교하여 한눈에 파악할 수 있도록 구성하였습니다.

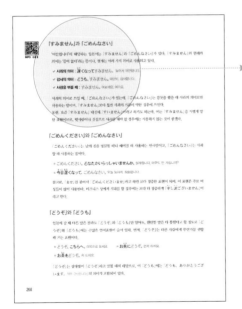

일본어의 유사표현 챕터에서는 비슷하지만 쓰임이 다른 표현들을 비교하여 정리하였습니다. 잘못 사용하면 오히려 예의에서 어긋나는 표현이 될 수도 있기 때문에, 비교하며 익혀 두면 좋은 표현들로만 구성하였습니다.
수록되어 있는 모든 예문은 해당 페이지의 QR 코드를 찍으면,
   PP.268~276은 MP3 101
   PP.276~286은 MP3 102
   PP.286~295는 MP3 103
원어민 선생님의 목소리로 바로 들을 수 있습니다.

일본어 문법 표현을 색인으로 정리하여, 필요한 문법 사항을 쉽게 찾을 수 있도록 구성하였습니다.

차례

CHAPTER 1

일본어 명사

- ◆ 일본어 명사의 성질
- ◆ 일본어 명사의 종류

일본어 명사의 성질

01 활용이 없는 자립어

일본어 명사는 활용이 없는 자립어로, 단독으로 써도 문장성립이 가능하다. 「~が ~이, 가」「~を ~을, 를」와 같은 격조사가 붙어서 문절을 만들며, 또한, 명사 앞에 수식어가 와야만 뜻이 분명해지는 경우도 있다.

그리고 일본어 명사는 명사와 명사가 연결될 경우, 반드시 명사 사이에 조사 「の」가 들어가야 한다. 이때의 「の」는 '~의'로 해석되는 경우도 있지만, 대부분은 해석되지 않는다.

명사 の 명사   ex) 日本語の勉強 일본어 공부

그러나 경우에 따라 「の」가 생략되는 경우가 있다. 이때는 의미가 전혀 달라지기도 하니 주의해야 한다. 예를 들어 「日本大学」와 「日本の大学」를 살펴보자.

앞의 '일본 대학'은 「니혼다이가쿠」라는 고유명사로 '일본 도쿄에 위치한 대학의 이름'이고, 뒤의 '일본 대학'은 '일본의 대학' 즉, '일본에 있는 대학'을 말하는 것이다.

02 서술형 역할 담당

일본어 문장의 특징 중 하나로 명사로 끝나는 문장이 많다는 점을 들 수 있다. 이점 역시 우리말과 크게 다르지 않아 쉽게 이해할 수 있다.

예를 들면, 종종 '난 커피.'라는 식의 말을 할 때가 있는데, 일본어에서도 마찬가지다. '난'에 해당하는 「私は」, '커피'에 해당하는 「コーヒー」를 그대로 붙여, 「私はコーヒー。」라고 하면, '난 커피.'라는 문장이 된다.

私 は コーヒー。
나 는 커피

이 문장은 상황에 따라 '난, 커피로 할래.', '난, 커피 주세요.', '난, 커피가 먹고 싶다.' 등의 의미로 사용되기 때문에, 명사로 끝나는 문장이 많을 수밖에 없는 것이다.

또한, 일본어 명사 역시 활용이 없어, 명사를 서술형으로 만들기 위해서는 명사 다음에 서술어를 붙여야 한다.

예를 들어, '커피다.'라고 말할 경우에는 「コーヒー 커피」 다음에 '~(이)다'에 해당하는 「~だ」를 붙여, 「コーヒーだ。」라고 하면 된다.

(명사)だ。 (명사)이다.

그럼, 「先生 선생님」라는 명사를 사용하여 명사의 서술형을 알아보자.

현 재 형

긍정형	보통형	せんせい 先生だ。 선생님이다.
	정중형	せんせい 先生です。 선생님입니다.
부정형	보통형	せんせい 先生では(じゃ)ない。 선생님이 아니다.
	정중형	せんせい 先生では(じゃ)ありません。 せんせい 先生では(じゃ)ないです。 선생님이 아닙니다.

● 「では」는 「じゃ」로 줄여 쓸 수 있다.

과 거 형

긍정형	보통형	せんせい 先生だった。 선생님이었다.
	정중형	せんせい 先生でした。 선생님이었습니다.
부정형	보통형	せんせい 先生では(じゃ)なかった。 선생님이 아니었다.
	정중형	せんせい 先生では(じゃ)ありませんでした。 せんせい 先生では(じゃ)なかったです。 선생님이 아니었습니다.

일본어 명사의 종류

01 보통명사

일반적인 사물의 이름을 나타내는 것이 '보통명사'다. 보통명사에는 '산(やま)'
과 같이 형태가 있는 것과 '사랑(あい)'과 같이 추상적인 개념을 나타내는 것이
있고, '앞(まえ)', '남쪽(みなみ)'과 같이 위치나 방향을 나타내는 것도 있다.

02 고유명사

고유명사는 국가명인 「韓国 한국」나 「日本 일본」, 지명인 「デハンノ 대학
로」나 「原宿 하루주쿠」, 서명인 「郷歌 향가」나 「万葉集 만요슈」, 그리고 인명인
「李 이」나 「田中 다나카」 등과 같이 하나 밖에 존재하지 않는 것, 즉, 고유의 뜻
을 나타내는 명사를 말한다.

참고로, 일본에서는 지역에 따라 고유명사를 읽는 법이 다른 경우가 있다. 예
를 들면, 지명인 「日本橋」를 읽을 때, 도쿄에서는 「にほんばし」로 읽고, 오사
카에서는 「にっぽんばし」라고 읽는다.

● '일본(にほん)'을 다르게 부를 때
① 국제대회에서 일본팀을 응원할 때 …➤ にっぽん！
② '일본은행(日本銀行)' …➤ にっぽんぎんこう

03 대명사

대명사는 사람이나 사물을 지시할 때 사용되는 것으로, 사람을 가리키는 인칭대명사와 사물이나 장소를 가리키는 지시대명사로 나뉜다.

▌인칭대명사

1인칭	2인칭	3인칭	
나, 저	너, 당신	그	그녀
わたし(私) わたくし(私) 정중한 표현 ぼく(僕) 남성 용어 おれ(俺) 남성 용어	あなた きみ(君) 자네	かれ(彼)	かのじょ (彼女)

인칭대명사에는 1인칭 · 2인칭 · 3인칭 대명사가 있다.

❶ 1인칭 대명사

인칭대명사의 대표적인 것은 말하는 사람이 자신을 가리키는 1인칭 대명사다. '나'에 해당하는 「わたし」는 자신을 가리키는 정중한 말이지만, 연설문이나 공공장소에서 더 정중하게 말할 경우에는 「わたくし」라고도 한다.

남성이 친구들이나 아랫사람에게 자신을 가리켜 말할 때는 주로 「ぼく」 또는 「おれ」라고 하는데, 여기서는 「おれ」가 조금 거친 말투다.

여성들이 격식을 갖추지 않은 말투로 자신을 가리켜 말할 때는 「あたし」라고 한다.

❷ 2인칭 대명사

2인칭 대명사는 듣는 사람을 가리키는 말로 '자네'에 해당하는 말이 「きみ」이고, 'You' 즉, '당신'에 해당하는 말이 「あなた」다. 「あなた」는 부부사이에서는 부인이 남편을 부를 때 '여보'의 의미로 사용되기도 한다.

MP3 002

18

❖ あなた、お客様が来ましたよ。 여보, 손님이 왔어요.

또한, 「あなた」를 친구들이나 아랫사람에게는 가볍게 「あんた」라고 말할 수 있는데, 이 말은 아주 친하지 않은 사이라면 사용하지 않는 것이 좋다.

❸ 3인칭 대명사

3인칭 대명사는 '나'와 '너'가 아닌, 화자와 청자에 속하지 않는 사람을 말한다. '그(남자)'는 「かれ」, '그녀(여자)'는 「かのじょ」라고 한다. 참고로, '남자친구' 는 「かれし」라고 하고, '여자친구'는 「かのじょ」라고 한다.

또한, 영어의 부정칭인 'someone'에 해당하는 '누구'는 「だれ」이고, 이를 정 중하게 말할 경우에는 「どなた」라고 한다.

┃ 지시대명사

사물	이것	그것	저것	어느 것
	これ	それ	あれ	どれ
장소	여기	거기	저기	어디
	ここ	そこ	あそこ	どこ
정중한 표현	こちら	そちら	あちら	どちら
가벼운 표현	こっち	そっち	あっち	どっち

「これ 이것 · それ 그것 · あれ 저것 · どれ 어느 것」는 사물을 나타내는 대명사 이나, 「この 이 · その 그 · あの 저 · どの 어느」는 연체사라고 한다.

또한 「こう 이렇게 · そう 그렇게 · ああ 저렇게 · どう 어떻게」는 부사로 분류 하고, 「こんな 이런 · そんな 그런 · あんな 저런 · どんな 어떤」는 な형용사로 분류하고 있다.

04 수사(数詞)

수사란 수나 수량, 또는 수에 의한 순서를 나타내는 것을 말한다.

▷ 수
- 一1・二2・三3…

▷ 수량
- 一つ 한 개・二つ 두 개・三つ 세 개…

▷ 순서
- 第一 제1・第二 제2・第三 제3…
- 一番目 첫 번째・二番目 두 번째・三番目 세 번째…

▷ 거리
- 一キロ 1킬로・二キロ 2킬로・三キロ 3킬로…
- 一メートル 1미터・二メートル 2미터・三メートル 3미터…

▷ 조수사
- ～枚 ～장・～本 ～개(자루)…

▷ 의문수사
- いくつ 몇・いくら 얼마・何番目 몇 번째・何曜日 무슨 요일…

「いくつ・いくら・何番目・何曜日」와 같이 「いく」 「何」 등이 붙은 경우는 의문수사라고 하고, 「～枚 ～장・～本・～개(자루)」 등이 붙은 경우는 조수사라고 한다.

수

MP3 003

❶ '1～10'까지 세어 보자.

1	2	3	4	5
いち	に	さん	し / よん / よ	ご
一	二	三	四	五

6	7	8	9	10
ろく	なな / しち	はち	きゅう / く	じゅう
六	七	八	九	十

　여기서 주의해야 할 것은 '4, 7, 9'이다. '4'는 주로 「よん」이라고 하지만, 「し」라고 할 때도 있다. 뒤에 조수사가 붙었을 때, 반드시 「し」 또는 「よ」라고 할 때가 있으므로 주의해야 한다. '7'과 '9'역시 주로 「なな」 「きゅう」라고 하지만, 조수사가 붙었을 때 「しち」 「く」로 발음될 때가 있으므로 잘 알아두도록 하자.

❷ '11～20'까지 세어 보자.

11	12	13	14	15
じゅういち	じゅうに	じゅうさん	じゅうよん	じゅうご
十一	十二	十三	十四	十五

16	17	18	19	20
じゅうろく	じゅうなな じゅうしち	じゅうはち	じゅうきゅう じゅうく	にじゅう
十六	十七	十八	十九	二十

　여기서 주의해야 할 것은 '17'과 '19'이다. '17'은 주로 「じゅうなな」라고 하지만, 「じゅうしち」라고 하기도 하고, '19' 역시 주로 「じゅうきゅう」라고 하지만, 「じゅうく」라고 하기도 한다.

❸ 10단위에서 100까지 세어 보자.

10	20	30	40	50
じゅう	にじゅう	さんじゅう	よんじゅう	ごじゅう
十	二十	三十	四十	五十

60	70	80	90	100
ろくじゅう	ななじゅう	はちじゅう	きゅうじゅう	ひゃく
六十	七十	八十	九十	百

우리말과 같이 '10'인 「じゅう」 앞에 「に 2·さん 3 …」을 붙여 「にじゅう 20·さんじゅう 30 …」가 된다.

❹ 100단위에서 1000까지 세어 보자.

100	200	300	400	500
ひゃく	にひゃく	さんびゃく	よんひゃく	ごひゃく
百	二百	三百	四百	五百

600	700	800	900	1000
ろっぴゃく	ななひゃく	はっぴゃく	きゅうひゃく	せん
六百	七百	八百	九百	千

여기서 주의해야 할 것은 '300, 600, 800'이다. 「～ひゃく」는 '300'일 때는 「～びゃく」, '600'과 '800'일 때는 「～ぴゃく」로 발음되며, 「ろく 6」와 「はち 8」 역시 「ろっ」 「はっ」으로 발음된다.

❺ 1000단위에서 10000까지 세어 보자.

1000	2000	3000	4000	5000
せん	にせん	さんぜん	よんせん	ごせん
千	二千	三千	四千	五千

6000	7000	8000	9000	10000
ろくせん	ななせん	はっせん	きゅうせん	まん
六千	七千	八千	九千	万

여기서 주의해야 할 것은 '3000, 6000, 8000, 10000'이다. '3000'일 때는 「～せん」이 「～ぜん」으로 발음되고, '6000'은 아무 문제가 없어 보이지만, 쓸 때는 「ろくせん」이라고 쓰고, 발음할 때는 [ろっせん]으로 한다. '8000'은 「はち 8」가 「はっ」으로 발음된다. '10000'은 「万」이라고도 하지만, 사용할 때 는 주로 「一万 1만」이라고 표현한다.

수량

MP3 004

수량을 셀 때는 '하나'에서 '열'까지만 다음과 같이 표현하고, '열 하나'부터는 수를 세는 표현인 「じゅういち 11 …」를 사용한다.

하나	둘	셋	넷	다섯
ひとつ	ふたつ	みっつ	よっつ	いつつ
一つ	二つ	三つ	四つ	五つ

여섯	일곱	여덟	아홉	열
むっつ	ななつ	やっつ	ここのつ	とお
六つ	七つ	八つ	九つ	十

조수사 & 의문수사

	사람 ~人 ~명	개수 ~個 ~개	장수 ~枚 ~장	가늘고 긴 것 ~本 ~개(자루, 병, 개비)
1	ひとり 一人	いっこ 一個	いちまい 一枚	いっぽん 一本
2	ふたり 二人	にこ 二個	にまい 二枚	にほん 二本
3	さんにん 三人	さんこ 三個	さんまい 三枚	さんぼん 三本
4	よにん 四人	よんこ 四個	よんまい 四枚	よんほん 四本
5	ごにん 五人	ごこ 五個	ごまい 五枚	ごほん 五本
6	ろくにん 六人	ろっこ 六個	ろくまい 六枚	ろっぽん 六本
7	しちにん 七人	ななこ 七個	ななまい 七枚	ななほん 七本
8	はちにん 八人	はちこ 八個	はちまい 八枚	はっぽん 八本
9	きゅうにん 九人	きゅうこ 九個	きゅうまい 九枚	きゅうほん 九本
10	じゅうにん 十人	じゅっこ 十個	じゅうまい 十枚	じゅっぽん 十本
몇	なんにん 何人	なんこ 何個	なんまい 何枚	なんぼん 何本

● 七人 7명
「しちにん」이라고도 하고, 「ななにん」이라고도 한다.

● 十個 10개
「じゅっこ」라고도 하고, 「じっこ」라고도 한다.

● 十本 10개(자루, 병, 개비)
「じゅっぽん」이라고도 하고, 「じっぽん」이라고도 한다.

「~本」은 가늘고 긴 것을 세는 단위인데, '맥주(~병)'나 '전철(~대)', '영화(~편)'를 셀 때도 사용한다.

24

	층	서적	동물	차·기계
	～階 _{かい} ~층	～冊 _{さつ} ~권	～匹 _{ひき} ~마리	～台 _{だい} ~대
1	いっかい 一階	いっさつ 一冊	いっぴき 一匹	いちだい 一台
2	にかい 二階	にさつ 二冊	にひき 二匹	にだい 二台
3	さんがい 三階	さんさつ 三冊	さんびき 三匹	さんだい 三台
4	よんかい 四階	よんさつ 四冊	よんひき 四匹	よんだい 四台
5	ごかい 五階	ごさつ 五冊	ごひき 五匹	ごだい 五台
6	ろっかい 六階	ろくさつ 六冊	ろっぴき 六匹	ろくだい 六台
7	ななかい 七階	ななさつ 七冊	ななひき 七匹	ななだい 七台
8	はちかい 八階	はっさつ 八冊	はっぴき 八匹	はちだい 八台
9	きゅうかい 九階	きゅうさつ 九冊	きゅうひき 九匹	きゅうだい 九台
10	じゅっかい 十階	じゅっさつ 十冊	じゅっぴき 十匹	じゅうだい 十台
몇	なんかい 何階	なんさつ 何冊	なんびき 何匹	なんだい 何台

● 三階 3층
「さんがい」라고도 하고,
「さんかい」라고도 한다.

● 十階 10층
「じゅっかい」라고도 하고,
「じっかい」라고도 한다.

● 何階 몇 층
「なんがい」라고도 하고,
「なんかい」라고도 한다.

● 十冊 10권
「じゅっさつ」라고도 하고,
「じっさつ」라고도 한다.

● 十匹 10마리
「じゅっぴき」라고도 하고,
「じっぴき」라고도 한다.

이 외에 '노래의 곡 수'를 셀 때는 「～曲(きょく)」, 코끼리와 같이 '몸집이 큰 동물'을 셀 때는 「～とう」, '집'을 셀 때는 「～軒(けん)」, '꽃봉오리'를 셀 경우에는 「～りん」 이라고 한다.

05 형식명사

　　형식명사에는 「こと、もの、の、ところ、はず、わけ、つもり」 등이 있다. 이것들의 특징은 하나의 의미로 사용되는 것이 아니라, 다양한 의미와 용법으로 사용된다는 점이다. 다시 말해, 형식명사는 명사로서 실질적인 의미 없이, 문법적 기능을 나타내는 명사를 말한다. 말 그대로 형식적으로 사용되는 명사라는 뜻이다.

　　형식명사 중 가장 대표적인 것은 우리말의 '것'에 해당되는 「こと」와 「もの」인데, 그 차이는 다음과 같다.

> ✔ こと : 기본적으로는 '눈에 보이지 않는 추상적인 것'을 나타낼 때 사용한다.
> ✔ もの : 구체적인 물건을 나타낼 때 사용한다.

┃ こと

MP3 006

　　「こと」는 주로 추상적인 사항이나 개념을 나타낼 때 사용한다. 본래 한자는 「事」이나 형식명사로 사용될 때는 한자로 쓰지 않는다. 우리말로는 '~것, 경우, 사실, 사건' 등으로 해석되는데, 이때 「こと」가 가리키는 것은 생각이나 언어활동의 대상이 되기도 한다.

> ❖ さっき私が言ったこと、覚えていますか。
> 아까 내가 말한 것, 기억하고 있습니까?

　　또한, 「こと」는 「명사＋のこと」 형식으로 사용되기도 하는데, 그 이유는 일반명사 그 자체로는 사고와 심리의 술어의 대상이 되지 못하기 때문이다.

> ❖ 君のことを思う。 그대를 생각한다.

주의를 줄 때 역시 「~こと」를 사용하여 '~할 것'이라는 뜻을 나타낸다.

> ❖ 手を洗うこと！ 손을 씻을 것!

하나의 표현으로 완전히 굳어져 사용되는 「こと」

▷ 관용적 표현

· 重要なこと 중요한 일 　 · ～ことにする ~하기로 하다
　 じゅうよう

▷ 결과를 나타내는 것

· ～ことになる ~하게 되다

▷ 가능을 나타내는 것

· することができる 할 수 있다

▷ 전문(伝聞)을 나타내는 것

· ～ということ ~라고 함

▷ 과거경험을 나타내는 것

· ～たことがある ~한 적이 있다

┃ もの

MP3 007

　명사는 거의 「もの」로 나타낼 수 있다. 주로 **구체적인 사물이나 사람, 동물** 등을 나타낼 때 사용하는 것이 기본이나, 구체성이 없는 추상화된 개념에도 사용된다. 「もの」의 본래 한자는 「物」이나, 형식명사로 사용될 때는 한자를 쓰지 않는다. 「もの」의 용법을 예문을 통해 알아보도록 하자.

❶ 화자의 판단 등을 강조하여 사용하는 경우

❖ これは誰かが置いて行ったものと思われる。
　　　　だれ　　　お　　い　　　　　　おも

　이것은 누군가가 두고 간 것이라고 생각된다.

❷ 마땅히 그래야 하는 법을 말할 때

❖ 復習はしっかりするものだ。 복습은 확실하게 해야 하는 것이다.
　ふくしゅう

❸ 감동을 나타낼 때

❖ 短い時間でよくこんなに上手になったものだ。
　みじか　じかん　　　　　　　　　じょうず

　짧은 시간에 이렇게 능숙하게 됐구나.

❹ 희망을 나타낼 때

❖ はやく見たいものだ。 빨리 보고 싶구나.

참고로, 구체적인 어떤 물건을 물어볼 때 사용하는 말로는 「どんなもの 어떤 것」
가 있다.

❖ どんなものが好きですか。 어떤 것을 좋아합니까?

● 알아두면 좋은 「もの」

· ものがわかる 물정을 알다   · ものともしない 문제 삼지 않다
· ものにする 자기 것으로 만들다   · ものはいいよう 말은 하기 나름
· ものをいう 효력이 있다   · ものはためし 일은 해 보아야 안다

※ 「~ものの」의 형태로 '~하기는 하였으나'라는 역접의 뜻을 나타내기도 한다.

| の

형식명사 중에서 「の」의 용법은 좀 더 어려워 초급단계에서는 이해가 힘들 수
있다. 초급단계의 학습자들은 우선은 이런 것이 있다는 것만 알고 넘어가자.
회화체에서의 「の」는 「ん」으로 줄여 쓸 수 있다.

❶ 설명

「の」는 설명을 구할 때와 설명을 할 때 사용된다. 따라서 설명이 필요한 상
황이나 전제가 있는 경우에 주로 사용된다.

❖ Ⓐ どうして遅刻したんですか。 왜 지각했나요?
Ⓑ 事故があったんです。 사고가 있었어요.

❷ 자기주장

「の」를 씀으로 자기의 강한 주장이라는 의미를 나타낸다.

❖ 忙^{いそが}しくても行^いきたいんだ。 바빠도 가고 싶다.

❸ 납득

어떤 일에 대한 납득을 했다는 의미를 나타낸다.

❖ 変^{へん}なにおいがした。彼女^{かのじょ}がおならをしたんだ。
이상한 냄새가 났다. 그녀가 방귀를 뀌었던 것이다.

❹ 발견

찾았던 것을 발견했을 때 사용된다.

❖ あ、ここにあったんだ。 아, 여기 있었네.

❺ 명령

명령의 의미를 나타낸다.

❖ さっさと歩^{ある}くんだ。 빨리 빨리 걷는 거야.

● 「の」와 「こと」의 차이

「の」와 「こと」는 뒤에 오는 술어에 따라 쓰임을 달리한다.

먼저 「の」는 「見^みる 보다 · 見^みえる 보이다 · 聞^きく 듣다 · 聞^きこえる 들리다」 등과 같은 지각동사가 뒤에 올 경우 쓰이는데 반하여, 「こと」는 「話^{はな}す 말하다 · 伝^{つた}える 전하다 · 命^{めい}じる 명령하다」 등과 같이 발화와 관련된 동사가 뒤에 올 경우 쓰인다.

❖ 朝早^{あさはや}く起^おきると、いろいろな鳥^{とり}が鳴^ないているのが聞^きこえます。
아침 일찍 일어나면, 갖가지 새가 지저귀고 있는 것이 들립니다.

❖ ゼミに出^でられないことを先生^{せんせい}に伝^{つた}えてください。
세미나에 참석하지 못하는 것을 선생님에게 전해 주세요.

| ところ

「ところ」가「しずかなところ 조용한 곳」와 같이 '곳, 장소, 주소'란 뜻의 일반명사로 사용될 때는 한자로「所」라고 쓸 수 있지만, 어떤 형식을 취해 형식명사가 되는 경우는 히라가나로만 표기한다.

❶ 수량이나 정도

수량이나 정도를 나타내는 말 다음에 이어져 '정도, 쯤'의 의미로 사용된다.

❖ 鼻の下１センチくらいのところににきびができた。

코 아래 1센티 정도에 여드름이 생겼다.

❷ 하는 바

❖ 彼に期待するところが大きい。

그에게 기대하는 바가 크다.

❸「ところとなる」와 같이 사용되어 수동태를 나타낸다.

❖ 多民族の支配するところとなる。

다민족의 지배를 받게 된다.

「ところ」의 여러 가지 사용법

▷「ところ」가 기본적으로 장소를 나타낼 때 : 곳, 장소

❖ すしがおいしい所はどこですか。

초밥이 맛있는 곳은 어디예요?

▷「ところ」가「 명사 ＋ のところ 」의 형태로 보어로 사용될 때 :
(명사)가 있는 곳, (명사) 주변

❖ 私のところに来てください。

내가 있는 곳(내가 항상 있는 곳)으로 와 주세요.

▷ 「ところ」가 장소 이외에 어떤 부분이나 특징을 나타낼 때

❖ 山田さんのどんなところが好きですか。

야마다 씨의 어떤 점이 좋아요?

▷ 이 외에 다양하게 사용되는 「ところ」

❖ むずかしいところですね。

어려운 점입니다.

❖ いまのところは

지금으로서는

❖ ちょうど彼の悪口を言っていたところです。

마침 그의 험담을 하고 있던 참입니다.

● 「ところ」 앞에 동사원형이 오면, '~을 하기 직전'이라는 의미를 나타낸다.

❖ 食べるところです。 먹으려던 참입니다.

● 「ところ」 앞에 「~ている」형이 오면, '~하는 중'이라는 '진행'의 의미를 나타낸다.

❖ 食べているところです。 먹고 있는 중입니다.

● 「ところ」 앞에 「~たところ」형이 오면, '막~했다'이라는 '완료'의 의미를 나타낸다.

❖ 食べたところです。 지금 막 먹었습니다.

┃ はず

MP3 010

「はず」는 당연히 그렇게 되어야 함을 나타낸다거나 예정을 나타낼 때 사용된다. 문맥에 따라 사용이 까다로우니 주의하여 학습하기 바란다.

❶ 예측 판단이 가능하고 당연히 그렇게 되어야 함을 나타낼 때 :

'~할 터, ~일 것'의 의미를 나타낸다.

❖ 日曜日だから休んでいるはずです。

일요일이기 때문에 쉬고 있을 것입니다.

❷ 그럴 예정임을 나타낼 때 : '~할 예정'의 의미를 나타낸다.

❖ 先生はもうすぐ着くはずです。

선생님은 이제 곧 도착할 예정입니다.

❸ 과거에 있었던 일을 확인하는 뜻을 나타낼 때 :

'~했을 터, ~했을 것'의 의미를 나타낸다.

❖ まえもって準備したはずです。

사전에 준비했을 것입니다.

❹ 가능성이 전혀 없는 것이 아닐 경우에도 사용된다.

❖ 今日は土曜日だから、彼女は会社に行かないはずです。

오늘은 토요일이기 때문에, 그녀는 회사에 가지 않을 것입니다.

❺ 실현되지 않은 예정의 의미를 나타내기도 한다.

❖ 彼女は今年、大学を卒業するはずだったんですが、

子どもができちゃって。

그녀는 올해, 대학을 졸업할 예정이었는데, 아이가 생겨서.

❻ '~할 리가 없다'의 의미로 쓰일 경우도 있다.

❖ 先生はお忙しいから、旅行に行くはずがない。

선생님은 바쁘시기 때문에, 여행에 갈 리가 없다.

● 「はずだ~일 것이다」는 비슷한 의미로 「だろう~일 것이다」, 「ようだ ~일 것 같다」,
「べきだ ~해야 한다」가 있다.
그 차이를 살펴보면, 아래와 같다.

• はずだ : 화자가 어떤 근거에 기초를 두고 당연하다고 하는 경우에 사용

• だろう : 화자의 주관에 의한 추량을 나타내는 경우에 사용

• ようだ : 근거에 기초를 둔 추량을 나타내는 경우에 사용

• べきだ : 화자의 기대가 강해지면 당연함을 나타내는 경우에 사용

わけ

「わけ」는 추론의 결과 당연히 그렇게 되는 사태, 즉 객관적인 사실에 의해 화자가 당연하다고 인정하는 것을 나타낼 때 사용된다. 또한 문장의 연결을 나타내는 용법에서도 자주 사용된다.

❖ この言葉のわけがわからない。
   이 말의 의미를 모르겠다.

❶ 화자가 결론을 낼 경우

❖ いつも遅刻するから、先生にしかられたわけです。
   항상 지각을 해서, 선생님에게 혼난 것입니다.

❷ 문맥설명

❖ 全部で、一万ウォン集まった。一人、千ウォン出したわけだ。
   전부 해서, 만 원 모였다. 한 명당 천 원 낸 것이다.

❸ 화자의 납득

❖ ああ、それでこのキムチがおいしいわけですね。
   아~, 그래서 이 김치가 맛있는 것이군요.

「わけ」를 사용한 상용구

▷ わけはない。 손쉽다.

▷ 가능을 나타내는   わけにはいかない。 그렇게 할 수는 없다.

▷ 의무를 나타내는   ないわけにはいかない。 하지 않을 수 없다.

▷ 부드러움을 나타내는 わけでもない。 ~인 것도 아니다.

▷ 단정을 나타내는   ないわけではない。 ~않는 것은 아니다.

❖ 先生は病気だが、授業に出られないわけではない。
   선생님은 아프시지만, 수업에 안 오시지는 않는다.

● 「はずだ」와 「わけだ」의 차이

· はずだ : 화자가 어떤 근거에 기초를 두고 '당연히 이렇게 한다'라는 기대와 확신을 주는 경우를 나타낸다.

· わけだ : 일의 흐름에서 순리나 도리 등으로부터 필연적으로 '그와 같은 결론에 도달했다는 것'을 나타낸다.

❖ 授業_{じゅぎょう}がある。… 근거
　　수업이 있다.

　では、李先生_{イせんせい}がいらっしゃるはずだ。… 판단 - 확신
　　그럼, 이 선생님은 계실 것이다.

❖ 授業_{じゅぎょう}がある。… 근거
　　수업이 있다.

　だから、李先生_{イせんせい}がいらっしゃるわけだ。… 논리적 귀결
　　그래서, 이 선생님은 계실 것이다.

MP3 012

│ つもり

　　형식명사 「つもり」는 '~할 작정(예정)'이라는 뜻으로, 말하는 사람의 의지나 계획을 나타낸다. 화자의 의지나 예정이기 때문에 주로 1인칭에 쓰이며, 그 자리에서 바로 결정한 경우에는 사용하지 않고, 이전부터 생각하고 있었던 것을 나타낼 때 쓰인다.

❖ 今度_{こんど}の夏休_{なつやす}みは、日本_{にほん}に行_いくつもりです。
　　이번 여름방학에는 일본에 갈 예정입니다.

　　「つもり」의 부정 표현은 「つもり」 앞의 동사를 부정형으로 만든 후에, 「つもり」를 붙이면 된다.

❖ 行_いかないつもりだ。
　　가지 않을 예정이다.

그러나, 「つもり」는 윗사람에게 사용하면 실례가 되는 말이기 때문에 사용에 주의해야 한다. '선생님, 내일 일본에 가실 예정입니까?'를 일본어로 할 때는 「つもり」를 사용하지 말고, 「いらっしゃる 가시다」를 사용하는 것이 예의 바른 표현이 된다.

❖ 先生、あした日本へいらっしゃいますか。
  선생님, 내일 일본에 가십니까?

● 「つもり」와 「予定」의 차이

「つもり」와 비슷한 뜻으로 「予定 예정」가 있는데, 이 두 표현의 차이점을 알아보자.

「つもり」는 동작주의 의지가 포함되어 있고, 「予定」는 동작주의 의지가 포함되어 있는 경우와 포함되어 있지 않는 경우가 있다.

또한 「予定」는 실현 가능성이 높은 경우에 쓰인다.

❖ 論文を書くつもりです。 논문을 쓸 예정입니다.
❖ 旅行する予定です。 여행할 예정입니다.

일본어 형용사와 부사

일본어 형용사 개괄

01 일본어는 형용사가 두 종류

학교문법에서는 형용사를 イ형용사, ナ형용사의 2종류로 구분하고 있다.

┃ イ형용사 (イ形容詞^{けいようし})

어미가 い로 끝나는 형용사로, 「高^{たか}い 높다 / 大^{おお}きい 크다 / 低^{ひく}い 낮다 / 面^{おも}白^{しろ}い 재미있다」와 같은 형용사를 가리킨다.

┃ ナ형용사 (ナ形容詞^{けいようし})

기본형이 「だ」로 끝나는 형용사로, 명사를 수식할 때는 어미가 「な」로 바뀐다. 「元気^{げんき} 건강 / 暇^{ひま} 틈, 여유, 한가 / 勝手^{かって} 마음대로」 등 일본 국문법에서 소위 '형용동사(形容動詞)'라 불리는 것들이 이것에 속한다.

고어(古語)에서 동사적 성질을 갖고 있던 「明^{あき}らかな 명백한」나 「堂々^{どうどう}たり 당당하게」가 형용동사라 이름 붙여져 쓰여졌던 것이 그대로 구어(口語)로 계승되어 현재까지 이르고 있다.

02 성격에 따른 일본어 형용사 Ⅰ

형용사에는 사람이나 사물의 성질이나 상태를 나타내는 속성 형용사, 말하는 사람이 느낀 것을 말하는 감정형용사가 있는데, 하나의 형용사가 속성 형용사·감정형용사 양쪽의 성격을 갖는 경우도 있다. 그리고 주관적 감정, 감각, 평가를 나타내는 형용사가 있다.

❶ 속성 형용사

- 大^{おお}きい 크다　• 高^{たか}い 높다　• 赤^{あか}い 빨갛다　• 元気^{げん き}だ 건강하다

❷ 감정형용사

- 悲^{かな}しい 슬프다　• 嬉^{うれ}しい 기쁘다　• 残念^{ざんねん}だ 유감이다　• 悲惨^{ひ さん}だ 비참하다

❸ 속성 형용사 + 감정형용사

- 忙^{いそが}しい 바쁘다　• おいしい 맛있다　• おかしい 이상하다　• 怖^{こわ}い 무섭다
- 寂^{さび}しい 쓸쓸하다, 적막하다　• つまらない 재미없다, 시시하다　• 退屈^{たいくつ}だ 지루하다

❹ 주관적 감정, 감각, 평가를 나타내는 형용사

- 恥^はずかしい 부끄럽다　• 痒^{かゆ}い 가렵다　• 悔^{くや}しい 분하다　• 痛^{いた}い 아프다
- 好^すきだ 좋아하다　• 嫌^{きら}いだ 싫어하다　• いやだ 싫다

- ● '재미없다'는 「つまらない」 또는 「おもしろくない」라고 한다.
  「つまらない」에는 '시시하다, 쓸모없다'라는 뜻도 있는데, 같은 뜻으로는 「くだらない」가 있다.
- ● '재미있다'는 「おもしろい」라고 하고, 같은 뜻으로는 「ユニークだ」가 있다.

---

03 성격에 따른 일본어 형용사 II

형용사에도 감정·속성이 있다. 이는 사람의 감정과 속성을 형용사가 대변해 준다는 말이다. 일본어에 있어서 감정형용사는 '화자'가 '자신의 감정'을 나타내는 것을 원칙으로 삼는다.

> 형용사를 잘못 사용한 예
>
> ⓐ 森山君は昼間にホラー映画を見たので、眠れないほど怖いです。(×)
> 모리야마 군은 낮에 공포영화를 봐서 잠이 오지 않을 정도로 무섭습니다.
> ⇒ 怖がっています 무서워하고 있습니다 (○)
>
> ⓑ お姉さんは事故した時の足が痛いです。(×)
> 누나는 사고 당한 발이 아픕니다.
> ⇒ 足を痛がっています 발을 아파하고 있습니다 (○)

종합하자면, 앞의 ⓐ, ⓑ 두 문장은 제3자의 감정을 마치 화자가 자신의 감정처럼 표현하고 있기 때문에 잘못 사용한 것이다. 이와 같이 감정형용사는 사전형(현재형)에서 술어로 쓰일 때는 제3자의 감정을 표현할 수 없다.

하지만, 다른 사람의 일에 대하여 화자가 자신의 감정을 표현할 때는 감정형용사를 사전형(현재형)으로 사용할 수 있다. 제3자의 현상이나 상태를 보고 화자 자신이 '무엇 무엇은 어떠하다'라는 자신의 감정을 감정형용사로 표현할 수 있다는 것을 금방 알 수 있을 것이다.

❖ 田中さんが試験に受かったので、(私は)うれしいです。
다나카 씨가 시험에 합격해서 (나는) 기쁩니다.

● 事故る
'사고를 일으키다'라는 단어다. 이처럼, 최근 일본어에서 외래어(サボる 땡땡이치다 / メモる 메모하다)나 의성어(チンする 전자레인지에 음식을 데우다), 한자에 「る」가 붙어 하나의 동사로 정착된 것을 많이 볼 수 있다.

40

감정형용사가 현재형 술어로 쓰일 때는 화자 자신의 감정·판단·감각을 나타 내게 된다. 따라서 주어가 생략되어 있어도 주어는 「私 나」이고, 이 감정은 말하 는 화자인 내가 느끼는 감정일 수밖에 없다.

이해를 좀 더 쉽게 하기 위해, 영어가 가지고 있는 문법체계에서 그 해법을 찾 아 보자. 우선, 형용사 'sad'는 주어가 'I'이거나 'You'이거나 'She, He'에 관계없 이 사용할 수 있다. 하지만, 일본어에서는 「彼女は悲しいです。그녀는 슬픕니 다.」라고 할 수 없다. 왜냐하면, 그녀의 슬픈 감정은 그녀의 감정이기 때문에 화 자가 단정하여 말할 수 없기 때문이다. 그래서 「彼女は悲しがっています。 그녀는 슬퍼하고 있습니다.」라고 말해야 한다.

내가 슬플 때	悲しい。슬프다.
제3자(그녀)가 슬퍼 보일 때	彼女は悲しがっています。 그녀는 슬퍼하고 있습니다.

제3자의 감정 또는 희망을 표현하는 방법은 형용사의 어간에 「がる」만 붙여 주면 된다. 참고로, 「がる」가 붙은 다음에는 동사가 되어 동사 활용을 한다.

- 嬉しい 기쁘다　　　⇒　嬉しがる 기뻐하다
- 寒い 춥다　　　　　⇒　寒がる 추워하다
- 痛い 아프다　　　　⇒　痛がる 아파하다
- うらやましい 부럽다　⇒　うらやましがる 부러워하다
- 怖い 무섭다　　　　⇒　怖がる 무서워하다
- 面倒くさい 귀찮다　⇒　面倒くさがる 귀찮아하다
- 残念だ 아쉽다　　　⇒　残念がる 아쉬워하다
- 不便だ 불편하다　　⇒　不便がる 불편해하다

● 감정형용사 중에서도
- 嬉しい 기쁘다
- 楽しい 즐겁다
- 悲しい 슬프다
- なつかしい 그립다

등은 학습자가 잘못 사용하기 쉬우므로 각별히 조심하도록 하자.

04 일본어 형용사의 특징

❶ 일본어 형용사는 문말에서 활용한다.

형용사에 있어서 활용이라 함은 동사와 마찬가지로 텐스(tense · 시제) · 애스펙트(aspect · 양상) · 모드(mode · 법), 부정 · 긍정 등을 표현하기 위한 일체의 것들을 일컫는 말이다.

서양어의 형용사는 술어가 될 수 없지만, 일본어의 형용사는 술어로 쓸 수 있다. 따라서 형용사는 문말에서 활용한다고 말할 수 있다.

❖ 日本語の時間は楽しいです。 일본어 시간은 즐겁습니다.

❷ 프랑스어처럼 성(性) · 수(数)를 나타내는 형용사는 없다.

❸ 형용사의 과거는 어미를 바꾼다.

형용사 자체를 활용하지 않는 언어를 모국어로 쓰는 사람에게 있어서 '형용사의 과거형 만들기'는 그리 어려운 문제가 아니다. 예를 들어, 'difficult'란 형용사를 과거형으로 변신시키려면 뒤에다 그냥 'ed'를 붙여 'difficulted'를 만들면 되기 때문이다.

이러한 영문법의 영향으로, 일문법에서도 기본형(사전형)을 활용시키지 않고 형용사 뒤에 그냥 「でした」를 붙여 과거형을 만드는 우매한 행동을 하는 경향이 있다.

「難しい 어렵다」의 과거형을 「難しいでした (×)」와 같이 말이다.
「難しい」의 과거형은 「難しかった 어려웠다」와 같이 「い」를 「かった」로 바꾸면 된다.

❖ 試験は難しかったです。 시험이 어려웠습니다.

42

❹ 활용할 때 알아 두어야 할 주의 사항!

첫째. 일본어 형용사 활용에는 예외가 한 가지 있다.

イ 형용사 중 '좋다'라는 뜻의 「いい」는 활용을 할 때, 「よい」의 형태로 한다.

● いい / よい
「いい」는 「よい」
로 활용한다.
반드시 암기하자.

기본형	いい 좋다
부정형	よくない 좋지 않다
과거형	よかった 좋았다
과거부정형	よくなかった 좋지 않았다
연결형(て형)	よくて 좋고, 좋아서
가정형(ば형·たら형)	よければ · よかったら 좋으면
명사수식형	いい本 / よい本 좋은 책

둘째. イ 형용사의 과거형은 어미 「い」를 「かった」로 바꿔야 한다.

• 難しい 어렵다 ⇒ 難しかった 어려웠다

셋째. イ 형용사 중에 「近い 가깝다」와 「多い 많다」가 뒤에 명사를 두는 방법
은 두 가지가 있다.

ⓐ 近い公園 가까운 공원
ⓑ 近くの公園 근처 공원

의미상으로 둘은 거의 비슷하지만, 이것을 굳이 설명하자면 ⓐ는 먼 곳에 있는
공원이 아니라 거리상으로 가까운 공원을 의미하며, ⓑ는 화자가 말하고 있는
공간을 중심으로 그 근처에 있는 공원을 말하는 것이다.

이와 마찬가지인 경우가 「多い」에도 있다.

- 多い人 많은 사람
- 多くの人 많은 사람

넷째. イ형용사 · ナ형용사 양쪽 형태를 다 취하는 형용사가 있다.

- 暖かい · 暖かな 따뜻하다 · 따뜻한
- 細かい · 細かな 세세하다 · 세세한
- 柔らかい · 柔らかな 부드럽다 · 부드러운

또한, 양쪽의 형태를 다 취하지만, 활용은 イ형용사처럼 하는 연체사도 있다.

- 大きい · 大きな 크다 · 큰
- 小さい · 小さな 작다 · 작은
- おかしい · おかしな 이상하다 · 이상한

다섯째. 「な」와 「の」 양쪽 형태를 다 취하는 ナ형용사가 있다.

ナ형용사 중에서도 명사를 수식할 때 「いろいろな人 / いろいろの人 여러 종류의 사람」와 같이 양쪽의 형태를 다 취하는 형용사가 있다.

- 別な人 / 別の人 다른 사람
- 特別なもの / 特別のもの 특별한 물건
- さまざまな国 / さまざまの国 다양한 나라
- わずかな違い / わずかの違い 조금의 차이
- 高度な技術 / 高度の技術 고도의 기술

イ형용사

01 イ형용사 용법

イ형용사는 「おいしい 맛있다」와 같이,

① 어미가 「い」로 끝나는 자립어이며,

② 어미활용을 한다.

③ 단독으로 술어나 수식어가 될 수 있으며,

④ 주로 사물의 성질이나 상태를 나타내고 있다.

쉽게 말하면, イ형용사는 사물이 원래부터 가지고 있는 양상(성질, 상태)을 숨김없이 드러낸다. 반면에, 조어성(造語性)은 극히 적은 것이 특징이다. 예를 들면, 한국어에서는 '파랗다'를 '시퍼렇다, 퍼렇다, 시푸르뎅뎅하다, 시푸르죽죽하다' 등등 다양하게 조합해서 표현할 수 있는데, 일본어에서는 '파랗다'는 「青い」하나뿐이기 때문이다.

● **조어성(造語性)**
말을 복합적으로 조합해서 섬세하게 표현할 수 있는 언어 성질을 말한다.

◀⋯ 이 모든 색이 그냥
「青い 파랗다」다.

또한, 주의해야 할 점은,

⑤ 형용사는 정중체 「ます」를 사용할 수 없으며, 「です」를 사용한다.

⑥ 사물의 성질이나 상태를 나타내기 때문에 명령형이 없다.

⑦ 특히, 형용사의 연체형(大きい家)은 연체사(大きな家)와 같이 형태는 달라도 역할은 동일하다.

イ형용사의 대표적인 예

- 大_{おお}きい 크다
- 小_{ちい}さい 작다
- 高_{たか}い 높다, 비싸다
- 低_{ひく}い 낮다
- 安_{やす}い 싸다
- 深_{ふか}い 깊다
- 新_{あたら}しい 새롭다
- 古_{ふる}い 낡다
- 重_{おも}い 무겁다
- 軽_{かる}い 가볍다
- いい・良_よい 좋다
- 悪_{わる}い 나쁘다
- 難_{むずか}しい 어렵다
- 易_{やさ}しい 쉽다
- 広_{ひろ}い 넓다
- 狭_{せま}い 좁다
- 近_{ちか}い 가깝다
- 遠_{とお}い 멀다
- 長_{なが}い 길다
- 短_{みじか}い 짧다
- 多_{おお}い 많다
- 少_{すく}ない 적다
- 暖_{あたた}かい 따뜻하다
- 涼_{すず}しい 시원하다
- 暑_{あつ}い 덥다
- 寒_{さむ}い 춥다
- おもしろい 재미있다
- つまらない 재미없다, 시시하다
- おいしい 맛있다
- まずい 맛없다
- 忙_{いそが}しい 바쁘다
- 太_{ふと}い 굵다
- 細_{ほそ}い 가늘다
- 冷_{つめ}たい 차갑다
- 汚_{きたな}い 더럽다
- 白_{しろ}い 하얗다
- 黒_{くろ}い 검다
- 青_{あお}い 파랗다
- 赤_{あか}い 빨갛다
- 黄色_{きいろ}い 노랗다

イ형용사의 관용적 표현

MP3 017

いい(良い) 좋다

- 頭がいい 머리가 좋다
- いい顔をする 좋은 얼굴을 하다
- 腕がいい 솜씨가 좋다
- 格好がいい 보기 좋다
- 気前がいい 쩨쩨하지 않다
- 気持ちがいい 기분이 좋다
- いい年をして 나잇살을 먹고
- (ああ～、)いい湯だな (아~,)좋은 탕이네 … 목욕탕에 들어가서

痛い 아프다

- 頭が痛い 머리가 아프다
- 痛いミス 큰 실수
❖ 大事なところで痛いミスが出た。 중요한 곳에서 큰 실수를 했다.

うまい 맛있다, 훌륭하다

- 口がうまい 말이 능숙하다
❖ この人は口がうまいんだから気をつけないと。
  이 사람은 말이 능숙하기 때문에, 주의하지 않으면 안 돼.

大きい 크다

- 大きな顔をする 잘난 척하다
- 大きなお世話 쓸데없는 참견
- 大きなことを言う 허풍을 떨다
- 大きに 고맙습니다 … 관서지방 사투리

重い 무겁다

- 気が重い 마음이 무겁다
- 尻が重い 엉덩이가 무겁다

きびしい 엄하다

- しつけがきびしい 가정교육이 엄하다

白い 하얗다

- 白い目で見る 색안경을 끼고 보다

高い 높다

●高い
① 높다
② 비싸다
③ (키다) 크다

- 鼻が高い 콧대가 세다

ない 없다

- 気のない返事 마음에 없는 답장
- きりがない 끝이 없다
- 心にもない 마음에도 없다
- 抜け目がない 빈틈이 없다
- 非の打ち所がない 나무랄 데가 없다

長い 길다

- 首を長くする 학수고대하다
- 長い目で見る 긴 안목으로 보다

48

低い 낮다

- 腰が低い 저자세이다

広い 넓다

- 顔が広い 발이 넓다

● '발이 넓다'는 일본어로 「顔が広い」라고 하고, '(나쁜일)에서 손을 씻다'는 「足を洗う」라고 한다.

悪い 나쁘다

- 意地が悪い 심술궂다
- 格好が悪い 보기 흉하다
- きまりが悪い 쑥스럽다
- 気持ちが悪い 기분이 나쁘다
- 気を悪くする 마음을 상하게 하다
- 口が悪い 입이 거칠다
- 調子が悪い 상태가 나쁘다
- 日当たりが悪い 햇볕이 잘 들지 않다
- 体に悪い 몸에 나쁘다
- 見晴らしが悪い 전망이 나쁘다

다의어인 イ형용사

<ruby>明<rt>あか</rt></ruby>るい

❶ 시각적, 촉각적으로 밝다

❖ <ruby>暗<rt>くら</rt></ruby>くてよく<ruby>見<rt>み</rt></ruby>えないので、<ruby>部屋<rt>へや</rt></ruby>を<ruby>明<rt>あか</rt></ruby>るくしてください。

어두워서 잘 보이지 않으니, 방을 밝게 해 주세요.

❷ 청렴한 / 맑은

❖ <ruby>我々<rt>われわれ</rt></ruby>は<ruby>明<rt>あか</rt></ruby>るい<ruby>政治<rt>せいじ</rt></ruby>を<ruby>望<rt>のぞ</rt></ruby>む。 우리들은 깨끗한 정치를 원한다.

❸ 성격 / 인품

❖ <ruby>春子<rt>はるこ</rt></ruby>さんの<ruby>好<rt>す</rt></ruby>きな<ruby>男性<rt>だんせい</rt></ruby>のタイプは<ruby>明<rt>あか</rt></ruby>るい<ruby>人<rt>ひと</rt></ruby>です。

하루코 씨가 좋아하는 남성 타입은 명랑한 사람입니다.

❹ 지식, 정보를 많이 알고 있다

❖ <ruby>日本<rt>にほん</rt></ruby>の<ruby>事情<rt>じじょう</rt></ruby>に<ruby>明<rt>あか</rt></ruby>るい。 일본 사정에 밝다.

うまい

❶ 미각

❖ うまいコーヒー 맛있는 커피

❷ 능력, 기술이 뛰어나다

❖ <ruby>日本語<rt>にほんご</rt></ruby>がうまい。 일본어를 잘하다.

❸ 일의 진척

❖ <ruby>今回<rt>こんかい</rt></ruby>のプロジェクトはうまくいかなかった。

이번 프로젝트는 잘 되지 않았다.

❹ 사정이나 조건이 좋은 말

❖ うまい<ruby>話<rt>はなし</rt></ruby> 솔깃한 이야기

あつい

● あつい
① 厚い 두껍다
② 暑い 덥다
③ 熱い 뜨겁다

❶ 두께가 두껍다 … 厚い

❖ 厚い本 두꺼운 책

❷ 날씨가 덥다 … 暑い

❖ 暑い夏 더운 여름

❸ 촉각(손, 발, 피부)에 의한 온도가 뜨겁다 … 熱い

❖ 日本人の多くは熱い風呂が好きだ。 일본인 대부분은 뜨거운 목욕을 좋아한다.

❹ 성의 있는

❖ 厚いもてなし 후한 대접

うすい

❶ 두께, 층이 얇다

❖ 薄い本 얇은 책

❷ ～이 없다 / ～이 적다

❖ 最近の若者は政治に関心が薄い。 요즘 젊은이들은 정치에 관심이 그다지 없다.

❸ 정도 · 밀도가 적다

❖ 薄い色 / 薄い味 / 薄い光 / 薄い濃度

엷은 색 / 싱거운 맛 / 희미한 빛 / 낮은 농도

❖ 味が薄かったら、醤油を足してください。 맛이 싱거우면, 간장을 넣으세요.

● 負(ま)け越(こ)す

진 횟수가 이긴 횟수
보다 많아지다

→ 勝(か)ち越(こ)す

이긴 횟수가
진 횟수보다
많아지다

おおきい

❶ 면적 · 크기가 크다

❖ ３勝(さんしょう)１２敗(じゅうにはい)と大(おお)きく負(ま)け越(こ)した。 3승 12패로 크게 졌다.

❷ 음량 · 소리가 크다

❖ 聞(き)こえないので、もう少(すこ)し大(おお)きい声(こえ)で話(はな)してください。

들리지 않으니, 좀 더 큰소리로 말해 주세요.

❸ 큰 문제 / 사안의 큰

❖ 今回(こんかい)の地震(じしん)の被害(ひがい)はかなり大(おお)きいようだ。

이번 지진의 피해는 꽤 큰 것 같다.

❹ 허풍을 떨다

❖ 彼(かれ)は実際(じっさい)よりも話(はなし)が大(おお)きい。 그는 실제보다도 허풍이 크다.

おかしい

❶ 우스꽝스럽다

❖ 井田(いだ)さんはおかしいよね。 이다 씨는 우스꽝스럽네요.

❷ 상태가 이상하다

❖ 車(くるま)がおかしい。 차가 이상하다.

❖ 自分(じぶん)のことを自分(じぶん)で言(い)うのもおかしい。

자신의 일을 자신이 말하는 것도 이상하다.

おもしろい

❶ 흥미를 유발하는

❖ 面白(おもしろ)い映画(えいが) 재미있는 영화

❷ 기억에 남는 / 즐거운 / 재미있는

❖ 面白い旅行　재미있는 여행
　　おもしろ　りょこう

❸ 독특한 / 뛰어난 / 관심을 끄는

❖ 彼の意見はユニークで面白い。　그의 의견은 독특하고 재미있다.
　　かれ　いけん　　　　　　　　おもしろ

からい

❶ 맛이 맵다

❖ このカレーはばかに辛い。　이 카레는 아주 맵다.
　　　　　　　　　　　から

❷ 맛이 짜다

❖ 日本食は塩辛いものが多いです。　일본음식은 짠 것이 많습니다.
　　にほんしょく　しおから　　　　おお

❸ 엄격하게 짜다

❖ 点が辛い。　점수가 짜다.
　　てん　から

くらい

❶ 명암이 어둡다

❖ 明かりが暗い。　밝기가 어둡다.
　　あ　　　くら

❷ 우울한 / 어두운 / 침울한

❖ 暗い性格　어두운 성격
　　くら　せいかく

❸ 물정을 모르는 / 문외한인 / 잘 모르는

❖ 全くの素人なので、その方面の事情には暗いです。
　　まった　しろうと　　　　　ほうめん　じじょう　　　くら

전혀 아무것도 모르는 비전문가여서, 그 방면의 사정에는 어둡습니다.

❹ 암담하다 / 앞(가능성, 미래)이 보이지 않는다

❖ 両国の関係改善の見通しは暗い。　양국 관계 개선의 전망은 어둡다.
　　りょうこく　かんけいかいぜん　みとお　　くら

かるい

❶ 무게 · 체중이 가볍다

❖ 重さが軽い。 무게가 가볍다.

❷ 증상 · 상처 · 상태가 가볍다

❖ 軽い病気 가벼운 병

❸ 마음가짐 · 기분이 가볍다

❖ 真剣に考えないで軽い気持ちでやってください。

신중히 생각하지 말고 가벼운 마음으로 해 주세요.

❹ 경솔하다 / 방정맞다

❖ あの人は口が軽いので、何でも喋らない方がいいよ。

저 사람은 입이 가벼워서, 뭐라도 말하지 않는 것이 좋다.

❺ 간단한 / 가벼운 정도

❖ 軽いものでもちょっと食べましょうか。 간단하게라도 뭐 좀 먹을까요?

02 イ형용사의 활용

| 긍정형

イ형용사는 기본형 그대로가 보통형이 되고, 정중하게 표현할 경우에는 기본형에 「です」를 붙이기만 하면 된다.

> イ형용사 기본형 ···▶ 보통형
>
> イ형용사 기본형 ➕ です ···▶ 정중형

• 高い 비싸다 ⇒ 高いです 비쌉니다

| 부정형

イ형용사의 부정형은 기본형 어미 「い」를 「く」로 바꾼 후, 「ない (보통형)」 또는 「ありません / ないです (정중형)」를 붙인다.

> 어미 「い」 ➲ くない ···▶ 보통형
>
> ➲ くありません ···▶ 정중형
>
> ⊜ くないです

• 高い 비싸다 ⇒ 高くない 비싸지 않다
　　　　⇒ 高くありません 비싸지 않습니다
　　　　= 高くないです

| 명사수식형

'비싸다'의 「高い」를 '비쌀 때'로 활용하면, 「イ형용사＋명사」의 순으로 형용사 바로 뒤에 명사인 「時 때」를 연결해, 「高い時」라고 한다. 여기서 중요한 것은 イ형용사의 형태가 변하지 않는다는 것이다.

> イ형용사 ➕ 명사

- 大きいカバン 큰 가방
- 厚い本 두꺼운 책
- 赤いくつ 빨간 구두
- 寒い天気 추운 날씨

| 과거형

과거형은 어미 「い」를 「かった」로 바꾸면 되고, 정중형의 과거형은 과거형에 「です」를 붙이면 된다. 예를 들면, 「高い 비싸다」의 과거형은 「高かった 비쌌다」이고, 정중형의 과거형은 「高かった」에 「です」를 붙인 「高かったです 비쌌습니다」가 되는 것이다.

> 어미 「い」 ➡ かった ⋯▶ 보통형
>
> ➡ かったです ⋯▶ 정중형

- 高い 비싸다 ⇒ 高かった 비쌌다
  ⇒ 高かったです 비쌌습니다

● **주의해야 할 사항**

최근 형용사의 과거형을 기본형에 「でした」를 붙인 형태인 「高いでした」, 「おもしろいでした」와 같이 사용하는 경향이 있는데, 이는 잘못된 표현이니 꼭! 주의하도록 하자.

과거부정형

과거부정형은 어미 「い」를 「く」로 바꾼 후, 「なかった (보통형)」 또는 「ありませんでした / なかったです (정중형)」를 붙인다. 예를 들면, 「高い 비싸다」의 과거부정형은 「高くなかった 비싸지 않았다」가 되고, 정중형의 과거부정형은 「高くありませんでした 비싸지 않았습니다」 또는 「高くなかったです」가 되는 것이다.

어미 「い」 ⇨ くなかった ⋯▸ 보통형
　　　　 ⇨ くありませんでした ⋯▸ 정중형
　　　　 ⊜ くなかったです

• 高い 비싸다 ⇒ 高くなかった 비싸지 않았다
　　　　　　 ⇒ 高くありませんでした 비싸지 않았습니다
　　　　　　 ＝ 高くなかったです

미래에 대한 가정표현

기본형 어미 「い」를 빼고 「ければ」 또는 「かったら」를 붙이면, '~(이)면, ~(하)면'이라는 뜻의 가정표현이 된다.

어미 「い」 ⇨ ければ / かったら

• 高い 비싸다 　　⇒ 高ければ / 高かったら 비싸다면
• おいしい 맛있다 ⇒ おいしければ / おいしかったら 맛있다면

가정형

어미 「い」를 「けれ」로 활용시킨 후, 그 뒤에 조사 「ば」를 붙이면 '~(하)다면' 이라는 뜻을 나타내는 가정형이 된다.

- 長い 길다 ⇒ 長ければ 길다면
- 短い 짧다 ⇒ 短ければ 짧다면

그리고 가정형은 가정의 뜻 이외에 병렬의 뜻을 나타내기도 한다. 병렬의 의미로 사용될 경우에는, 주로 「～も～ければ、 ～も ~도 ~하지만, ~도(~하다)」의 형태를 취한다.

❖ あの子は顔もかわいければ、性格もいい。
  저 아이는 얼굴도 예쁜가 하면(예쁘고), 성격도 좋다.

❖ 韓国はブランド品も安ければ、食べ物もおいしい。
  한국은 브랜드 물건도 싸면서, 음식도 맛있다.

❖ 松島菜々子はスタイルも良ければ、演技もうまい。
  마츠시마 나나코는 스타일도 좋으면서 연기도 잘한다.

❖ この店のラーメンは醤油味もおいしければ、味噌味もおいしい。
  이 가게 라면은 간장 맛(라면)도 맛있지만, 된장 맛(라면)도 맛있다.

추측형 : ~하겠지

기본형에 「だろう」를 붙이면 '~(하)겠지'라는 추측표현이 된다. 정중하게 표현하려면 「でしょう」를 붙인다. 그러면, '~(하)겠지요'라는 공손한 추측표현이 된다.

イ형용사 ⊕ だろう … 보통형
　　　　 ⊕ でしょう … 정중형

- 高(たか)い 비싸다 ⇒ 高(たか)いだろう 비싸겠지?
  　　　　　　　 ⇒ 高(たか)いでしょう 비싸겠지요?
- おいしい 맛있다 ⇒ おいしいだろう 맛있겠지?
  　　　　　　　 ⇒ おいしいでしょう 맛있겠지요?
- おもしろい 재미있다 ⇒ おもしろいだろう 재미있겠지?
  　　　　　　　　 ⇒ おもしろいでしょう 재미있겠지요?

MP3 020

| 「く」의 용법 |

● イ형용사의…
  ① 부정
    い → くない
  ② 정중형의 부정
    い → くないです
       → くありません

❶ 부정 : く＋ない … イ형용사의 부정형은 어미 「い」를 「くない」로 바꾼다.

「暑い 덥다」의 부정형은 「暑くない 덥지 않다」이고, 이 뒤에 「です」를 붙여 「暑くないです 덥지 않습니다」가 되면 정중형의 부정형이 된다. イ형용사의 정중형의 부정형은 어미 「い」를 「くありません」으로 바꿔 「暑くありません 덥지 않습니다」이라고도 한다.

• 辛い 맵다 ⇒ 辛くない 맵지 않다

  ⇒ 辛くないです 맵지 않습니다

  = 辛くありません

• すっぱい 시다 ⇒ すっぱくない 시지 않다

  ⇒ すっぱくないです 시지 않습니다

  = すっぱくありません

● 「～くないです」와 「～くありません」의 의미 차이

옛날 사고방식의 일본인들이나 도쿄 이외의 지방도시에서는 「～くありません」은 여성어, 「～くないです」는 남성어라는 인식을 명확히 가지고 구별하고 있기도 하지만, 이러한 구별은 없어진 게 사실이다. 따라서 의미 차이는 없고, 정중도에 차이를 두고 있다고 말할 수 있다. 「～くないです」보다 「～くありません」 쪽이 더 정중한 표현이다.

❷ ～く＋なる … ~해지다

イ형용사의 어미를 「く」로 바꾼 후, 「なる」를 접속하면 '~해지다'라는 의미가 된다. 「暑い 덥다」가 「暑くなる 더워지다」가 되는 경우가 이에 해당된다.

❖ お子さんが大きくなりましたね。 자제 분이 많이 컸군요.

❸ 〜くて … 〜하고, 〜해서

두 개의 문장이나 구를 하나로 연결하는 역할이 필요할 때 쓰는 표현이다.
「やすい店 싼 가게」와 「おいしい店 맛있는 가게」를 연결해서 '싸고 맛있는
가게'라고 말할 수 있다.

・ やすい店 싼 가게 + おいしい店 맛있는 가게

　⇒ やすくておいしい店 싸고 맛있는 가게 ⋯ 나열

이처럼 형용사의 어미 「い」가 「くて」로 변형되면, '〜하고'라는 나열의 의
미와 '〜해서'라는 이유・원인의 의미를 나타냄과 동시에, 문장은 자연스러운
하나의 문장이 된다.

・ 暗い 어둡다 + 顔が見えない 얼굴이 보이지 않는다

　⇒ 暗くて顔が見えない。 어두워서 얼굴이 보이지 않는다. ⋯ 이유・원인

> 어미 「い」 ➡ 「くて」로 바꾸면, '〜하고 (나열), 〜해서 (원인・이유)'

▷ 나열

　❖ 吉野屋の牛丼は安くてうまい。 요시노야의 소고기 덮밥은 싸고 맛있다.

▷ 원인・이유

　❖ 彼は背が高くて人気がある。 그는 키가 커서 인기가 있다.

● 吉野屋
일본의 '소고기 덮밥'
전문 체인점

イ형용사 활용 정리표

기본형	어간	어미
青_{あお}い 파랗다	青_{あお}	い

어미활용	이어지는 말	뜻	용법
青_{あお}い	＋ だろう	파랗겠지?	추측표현 ⋯▶ 보통형
	＋ でしょう	파랗겠지요?	추측표현 ⋯▶ 정중형
青_{あお}かっ	＋ た	파랬다	과거
	＋ たら	파랗다면	가정
	＋ たり	파랗거나	열거
青_{あお}く	＋ ない	파랗지 않다	부정
	＋ なる	파래지다	중지법
	＋ て	파랗고, 파래서	연결형
青_{あお}い	＋ 명사	파란 (명사)	명사를 수식
	空_{そら}	하늘	青_{あお}い空_{そら} 파란 하늘
青_{あお}けれ	＋ ば	파라면	가정

03 イ형용사의 음편형

　イ형용사의 연용형인 「～く」가 공손한 표현인 「ございます 입니다, 합니다」
나 「存じます ～라고 생각합니다, 알고 있습니다」에 이어질 때 「～く」가 「～う」로
변하게 되는데, 이것을 'イ형용사의 음편형'이라고 한다.

　음편의 종류는 대략적으로 두 가지로 나눌 수 있는데, 하나는 어간의 일부와
어미를 함께 변화시키는 것이고, 다른 하나는 어미만 변화시키는 것이다.

　イ형용사에 「ございます」를 붙이는 경우를 예로 들어, 활용법을 나누어
보자.

▷ 어간의 마지막 음이 「ア단」일 경우 :　ア단　➡　オ단 ⊕ う

　・あかい　⇒　あこうございます 빨갛습니다

▷ 어간의 마지막 음이 「イ단」일 경우 :　イ단　➡　イ단 ⊕ ゅ ⊕ う

　・おおきい　⇒　おおきゅうございます 큽니다

　・よろしい　⇒　よろしゅうございます 괜찮습니다

▷ 어간의 마지막 음이 「ウ단」일 경우 :　ウ단 그대로 ⊕ う

　・さむい　⇒　さむうございます 춥습니다

▷ 어간의 마지막 음이 「エ단」일 경우는 없다.

▷ 어간의 마지막 음이 「オ단」일 경우 : オ단 그대로 ⊕ う

　・よい　⇒　ようございます 좋습니다

MP3 022

04 イ형용사의 결합

イ형용사 중에는 명사, 동사 또는 다른 イ형용사와 결합하여, 의미를 더욱 확실하게 하거나 구체적으로 하는 것들이 있다.

❶ 명사와 イ형용사의 결합

- 力 힘 + 強い 강하다 ⇒ 力強い 힘이 세다
- 名 이름 + 高い 높다 ⇒ 名高い 유명하다
- 息 숨 + 苦しい 괴롭다 ⇒ 息苦しい 숨막히다
- 塩 소금 + 辛い 맵다 ⇒ 塩辛い 짜다
- 心 마음 + 細い 가늘다 ⇒ 心細い 마음이 불안하다

❷ イ형용사 어간과 イ형용사의 결합

- 青い 파랗다 + 白い 하얗다 ⇒ 青白い 창백하다
- 細い 가늘다 + 長い 길다 ⇒ 細長い 가늘고 길다
- 古い 오래되다 + くさい 냄새가 나다 ⇒ 古くさい 매우 낡다
- 薄い 엷다 + 暗い 어둡다 ⇒ 薄暗い 좀 어둡다

❸ 동사의 ます형과 イ형용사의 결합

- 読む 읽다 + やすい 쉽다 ⇒ 読みやすい 읽기 쉽다
- 書く 쓰다 + にくい 어렵다 ⇒ 書きにくい 쓰기 어렵다
- 見る 보다 + 苦しい 괴롭다 ⇒ 見苦しい 보기 흉하다

▶ 〜やすい / 〜にくい

동사 ます형 뒤에 「やすい」가 오면 '〜하기 쉽다'라는 뜻이 되고, 「にくい」가
오면 '〜하기 어렵다'라는 뜻이 된다.

- 동사 ます형 ⊕ やすい : 〜하기 쉽다
- 동사 ます형 ⊕ にくい : 〜하기 어렵다

원래 「やすい(安い)」는 '(가격이)싸다', 「にくい(憎い)」는 '밉다, 얄밉다'
라는 뜻이지만, 동사의 ます형에 접속하면, 「やすい」는 '쉽다, 간단하다',
「にくい」는 '어렵다'라는 뜻이 된다.

원래 뜻 그대로 해석하게 되면 전혀 다른 의미가 되므로 주의하도록 하자.
참고로, '쉽다'는 「やさしい」, '간단하다'는 「簡単だ」이고, '어렵다'는 「難しい」
이다.

▶ 苦しい & 辛い

「苦しい」와 「辛い」는 둘 다 '괴롭다'라는 뜻이지만, 그 의미는 조금 다르다.
「苦しい」는 '육체적 고통으로 괴로울 때' 쓰이고, 「辛い」는 '정신적으로 어려
움을 느낄 때' 주로 쓰인다.

MP3 023

05 보조형용사 ない

「ない 없다」가 「イ형용사의 어간 + く형」, 「ナ형용사의 사전형 + で형」, 또는 「명사 + で」에 연결되면, 부정의 뜻을 나타낸다.

이러한 형용사를 보조형용사라 한다.

- ❖ その映画(えいが)はおもしろくない。 그 영화는 재미없다.

- ❖ おいしくないリンゴ。 맛없는 사과.

- ❖ この町(まち)はにぎやかでない。 이 마을은 북적거리지 않는다.

- ❖ この人(ひと)は医者(いしゃ)でない。 이 사람은 의사가 아니다.

▶ ない

형태적으로 동일한 「ない」라도 성질이 다른 경우가 있으니 구별하여 사용해야 한다. 「本(ほん)が一冊(いっさつ)もない。 책이 한 권도 없다.」에서의 「ない」는 서술어로서 존재의 유무를 나타내는 경우다. 그러나 「彼女(かのじょ)は何(なに)も知(し)らない。 그녀는 아무것도 모른다.」에서의 「ない」는 조동사로, 동사를 부정하는 역할을 한다.

- ここに本(ほん)がある。 여기에 책이 있다. ···› 동사
- ここに本(ほん)がない。 여기에 책이 없다. ···› 형용사
- これは本(ほん)である。 이것이 책이다. ···› 보조동사
- これは本(ほん)でない。 / 多(おお)くない本(ほん)。 ···› 보조형용사

  이것은 책이 아니다. / 많지 않은 책.

- 何(なに)も知(し)らない。 아무것도 모른다(알지 못한다). ···› 조동사

06 전성명사 겸 부사용법의 イ형용사

MP3 024

「多い 많다·近い 가깝다·遠い 멀다」는 일본어 학습에 있어서 가장 어렵고 틀리기 쉬운 イ형용사라고 할 수 있다. 그 이유는 어미 「い」를 「く」로 바꾼 연용형 「多く·近く·遠く」가 상황에 따라 명사로도 부사로도 쓰이는데, 후속하는 명사를 수식하는 경우에는 '명사'의 형태로 사용되기 때문이다.

- 多い + 学生 학생 ⇒ 多くの学生 많은 학생 (○)

  多い学生 (×)

- 近い + 公園 공원 ⇒ 近くの公園 가까운 공원 (○)

  近い公園 (×)

> ● 명사와 명사가 접속될 경우에는 명사 사이에 「の」가 들어가기 때문에 「多くの」의 형태가 된다.

그러나 「多い·近い·遠い」 앞에 어떤 말이 오면, 기본형 그대로 수식이 가능하다.

- 友だちが 多い人 친구가 많은 사람
- 駅が 近い公園 역이 가까운 공원

❶ 「多い」는 '많다'라는 형용사이지만 …

> ✓ 명사로 쓰일 때 : 多くの学生たち 많은 학생들
> ✓ 부사로 쓰일 때 : 今年は雨が多く降る。 올해는 비가 많이 온다.

「多い」는 '학생이 많다'라고 할 때 「学生が多い」는 가능해도, '많은 학생'이라고 할 때 「多い学生」는 불가능하다. 이때는 반드시 「多くの学生」라고 해야 한다.

- 学生が多い。 학생이 많다.

- 多くの学生 많은 학생 (○)

  多い学生 (×)

　'많은 학생이 휴대전화를 가지고 있습니다.'의 일본어 문장은 「多くの学生が携帯を持っています。」나 「携帯を持っている学生が多いです。」와 같이 써야 한다.

❷ 「近い 가깝다」도 원래 형용사이나 …

- ✓ 명사로 쓰일 때 : 近くの公園で遊ぶ。 근처 공원에서 놀다.
- ✓ 부사로 쓰일 때 : 二人は近くなった。 두 사람은 가까워졌다.

❸ 「遠い 멀다」 역시 원래 형용사이나 …

- ✓ 명사로 쓰일 때 : 遠くを眺める。 먼 곳을 바라보다.
- ✓ 부사로 쓰일 때 : 遠く逃げ出した。 멀리 도망쳤다.

ナ형용사

01 ナ형용사의 형태와 특징

'형용동사'라고도 불리는 ナ형용사는 イ형용사와 마찬가지로

❶ 단독으로 술어가 될 수 있으며,

❷ 사물의 성질이나 상태를 나타낸다.

그럼, ナ형용사 하나를 예로 들어, ナ형용사의 성질을 좀 더 자세히 살펴보자.

しずかだ 조용하다

❸ 기본형 어미는 「～だ」로 끝난다.

⇒ しずか だ

❹ 자립어이며, 어미 활용을 한다.

⇒ 어미 「だ」를 활용한다.　 예 しずかです 조용합니다

❺ 명사로부터 전성이 많고

한국어의 개념에서 생각해 보면 이런 식의 구별 방법도 가능하다. 물론 전부 다 그렇다는 것은 아니지만, ナ형용사 구별에 용이하게 쓰인다. '～하다', '～(이)다'를 붙여서 말이 되는 명사는 대부분 이에 해당된다.

❻ 조어성(造語性)이 풍부하며, 명령형이 없다.

MP3 025

ナ형용사의 3가지 형태

和語(わご) … 일본에서 만든 말 (고유 일본어)

- 静(しず)かだ 조용하다 ・きれいだ 깨끗하다 ・まじめだ 성실하다

漢語(かんご) … 한자를 빌려쓴 말

- 重要(じゅうよう)だ 중요하다 ・親切(しんせつ)だ 친절하다
- 親鮮(しんせん)だ 신선하다 ・便利(べんり)だ 편리하다

● 최근에는 외래어를
도입해 ナ형용사로
많이 사용하고 있다.

外来語(がいらいご) … 외래어

- ハンサムだ 잘생겼다 ・シンプルだ 심플하다 ・スピーディーだ 스피디하다

명사를 수식하는 ナ형용사

'과일은 무엇을 좋아합니까?'를 일본어로는 어떻게 표현할까?

우리는 대부분 말 그대로 「果物(くだもの)は何(なに)が好(す)きですか。」라고 할 것이다. 그러나 대부분의 일본인들은 「好(す)きな果物(くだもの)は何(なん)ですか。 좋아하는 과일은 무엇입니까?」라고 한다. 물론, 어느 표현을 사용해도 틀린 것은 아니지만, 후자의 표현이 더 자연스럽다고 할 수 있다. 「好(す)きな果物(くだもの)」는 「好(す)きだ 좋아하다」의 어미 「だ」를 「な」로 바꾼 후, 명사인 「果物(くだもの) 과일」를 접속한 것이다.

이처럼 ナ형용사 뒤에 명사가 올 때는 「だ」를 「な」로 바꾼 다음, 그 뒤에 명사를 연결한다.

- 親切(しんせつ)な人(ひと) 친절한 사람
- 不親切(ふしんせつ)な人(ひと) 불친절한 사람

● 명사를 수식할 때 어미 「だ」가 「な」로 바뀌는 활용법 때문에 'ナ형용사'라고 부르게 된 것이다.

명사 역할을 하는 ナ형용사

MP3 **026**

ナ형용사 중에는 명사의 성질도 함께 가지고 있는 것들이 있다.

正直（しょうじき）だ 정직하다

❖ 正直（しょうじき）は一生（いっしょう）の宝（たから）です。 ⋯▶ 명사

정직은 인생에 있어서 보배입니다.

❖ 山田（やまだ）さんは正直（しょうじき）な人（ひと）です。 ⋯▶ ナ형용사

야마다 씨는 정직한 사람입니다.

健康（けんこう）だ 건강하다

❖ 世（よ）の中（なか）で健康（けんこう）が一番（いちばん）です。 ⋯▶ 명사

이 세상에서 건강이 최고입니다.

❖ 体（からだ）が健康（けんこう）な人（ひと）は心（こころ）も健康（けんこう）です。 ⋯▶ ナ형용사

몸이 건강한 사람은 마음도 건강합니다.

安全（あんぜん）だ 안전하다

❖ 日本人（にほんじん）は水（みず）と安全（あんぜん）はただだと思（おも）っているらしい。 ⋯▶ 명사

일본인은 물과 안전은 공짜라고 생각하는 것 같다.

❖ 外国人（がいこくじん）は日本（にほん）を世界一安全（せかいいちあんぜん）な国（くに）だと思（おも）っているが、そうとも

言（い）えない。 ⋯▶ ナ형용사

외국인은 일본을 세계에서 제일 안전한 나라라고 생각하지만, 그렇다고도 말할 수 없다.

명사로 쓰일 경우는 하나의 단어로서의 역할만을 하지만, ナ형용사로 쓰일 경

우는 '~한(하다)'라는 의미로 뒤에 명사가 따라오는 것을 알 수 있다.

'정직 / 정직하다', '건강 / 건강하다'의 차이라고 할 수 있겠다.

이에 해당되는 것들은 다음과 같다. 물론 이외에도 많지만, 이것만이라도 알아 두자. 많이 사용되는 단어다.

- 便利(な) 편리(한)
- 不便(な) 불편(한)
- 元気(な) 활력(있는), 원기(있는)
- リッチ(な) 부유(한), 리치(한)
- 安全(な) 안전(한)
- 健康(な) 건강(한)
- 幸福(な) 행복(한)
- 不幸(な) 불행(한)
- 困難(な) 곤란(한)
- 迷惑(な) 귀찮음(귀찮은)

イ형용사와 형태가 같은 ナ형용사

ナ형용사 중에는 어미만 다를 뿐 형태상으로 イ형용사와 똑같은 것들이 있다.

	イ형용사	ナ형용사
소탈하다	気軽い	気軽な
따뜻하다	暖かい	暖かな
허약하다	ひ弱い	ひ弱な
네모지다	四角い	四角な
새하얗다	真っ白い	真っ白な
새까맣다	真っ黒い	真っ黒な
부드럽다	柔らかい	柔らかな
둥글다	まんまるい	まんまるな
작다, 사소하다	細かい	細かな

❖ 気軽に引き受ける。 선뜻 떠맡다. ⋯→ ナ형용사
❖ 気軽く考える。 가볍게 생각하다. ⋯→ イ형용사

72

02 ナ형용사의 활용

MP3 027

| 긍정형

ナ형용사 역시 기본형 그대로가 보통형이고, 정중하게 표현할 경우에는 어미 「だ」

를 없애고, 「です」를 붙이기만 하면 된다.

> ナ형용사 기본형 ⋯▸ 보통형
>
> ナ형용사 어미 「だ」 ⊃ です ⋯▸ 정중형

- 静かだ 조용하다 ⇒ 静かです 조용합니다
- 親切だ 친절하다 ⇒ 親切です 친절합니다

| 부정형

ナ형용사의 어미 「だ」를 없애고, 「ではない」 또는 「じゃない」를 붙인다.

정중형의 부정일 경우에는 「ではありません / じゃありません」 또는

「ではないです / じゃないです」를 붙인다.

● 「では」는 「じゃ」로 줄여 사용할 수 있다.

● 「じゃ」는 주로 회화체에서 사용된다.

> 어미 「だ」 ⊃ ～では(じゃ)ない ⋯▸ 보통형
>
> ⊃ ～では(じゃ)ありません ⋯▸ 정중형
>
> ⊜ ～では(じゃ)ないです

- 静かだ 조용하다 ⇒ 静かでは(じゃ)ない 조용하지 않다

  ⇒ 静かでは(じゃ)ありません 조용하지 않습니다

  = 静かでは(じゃ)ないです

❖ 日本語はすぐマスターできるほど簡単では(じゃ)ありません。

  일본어는 바로 마스터할 수 있을 정도로 간단하지 않습니다.

❘ 명사수식형

ナ형용사의 어미 「だ」를 「な」로 바꾸고, 명사를 접속시킨다.

어미 「だ」 ➡ 「な」로 바꾸고 ➕ 명사

- 静かだ 조용하다 + 町 마을　⇒　静かな町 조용한 마을
- 便利だ 편리하다 + 交通 교통　⇒　便利な交通 편리한 교통

❖ 李先生は親切な人です。 이 선생님은 친절한 사람입니다.

참고로, ナ형용사는 조동사 「ようだ ～인 것 같다」, 또는 조사 「ので ～때문에, ～해서・のに ～인데・だけ ～만, ～만큼」와 연결될 때 역시 어미 「だ」가 「な」로 활용된 후, 연결된다.

❖ 先生は去年、大病を患ったのにも関わらず、今日お会いしたら とてもお元気なようでしたよ。

선생님은 작년에 큰 병을 앓았는데도 불구하고, 오늘 뵈니 매우 건강한 것 같았습니다.

❖ 東京の電車は複雑なので、外国人だけではなく、上京したばかり の人でも迷ってしまいます。

도쿄의 전철은 복잡해서, 외국인뿐만이 아니라 막 상경한 사람도 헤맵니다.

❖ 李先生は親切なだけに、回りからの信頼が厚い。

이 선생님은 친절한 만큼 주위로부터 신뢰가 두텁다.

| 과거형

ナ형용사의 어미 「だ」를 「だった」로 바꾼다. 정중형의 과거형일 경우에는 「でした」 또는 「だったです」로 바꾼다.

어미 「だ」 ➡ だった ⋯→ 보통형
➡ でした ⋯→ 정중형
⊜ だったです

- 静か^{しず}だ 조용하다 ⇒ 静か^{しず}だった 조용했다
⇒ 静か^{しず}でした 조용했습니다
= 静か^{しず}だったです

❖ 試験場^{し けんじょう}は鉛筆^{えんぴつ}の音^{おと}がするだけで、水^{みず}を打^うったように静^{しず}かでした。
시험장은 연필 소리만이 들릴 정도로, 물을 끼얹은 듯이 조용했습니다.

| 과거부정형

ナ형용사의 어미 「だ」를 「ではなかった / じゃなかった」로 바꾼다. 정중형의 과거부정형일 경우에는 「ではありませんでした / じゃありませんでした」 또는 「ではなかったです / じゃなかったです」로 바꾼다.

어미 「だ」 ➡ 〜では(じゃ)なかった ⋯→ 보통형
➡ 〜では(じゃ)ありませんでした ⋯→ 정중형
⊜ 〜では(じゃ)なかったです

- 静か^{しず}だ 조용하다 ⇒ 静^{しず}かでは(じゃ)なかった 조용하지 않았다
⇒ 静^{しず}かでは(じゃ)ありませんでした 조용하지 않았습니다
= 静^{しず}かでは(じゃ)なかったです

가정형

ナ형용사의 어미 「だ」를 「なら」로 바꾼다. 가정형의 과거표현은 어미 「だ」
에 「ったら」를 붙인다.

어미 「だ」 ⊃ なら ⋯ 보통형

⊕ ったら ⋯ 과거형

* 静かだ 조용하다 ⇒ 静かなら 조용하다면

⇒ 静かだったら 조용했다면

❖ その曲が静かなら、かけてください。心が落ち着くと思うので。
그 곡이 조용하다면 틀어 주세요. 마음이 가라앉는다고 생각되니까.

추측형

ナ형용사의 어미 「だ」를 「だろう ~하겠지」로 바꾼다. 정중형의 추측형은
「だ」를 「でしょう ~하겠지요」로 바꾼다.

어미 「だ」 ⊃ だろう ⋯ 보통형

⊃ でしょう ⋯ 정중형

* 静かだ 조용하다 ⇒ 静かだろう 조용하겠지

⇒ 静かでしょう 조용하겠지요

ナ형용사 활용 정리표

MP3 028

기본형	어간	어미
静^{しず}かだ 조용하다	静^{しず}か	だ

어미활용	이어지는 말	뜻	용법
静^{しず}かだろ	＋ う	조용하겠지?	추측
静^{しず}かだっ	＋ た	조용했다	과거
	＋ たら	조용했다면	가정
	＋ たり	조용하거나	열거
静^{しず}かで	＋ ない	조용하지 않다	부정
	＋ ある	조용하다	문장체
	∅	조용하고, 조용해서	중지법
静^{しず}かに	＋ 동사	조용하게	부사적
静^{しず}かだ		조용하다	기본형
静^{しず}かな	＋ 명사	조용한 (명사)	명사를 수식
静^{しず}かなら	＋ ば	조용하다면	가정

「で」の 용법

❶ 부정 : 「では + ない」

「きれいだ 깨끗하다, 예쁘다」의 부정표현은 세 가지로 나눌 수 있다.

ⓐ きれいでない … 주로 문장체에서 많이 사용

ⓑ きれいではない … 전통적인 부정표현

ⓒ きれいじゃない … 회화체에서 사용

❷ 「で」 뒤에 콤마(、)가 오면, 중지법으로, 「で、～하고(해서)～」의 의미이다.

❖ 英語は下手で、日本語は上手だ。 영어는 서투르고, 일본어는 잘한다.

❸ 열거(～하고) & 이유(～해서)

ⓐ 静かできれいな街 조용하고 깨끗한 거리 … 열거

ⓑ この部屋は静かで集中できる。 이 방은 조용해서 집중이 잘 된다. … 이유

ⓐ의 「静かできれいな」는 '조용하고 깨끗한' 마을의 모습을 하나씩 열거한 것이고, ⓑ의 「静かで集中できる」는 '조용하기 때문에 집중이 잘 된다'는 집중이 잘 되는 이유를 설명하고 있는 것이다.

MP3 030

❶ ナ형용사 어간 ＋ に ＋ 동사 … '～하게, ～으로'

「ナ형용사 어간 ＋ に」는 부사용법으로 '～하게, ～으로'라는 뜻으로 쓰인다.

- 適当だ 적당하다   ⇒   適当に 적당하게, 적당히

- 華やかだ 화려하다   ⇒   華やかに 화려하게

- 科学的だ 과학적이다   ⇒   科学的に 과학적으로

❖ 簡単に食事をしましょう。

    간단하게 식사합시다.

❖ UFOの存在を科学的に証明する。

    UFO의 존재를 과학적으로 증명하다.

❖ 仕事を適当に片付けてはいけません。

    일을 적당히 처리해서는 안 됩니다.

❖ 感情的にならないで論理的に言いましょう。

    감정적으로 하지 말고 논리적으로 말합시다.

주의할 것으로 ナ형용사의 「平気だ 태연하다」가 부사용법으로 쓰일 경우,

「に」로 활용하지 않고, 「で」로 활용한다는 것이다.

- 平気だ 태연하다 ⇒ 平気で 태연하게

                  平気に (×)

❖ 彼は平気でうそをつく。

    그는 태연하게 거짓말을 한다.

❷ ナ형용사 어간 ＋ になる … '～해지다'

'어떠한 상황이 자신의 의지와는 관계없이 다른 상황으로 바뀌어 질 때' 사용하는 표현이다.

❖ 一年前から入国審査の手続きが面倒になった。

1년 전부터 입국심사 수속이 귀찮아졌다.

❖ 大学生の時には遊び人だった山本君が社会に出たとたんに
真面目になったらしい。

대학생일 때는 건달이었던 야마모토 군이 사회에 나가자마자 성실해진 것 같다.

참고로, '결과적으로 보았을 때, 상황이나 규칙이 그러한 것을 전제로서 결과를 말할 때' 쓰는 「～となる ～이 되다」와는 다른 표현이므로 혼동하지 말자.

❖ ちりも積もれば山となる。

먼지도 쌓이면 산이 된다.

❸ ナ형용사 어간 ＋ にする … '～하게 하다'

'자신의 의지로 그렇게 되도록 하다'라는 뉘앙스를 가지고 있다.

❖ やすりで板の表面をなめらかにした。

줄칼로 판의 표면을 부드럽게 했다.

❖ 散らかった部屋をきれいにする。

어질러진 방을 깨끗하게 하다.

03 ナ형용사와 명사

MP3 031

| 한자어로 된 ナ형용사의 어간

한자어로 된 ナ형용사의 어간은 경우에 따라서 명사로 쓰이기도 한다.

ナ형용사		명사
き けん 危険だ 위험하다	→	き けん 危険 위험
ふ べん 不便だ 불편하다	→	ふ べん 不便 불편
べん り 便利だ 편리하다	→	べん り 便利 편리
たん き 短気だ 성격이 급하다	→	たん き 短気 성격이 급함

그럼, 문장에서 ナ형용사와 명사를 어떻게 구별하면 될까?

부사가 수식하면 ナ형용사로, 수식하지 않으면 명사로 보면 된다.

예를 통해 좀 더 자세히 알아보도록 하자.

しんせつ
親切だ 친절하다

・かれ　　　　　　しんせつ
彼はとても親切だ。 … ナ형용사

　그는 매우 친절하다.

・サービス業で重要なのは、親切ということだ。 … 명사
　ぎょう　じゅうよう　　　　　　しんせつ

　서비스업에서 중요한 것은 친절이다.

　결국, 의미적으로 보면, 「親切」가 '친절하다'로 될 때는 ナ형용사가 되고,
しんせつ

'친절'일 때는 명사가 된다고 볼 수 있다.

| 전성명사

ナ형용사의 어간에 「さ」를 붙이면 정도를 나타내는 명사가 되는데, 이것을 전성명사라고 한다. 물론, 여기서는 ナ형용사에 해당하는 것만 적어 놓았지만, 넓은 의미로 말하자면, 원래의 품사를 버리고 명사화되는 것을 일컬어 전성명사라고 한다.

그럼, 살펴보도록 하자.

- きれいだ 깨끗하다 ⇒ きれいさ 깨끗함
- 正確_{せいかく}だ 정확하다 ⇒ 正確_{せいかく}さ 정확함
- 穏_{おだ}やかだ 온화하다 ⇒ 穏_{おだ}やかさ 온화함

● イ형용사의 어간에도 「さ」나 「み」 등이 붙으면, 전성명사가 된다.
- 重_{おも}い 무겁다 ⋯ 重_{おも}さ 무게
- 強_{つよ}い 강하다 ⋯ 強_{つよ}さ 강도
- 楽_{たの}しい 즐겁다 ⋯ 楽_{たの}しみ 즐거움
- 寒_{さむ}い 춥다 ⋯ 寒_{さむ}け 오한

MP3 032

04 특수한 형태의 ナ형용사

| 한어(漢語)와 외래어

특수한 형태로는 한어(漢語)에서 온 경우와 외래어에서 온 경우를 들 수 있다.

❶ 한어

- 危険_{きけん}だ 위험하다
- 清潔_{せいけつ}だ 청결하다
- 安全_{あんぜん}だ 안전하다
- 無理_{むり}だ 무리다

- 便利_{べんり}だ 편리하다
- 親切_{しんせつ}だ 친절하다
- 不便_{ふべん}だ 불편하다

❷ 외래어

- modern ⇒ モダンだ 현대적이다

- handsome ⇒ ハンサムだ 잘생기다

- speedy ⇒ スピーディーだ 속도감 있다

- simple ⇒ シンプルだ 심플하다

- mannerism ⇒ マンネリだ 매너리즘에 빠지다

- chic ⇒ シックだ 품이 나다, 세련되다

- sporty ⇒ スポーティーだ 활동적이다

❖ 山田先生はハンサムはハンサムだが、たよりない。
　야마다 선생님은 잘 생겼지만, 미덥지 못하다.

심정과 모양을 나타내는 외래어

다음과 같은 외래어로 된 ナ형용사도 알아두면 편리하다. 모양과 심정 등을 나타내는 ナ형용사로 이미 일본어화 되어 사용되고 있다.

- hot ⇒ ホットな 뜨거운

- unique ⇒ ユニークな 독창적인

- delicate ⇒ デリケートな 섬세한, 미묘한

- major ⇒ メジャーな 중요한

- high sense ⇒ ハイセンスな 고감도인

- open ⇒ オープンな 개방적인

- glamour ⇒ グラマーな 글래머인, 매력적인

- natural ⇒ ナチュラルな 자연스러운

❖ 彼はかなりオープンな性格だ。
　그는 상당히 개방적이고 우호적인 성격이다.

ナ형용사 어간 + で + ございます

이는 겸양표현으로, 주로 감정과 감각을 나타낸다. 아울러 자기와 주위에 대하여 언급하는 표현이기도 하다.

❖ このような賞をいただいて大変光栄でございます。

　　이 같은 상을 주셔서 큰 영광입니다.

특수활용을 하는「同じだ」

ナ형용사 중「同じだ 같다」는 명사를 수식할 때 활용어미「な」가 생략되는 특수활용을 한다.

・同じだ 같다 ✚ 弁当 도시락 ⇒ 同じ弁当 같은 도시락

　　　　　　　　　　　　　　　　同じな弁当 (×)

● 단, '동갑'을 말할 때는 「同い年」라고 한다.

・同じだ ⇒ 同じだろう 같을 거야

　　　　　同じではない 같지 않다

　　　　　同じに 같이

　　　　　同じ弁当 같은 도시락

　　　　　同じなのに 같은데

　　　　　同じなので 같기 때문에

　　　　　同じならば 같다면

「のに」나「ので」에 이어질 때는 명사수식형 어미「な」가 접속된다.

❖ 身長が同じなのに、体重が軽いです。

　　신장이 같은데, 체중은 가볍습니다.

❖ 名前が同じなので、仲がいいです。

　　이름이 같기 때문에 사이가 좋습니다.

84

05 합성된 ナ형용사 & 어미 활용

MP3 033

| 접두어가 붙는 ナ형용사

- 大好きだ 매우 좋아하다　　· こぎれいだ 깔끔하다, 말쑥하다
- 物静かだ 아주 조용하다　　· 心丈夫だ 마음 든든하다

| 접미어 「的」가 붙는 ナ형용사

- 文化的だ 문화적이다　　· 積極的だ 적극적이다
- 消極的だ 소극적이다　　· 衛生的だ 위생적이다
- 絶対的だ 절대적이다　　· 経済的だ 경제적이다
- 合理的だ 합리적이다　　· 健康的だ 건강한 편이다

▷ 실질적으로 건강한 상태에 있을 때
  ❖ 彼は健康だ。 그는 건강하다.

▷ 실질적으로 건강한 상태인지 어떤지 잘 모르겠지만, 건강한 것 같을 때
  ❖ 彼は健康的だ。 그는 건강한 편이다.

| ナ형용사의 送りがな

ナ형용사 어미는 모두 「だ」로 같지만, 그 형태를 분류해 보면 아래와 같다.

～だ	親切だ 친절하다	暇だ 한가하다
～かだ	静かだ 조용하다	暖かだ 따뜻하다
～らかだ	柔らかだ 부드럽다	明らかだ 확실하다, 명확하다
～やかだ	和やかだ 온화하다	健やかだ 건강하다

●送りがな란?
한자와 가나(仮名)를
섞어쓰는 어휘의 경우,
한자 뒤에 붙는 '가나'를
'오쿠리가나(送りがな)'
라고 한다.

Chapter2 일본어 형용사와 부사　85

연체수식형 어미 「な」

❶ 「～な/～の」의 형태를 취하는 것

- いろいろな本 / いろいろの本　여러가지 책
- 特別な人 / 特別の人　특별한 사람
- わずかなお金 / わずかのお金　약간의 돈
- 別な問題 / 別の問題　다른 문제
- 高度な技術 / 高度の技術　고도의 기술

❷ 「～な/～の」도 붙지 않는 것

- 同じ本　같은 책

- いろいろお世話になりました。여러모로 신세졌습니다.

❸ 「い/な」 모두 같은 경우

- 柔らかい人 / 柔らかな人　부드러운 사람
- 温かい人 / 温かな人　따뜻한 사람

86

▶ 「さ」 vs 「み」

전성명사를 만드는 접미어 「さ」와 「み」의 차이점을 알아보자.

「さ」는 대부분의 イ형용사와 ナ형용사에 붙는데 비해, 「み」는 접속하는 데가 한정된다.

「み」는 촉감적, 감정적, 정신적인 면의 성격이 강하며, 「深み 깊이 팬 곳」 「弱み 약점」 「強み 세기, 강도」 「明るみ 밝은 곳, 공개된 곳」와 같이 그 말의 속성과 같은 상태인 장소나 부분을 나타내기도 한다.

✓ 重い 무겁다	• 重さ 무게	• 重み (중후한 느낌의)무게
✓ おもしろい 재미있다	• おもしろさ 재미, 흥미, 재미있는 정도	• おもしろみ 재미, 흥미
✓ 新鮮だ 신선하다	• 新鮮さ = 新鮮み 신선함	
✓ きれいだ 깨끗하다	• きれいさ 깨끗함	※ きれいみ (×)
✓ 楽しい 즐겁다	• 楽しさ = 楽しみ 즐거움	
✓ うれしい 기쁘다	• うれしさ 기쁨	※ うれしみ (×)
✓ 真剣だ 신중하다	• 真剣さ = 真剣み 신중	
✓ 悲しい 슬프다	• 悲しさ = 悲しみ 슬픔	

일본어 부사의 종류

　　부사는 자립어이지만 활용은 없으며, 다른 문절을 수식하여 의미를 자세히 부각시켜 주며 연용수식어 역할을 한다. 부사표현은 문장의 의미를 더욱 자세하고 구체적으로 설명해 준다. 종류는 상태부사, 정도부사, 진술부사가 있는데, 이 중에서 진술부사가 가장 중요하다.

01　상태부사

MP3 034

　　주로 용언(특히 동사)의 문절을 수식하며, 그 동작·작용의 상태를 자세히 설명한다.

> - ついに 마침내, 드디어
> - ふと 문득, 우연히
> - わざと 일부러, 고의로
> - そっと 살그머니, 몰래
> - やがて 이윽고, 머지않아
>
> - さっと 훌쩍, 순식간에
> - はっきりと 분명하게
> - いきなり 돌연, 갑자기
> - また 또, 거듭

❖ 今日試験がついに終わった。 오늘 시험이 드디어 끝났다.

❖ この子もやがて大きく成長するだろう。
이 아이도 머지않아 크게 성장하겠지.

❖ 歩いていているうちに、ふと名案がうかんだ。
걷는 중에 문득, 명안이 떠올랐다.

상태부사 중에는 의성어나 의태어로 나타내는 것이 상당수 있다. 이 경우에는 조사 「と」와 더불어 사용하기도 하지만, 「と」가 없이는 의미가 통하지 않는 것도 있다.

① 사물의 소리를 그대로 나타낸다.
❖ 雨_{あめ}がザッと降_ふってくる。　비가 쏴하고 내리기 시작하다.

② 사물의 소리를 느낌으로 나타낸다.
❖ 教室_{きょうしつ}でワイワイ騒_{さわ}ぐ。　교실에서 왁자지껄 떠든다.

③ 상태를 나타낸다.
❖ ばったり会_あってしまい、こそこそ逃_にげ出_だした。
딱 만나 버려서, 살금살금 도망쳤다.

02 정도부사

MP3 035

주로 용언(동사 · 형용사)의 문절을 수식하며, 그 동작 · 작용의 상태를 자세히 설명해 준다. 단독으로, 장소 · 방향 · 수량 · 시간 등을 나타내는 체언(명사)의 문절을 수식하고 연체수식어가 되는 일이 있으며, 또 다른 부사를 수식하기도 한다.

• かなり 꽤, 제법	• 少_{すこ}し 조금, 좀
• たくさん 많음	• おおよそ 대체로, 거의
• ずいぶん 꽤, 상당히	• たいそう 매우, 몹시, 무척

❖ 今年_{ことし}の冬_{ふゆ}はかなり暖_{あたた}かい。　올해 겨울은 꽤 따뜻하다.
❖ ここまで来_くるとずいぶん静_{しず}かだ。　여기까지 오니, 상당히 조용하다.

정도부사에는 「の」를 동반하여 단독으로 연체수식어가 되는 경우가 있다.
• よほどの決心_{けっしん} 상당한 결심
• しばらくの間_{あいだ} 잠시동안
• もしものこと 만일의 경우

MP3 036

03 진술부사

- きっと 꼭, 반드시
- たとえ・もし 가령, 비록
- おそらく・たぶん 아마
- まさか 설마
- ぜひ 꼭

- 全然(ぜんぜん) 전혀, 조금도, 완전히
- ちょうど 꼭, 정확히
- どうして・なぜ 어째서, 왜
- まるで 마치
- 決(けっ)して 결코, 절대로

진술부사는 이어지는 문절에 특별히 정해진 말을 동반한다.

❖ どうしてそこへ行(い)くのですか。 왜, 거기에 갑니까? ┄→ 의문 또는 반어

❖ おそらく彼(かれ)は遅(おく)れて来(く)るだろう。 아마, 그는 늦게 올 것이다. ┄→ 추량

❖ たとえ、失敗(しっぱい)してもくじけるな。 설령, 실패한다 해도 좌절하지 마. ┄→ 가정조건

❖ 決(けっ)して、悪(わる)いとは思(おも)わない。 결코, 나쁘다고 생각하지 않는다. ┄→ 부정

❖ まさか雨(あめ)は降(ふ)らないだろう。 설마, 비는 내리지 않을 것이다. ┄→ 부정추정

❖ まるで夢(ゆめ)のようですね。 마치, 꿈 같네요. ┄→ 비유

❖ ぜひ、遊(あそ)びに来(き)てください。 꼭, 놀러 와 주세요. ┄→ 희망

그리고 부사는 호응 관계를 잘 이해해야 한다.

▷ 부정과의 호응

- 決(けっ)して 결코
- たいして 그다지
- ろくに 제대로

- 全然(ぜんぜん) 전혀
- ちっとも 조금도
- めったに 좀처럼

▷ 소망과 호응

- どうぞ 아무쪼록
- ぜひ 꼭

- どうか 제발

90

▷ 의문과 호응

- なぜ 왜　　　　　- どうして 어째서

▷ 기타 모델리티와 호응

- きっと 반드시 ・たぶん 아마 ⋯→ 단정, 비단정, 확신

- もしかすると 어쩌면 ・ひょっとすると 어쩌면, 혹시 ⋯→ 가능성

- どうやら 어쩐지, 아무래도 ⋯→ 상황으로부터의 판단

- まるで 마치 ⋯→ 비유

▶ 동물 울음 소리

- ワンワン : 강아지 우는 소리, 멍멍
- チューチュー : 쥐 우는 소리, 찍찍
- モーモー : 소 우는소리, 음메
- ガーガー : 오리 우는 소리, 꽥꽥
- カーカー : 까마귀 우는 소리, 까악 까악

- ニャー : 고양이 우는 소리, 야옹야옹
- ホーホー : 부엉이 우는 소리
- ケロケロ : 개구리 우는 소리, 개굴개굴
- メーメー : 염소 우는 소리, 메~메~
- ブーブー : 돼지 우는 소리, 꿀 꿀

▶ 동물들의 여러가지 모습

- ぶらさがる : 매달리다, 철봉에 매달리다, 동물이 나무에 매달려 있는 모습
- 飛んでいるところ : 날고 있다(날고 있는 중), 새 등이 하늘을 날고 있는 것을 표현
- 止まったところ : 멈추었다(바로 전에 멈춘 것, 막 멈춘 상태), 날고 있던 것이 멈춘 바로 직후의 상황을 나타내는 표현
- 止まっている : 멈춰 있다(멈춰 있는 상태)
- とぶ : (개구리 등이) 폴짝 뛰다, (새 등이) 날다, 날아가다
- とびあがる : 새가 날아오르다, 개구리가 펄쩍 뛰다, 펄쩍 뛰면서 기뻐하다, 물고기가 물 위로 뛰어 오르다
- とびつく : 개가 달려들다, 나무에 매달리다

일본어 동사

MP3 037

일본어 동사의 개괄

● 동사의 정의
동사는 단독 술어가
가능하며 주로 사물의
동작이나 존재를 나타
낸다.

01 일본어 동사의 특징

❶ 동사의 기본형 어미는 「ウ단」으로 끝나며, 어미 활용을 하는 자립어다.

● ウ단

あ	い	う	え	お
か	き	く	け	こ
さ	し	す	せ	そ
た	ち	つ	て	と
な	に	ぬ	ね	の
は	ひ	ふ	へ	ほ
ま	み	む	め	も
や		ゆ		よ
ら	り	る	れ	ろ
わ				を

- 歌う 노래하다　　　⇒ うたう … あ의 ウ단
- 書く 쓰다　　　　⇒ かく … か의 ウ단
- 死ぬ 죽다　　　　⇒ しぬ … な의 ウ단
- 飛ぶ 날다　　　　⇒ とぶ … ば의 ウ단
- 愛する 사랑하다　⇒ あいする … る의 ウ단

❷ 동사 하나가 여러 가지 의미를 갖는 경우가 있다.

동사 「あげる」하면, 보통 '손을 들다'라는 「手をあげる」 정도가 가장 먼저 떠오를 것이다. 하지만, 이 이외에도 다음과 같은 의미들이 있다.

- 能率をあげる。 능률을 올리다.
- スピードをあげる。 스피드를 내다.
- 全力をあげる。 전력을 다하다.
- 成果をあげる。 성과를 올리다.
- 仕事をあげる。 일을 끝내다.
- 犯人をあげる。 범인을 잡다.
- 名をあげる。 유명하게 되다.
- 腕をあげる。 능숙하게 되다.

02 일본어 동사의 세 가지 그룹

1류동사	2류동사	3류동사
1그룹동사	2그룹동사	3그룹동사
⇩	⇩	⇩
'5단동사' 라고도 함	'1단동사' 라고도 함	'변칙·불규칙동사' 라고도 함

　원래 명칭은 '5단동사, 1단동사, 변칙(불규칙)동사'이나, 일본어교육에서 '1 · 2 · 3류동사(1그룹 · 2그룹 · 3그룹동사)'라고 하자는 움직임이 있어, 본서에서도 '1 · 2 · 3류동사'로 표기하였다. 그러나, '1류동사=5단동사', '2류동사=1단동사', '3류동사=변칙(불규칙)동사'라는 것은 알아두자.

● 모든 동사는 어간과 어미로 나눌 수 있는데, 맨 마지막 음이 어미이고, 그 앞부분이 어간이다.

・うた(う) 노래하다 　・か(く) 쓰다
　어간 → 어미 　　　어간 → 어미

1류동사

① 모든 동사는 마지막 음인 어미가 항상 「う、く、ぐ、す、つ、ぬ、ぶ、む、る」로 끝나는데, 여기서 「る」를 제외한 「う、く、ぐ、す、つ、ぬ、ぶ、む」로 끝나는 동사가 1류동사다.

● 「ウ」단으로 끝나는 동사의 어미

あ	い	う	え	お
か	き	く	け	こ
が	ぎ	ぐ	げ	ご
さ	し	す	せ	そ
た	ち	つ	て	と
な	に	ぬ	ね	の
ば	び	ぶ	べ	ぼ
ま	み	む	め	も
ら	り	る	れ	ろ

✓ 誘^{さそ}う 권유하다
✓ 騒^{さわ}ぐ 떠들다
✓ 立^たつ 일어서다
✓ 飛^とぶ 날다

✓ 書^かく 쓰다
✓ 指^さす 가리키다
✓ 死^しぬ 죽다
✓ 読^よむ 읽다

② 어미가 「る」로 끝나는 동사 가운데, 「る」의 바로 앞 글자가 「ア · ウ · オ
단」이면, 다시 말해 「イ단」이나 「エ단」이 아니면 1류동사다.

			ア단	ウ단		オ단	
✓ 下がる 내려가다	• さがる	…	が	ぎ	ぐ	げ	ご
✓ 戻る 돌아가다	• もどる	…	だ	ぢ	づ	で	ど
✓ 登る 오르다	• のぼる	…	ば	び	ぶ	べ	ぼ
✓ 眠る 자다	• ねむる	…	ま	み	む	め	も

③ '예외 1류동사'라는 1류동사가 있다. 형태는 2류동사인데, 1류동사인 동사들
로, 무조건 외워야 한다.
2류동사를 공부한 후에 다시 자세히 알아보자.

2류동사

간단히 말해서, 2류동사는 어미가 「る」로 끝나고, 「る」 앞의 글자가 「イ
단」이나 「エ단」인 동사를 말한다.

① 「る」 앞이 「イ단」인 동사

			イ단				
✓ 着る 입다	• きる	…	か	き	く	け	こ
✓ 起きる 일어나다	• おきる	…	か	き	く	け	こ
✓ 過ぎる 지나다	• すぎる	…	が	ぎ	ぐ	げ	ご
✓ 満ちる 차다	• みちる	…	た	ち	つ	て	と
✓ 見る 보다	• みる	…	ま	み	む	め	も
✓ 降りる 내리다	• おりる	…	ら	り	る	れ	ろ

② 「る」 앞이 「エ단」인 동사

			エ단				
見える 보이다	• みえる	…▶	あ	い	う	え	お
教える 가르치다	• おしえる	…▶	あ	い	う	え	お
開ける 열다	• あける	…▶	か	き	く	け	こ
寝る 자다	• ねる	…▶	な	に	ぬ	ね	の
食べる 먹다	• たべる	…▶	ば	び	ぶ	べ	ぼ
並べる 늘어놓다	• ならべる	…▶	ば	び	ぶ	べ	ぼ
入れる 넣다	• いれる	…▶	ら	り	る	れ	ろ

2류동사는 예외를 허용하지 않는다. 규칙에 100% 맞아 떨어진다.

예외 1류동사

'예외 1류동사'란 형태는 2류동사인데, 1류동사 활용을 하는 동사를 말한다.

				イ단		エ단	
要る 필요하다	• いる	…▶	あ	い	う	え	お
入る 들어가다/오다	• はいる	…▶	あ	い	う	え	お
切る 자르다	• きる	…▶	か	き	く	け	こ
走る 달리다	• はしる	…▶	さ	し	す	せ	そ
知る 알다	• しる	…▶	さ	し	す	せ	そ
帰る 돌아가다	• かえる	…▶	あ	い	う	え	お
減る 줄다	• へる	…▶	は	ひ	ふ	へ	ほ
滑る 미끄러지다	• すべる	…▶	ば	び	ぶ	べ	ぼ

3류동사

3류동사는 두 개 뿐이다. 그대로 외우도록 하자.

✓ 来る 오다   ✓ する 하다

동사 분류표	
종류	동사분류
1류 동사 (5단동사)	✓ 기본형이 「る」로 끝나지 않는 동사 · 誘う 권유하다, 꾀다 · 書く 쓰다 · 騒ぐ 떠들다 · 指す 가리키다 · 立つ 서다 · 死ぬ 죽다 · 飛ぶ 날다 · 読む 읽다 ✓ 기본형이 「る」로 끝나면서, 「る」 앞 글자가 「ア·ウ·オ단」인 동사 · 下がる 내려가다 · 眠る 자다, 잠들다 · 戻る 돌아오다/가다 ★ 예외 1류동사! · 帰る 돌아가다/오다 · 切る 자르다 · 走る 달리다 · 要る 필요하다 · 知る 알다 · 入る 들어가다/오다
2류 동사 (1단동사)	✓ 기본형이 「る」로 끝나면서, 「る」 앞이 「イ단」인 동사 · 見る 보다 · 過ぎる 지나다 · 降りる 내리다 · 着る (옷을)입다 · 起きる 일어나다 ✓ 기본형이 「る」로 끝나면서, 「る」 앞이 「エ단」인 동사 · 寝る 자다 · 食べる 먹다 · 見える 보이다 · 開ける 열다 · 並べる 줄지어 놓다 · 入れる 넣다
3류 동사 (불규칙동사)	✓ 두 가지 뿐! · 来る 오다 · する 하다

98

일본어 동사의 활용

01 정중형

MP3 038

'~(합)니다'라는 뜻의 동사의 정중형에 대해 알아보자.

1류동사

「ウ단」으로 끝나는 어미를 같은 행의 「イ단」으로 고친 후, 「ます」를 붙인다. 예를 들어, 「行く 가다」라는 동사를 살펴 보자. 「行く」의 어미 「く」를 같은 행의 「イ단」인 「き」로 바꾼 후, 「ます」를 붙이면 된다.

  ✓ 行く → き ⊕ ます ⇒ 行きます 갑니다

2류동사

2류동사의 ます형은 정말 쉽다. 어미 「る」를 없애고, 「ます」를 붙이면 된다. 예를 들어, 「寝る 자다」라는 동사를 살펴보면, 「寝る」의 어미 「る」를 없앤 후, 「ます」를 붙이면 된다.

  ✓ 寝る ⊕ ます ⇒ 寝ます 잡니다

3류동사

3류동사의 활용은 모두 외워야 한다. 두 개밖에 없으니 큰 무리는 없을 것이다.

  ✓ 来る 오다 ⇒ 来ます 옵니다
  ✓ する 하다 ⇒ します 합니다

정중형 활용표

● イ단 ウ단

あ	い	う	え	お
か	き	く	け	こ
が	ぎ	ぐ	げ	ご
さ	し	す	せ	そ
た	ち	つ	て	と
な	に	ぬ	ね	の
ば	び	ぶ	べ	ぼ
ま	み	む	め	も
ら	り	る	れ	ろ

종류	정중형 만들기
1류 동사 (5단동사)	✔ 어미 「ウ단」을 「イ단」으로 고친 후, 「ます」를 붙인다. ·行く 가다　 → 行き + ます → 行きます 갑니다 ·読む 읽다　 → 読み + ます → 読みます 읽습니다 ·歌う 노래하다 → 歌い + ます → 歌います 노래합니다 ·帰る 돌아가다 → 帰り + ます → 帰ります 돌아갑니다
2류 동사 (1단동사)	✔ 어미 「る」를 없애고, 「ます」를 붙인다. ·見る 보다　 →見 + ます　 → 見ます 봅니다 ·食べる 먹다 → 食べ + ます → 食べます 먹습니다
3류 동사 (불규칙동사)	✔ 불규칙활용이므로 무조건 암기!!! ·来る 오다 → 来ます 옵니다 ·する 하다 → します 합니다

┃ 정중형의 활용

정중형에서 「ます」자리에 「～ません」 「～ました」 「～ませんでした」가
오면, '정중형의 부정형·과거형·과거부정형'이 된다.

① ～ます : 우리말의 '～합니다'에 해당하는 긍정의 정중형 표현이다.

② ～ません : 「ます」의 부정형, '～(하)지 않습니다'

③ ～ました : 「ます」의 과거형, '～했습니다'

④ ～ませんでした : 「ます」의 과거부정형, '～(하)지 않았습니다'

- 書^かく 쓰다 書^かきます 씁니다
  書^かきません 쓰지 않습니다
  書^かきました 썼습니다
  書^かきませんでした 쓰지 않았습니다

- 起^おきる 일어나다 起^おきます 일어납니다
  起^おきません 일어나지 않습니다
  起^おきました 일어났습니다
  起^おきませんでした 일어나지 않았습니다

- する 하다 します 합니다
  しません 하지 않습니다
  しました 했습니다
  しませんでした 하지 않았습니다

┃ 동사의 정중한 권유표현

「ます」자리에 「〜ませんか」「〜ましょうか」「〜ましょう」를 쓰면 권유를 나타내는 권유표현이 된다. 예를 들어 「行きます 갑니다」를 권유표현으로 바꿔보면, 「行きませんか。 가지 않겠습니까?」「行きましょうか。 갈까요?」「行きましょう。 갑시다」가 된다.

이 권유표현은 상대방에게 무언가를 하자고 권할 때 쓰는 표현이지만, 의미적으로는 청자의 입장을 고려해서 완곡하게 돌려 요구하는 표현 방법이다.

❶ 〜ませんか … 〜하지 않겠습니까?, 〜하지 않을래요?

화자의 의지의 표출도 없고, 적극성도 상당히 둔화된 표현이다.

❖ A : 山田さん、行きませんか。 야마다 씨, 안 가세요?

　　B : はい、行きません。 예, 안 갑니다.

　　　　いいえ、行きます。 아니요, 갑니다.

❷ 〜ましょうか … 'Would〜', 〜(할)까요?

질문의 형태를 취하면서도 관점을 상대방의 입장에 두고 의향을 묻는 경우에 쓰인다. 적극적인 면에서 「〜ましょう」보다는 약한 편이다.

❖ A : 行きましょうか。 갈까요?

　　B : ええ、いいですね。 行きましょう。 예, 좋습니다. 가시죠.

❸ 〜ましょう … 'Shall〜', 〜합시다, 〜하죠

자기의 의지를 표출하면서도 그것에 따라 줄 것을 상대에게 권유하는 표현이다. 이때는 주로 감동사와 함께 사용된다. 여기서 더 효과적으로 자신의 권유를 관철시키고자 한다면 끝부분에 「よ」를 붙여주면 된다.

• 始めましょう 시작합시다　　⇒ 始めましょうよ
• 休みましょう 쉽시다　　　　⇒ 休みましょうよ
• 終わりましょう 끝냅시다　　⇒ 終わりましょうよ

❖ A : さあ、そろそろ行きましょうよ。 자~, 슬슬 가요.

　　B : はい、行きましょう、行きましょう。 예, 갑시다, 갑시다.

내려갈수록
적극적인 표현이
된다.

102

02 부정형

'~(하)지 않는다'라는 뜻의 동사의 부정형 활용법에 대해 알아보도록 하자.

종류	부정형 만들기
1류 동사 (5단동사)	✔ 어미 「ウ단」을 「ア단」으로 고친 후, 「ない」를 붙인다. 단, 「歌う 노래하다」와 같이 어미가 「う」로 끝나는 동사는 「あ」가 아니라, 「わ」로 바꾼다. ・行く 가다　→ 行か + ない → 行かない 가지 않다 ・歌う 노래하다 → 歌わ + ない → 歌わない 노래하지 않다 ・読む 읽다　→ 読ま + ない → 読まない 읽지 않다
2류 동사 (1단동사)	✔ 어미 「る」를 없애고, 「ます」를 붙인다. ・見る 보다　→ 見 + ない　→ 見ない 보지 않다 ・食べる 먹다 → 食べ + ない → 食べない 먹지 않다
3류 동사 (불규칙동사)	✔ 불규칙활용이므로 무조건 암기!!! ・来る 오다 → 来ない 오지 않다 ・する 하다 → しない 하지 않다

● ア단　ウ단

わ	い	う	え	お
か	き	く	け	こ
が	ぎ	ぐ	げ	ご
さ	し	す	せ	そ
た	ち	つ	て	と
な	に	ぬ	ね	の
ば	び	ぶ	べ	ぼ
ま	み	む	め	も
ら	り	る	れ	ろ

03 명사수식형

1류 · 2류 · 3류동사 모두 동사의 기본형의 명사를 접속시킨다.

종류	명사수식형 만들기
1류 동사 (5단동사)	✔「行^いく 가다」에 명사 「時^{とき} 때」를 접속해 보자. ・行^いく + 時^{とき} → 行^いく時^{とき} 갈 때
2류 동사 (1단동사)	✔「食^たべる 먹다」에 명사 「人^{ひと} 사람」를 접속해 보자. ・食^たべる + 人^{ひと} → 食^たべる人^{ひと} 먹는 사람
3류 동사 (불규칙동사)	✔「テニスをする 테니스를 치다」에 명사 「時^{とき} 때」를 접속해 보자. ・テニスをする + 時^{とき} → テニスをする時^{とき} 　　　　　　　　　　　　　　　테니스를 칠 때

● 「テニスをする」를 직역하면 '테니스를 하다'이지만, '테니스를 하는 것'은 우리말로는 '테니스를 치는 것'이 되므로, 자연스럽게 '테니스를 치다'로 해석하도록 하자. 이처럼, 「する」는 앞에 오는 단어에 따라 '하다' 이외의 뜻으로 해석되기도 한다.

• テニスをする 테니스를 치다
• においがする 냄새가 나다

04 가정형

MP3 041

'~(한)다면'에 해당하는 동사의 가정형 활용법에 대해 알아보자.

종류	가정형 만들기
1류 동사 (5단동사)	✔ 어미 「ウ단」을 「エ단」으로 고친 후, 「ば」를 붙인다. ・行く 가다 → 行け + ば → 行けば 간다면 ・読む 읽다 → 読め + ば → 読めば 읽는다면 ・歌う 노래하다 → 歌え + ば → 歌えば 노래한다면 ・帰る 돌아가다 → 帰れ + ば → 帰れば 돌아간다면
2류 동사 (1단동사)	✔ 어미 「る」를 없애고, 「れば」를 붙인다. ・見る 보다 → 見 + れば → 見れば 본다면 ・食べる 먹다 → 食べ + れば → 食べれば 먹는다면
3류 동사 (불규칙동사)	✔ 불규칙활용이므로 무조건 암기!!! ・来る 오다 → 来れば 온다면 ・する 하다 → すれば 한다면 ・勉強する 공부하다 → 勉強すれば 공부한다면

● ウ단 エ단

あ	い	う	え	お
か	き	く	け	こ
が	ぎ	ぐ	げ	ご
さ	し	す	せ	そ
た	ち	つ	て	と
な	に	ぬ	ね	の
ば	び	ぶ	べ	ぼ
ま	み	む	め	も
ら	り	る	れ	ろ

MP3 042

05 의지형 · 권유형

의지형은 자신의 의지를 나타내는 '~(해)야지'라는 의미와 권유의 뜻을 나타내는 '~(하)자'라는 두 가지 의미를 갖는다.

종류	의지형·권유형 만들기
1류 동사 (5단동사)	✔ 어미 「ウ단」을 「オ단」으로 고친 후, 「う」를 붙인다. ・行く 가다 → 行こ + う → 行こう 가야지, 가자 ・読む 읽다 → 読も + う → 読もう 읽어야지, 읽자 ・歌う 노래하다 → 歌お + う → 歌おう 노래해야지, 노래하자 ・帰る 돌아가다 → 帰ろ + う → 帰ろう 돌아가야지, 돌아가자
2류 동사 (1단동사)	✔ 어미 「る」를 없애고, 「よう」를 붙인다. ・見る 보다 → 見 + よう → 見よう 봐야지, 보자 ・食べる 먹다 → 食べ + よう → 食べよう 먹어야지, 먹자
3류 동사 (불규칙동사)	✔ 불규칙활용이므로 무조건 암기!!! ・来る 오다 → 来よう 와야지, 오자 ・する 하다 → しよう 해야지, 하자

ウ단 オ단

あ	い	う	え	お
か	き	く	け	こ
が	ぎ	ぐ	げ	ご
さ	し	す	せ	そ
た	ち	つ	て	と
な	に	ぬ	ね	の
ば	び	ぶ	べ	ぼ
ま	み	む	め	も
ら	り	る	れ	ろ

06 명령형

우리말의 '~해(라)'에 해당하는 명령형의 활용법을 자세히 알아보자.

MP3 043

종류	명령형 만들기
1류 동사 (5단동사)	✔ 어미 「ウ단」을 「エ단」으로 고친다. · 行く 가다　→ 行け 가라 · 読む 읽다　→ 読め 읽어라 · 歌う 노래하다 → 歌え 노래해라 · 帰る 돌아가다 → 帰れ 돌아가라
2류 동사 (1단동사)	✔ 어미 「る」를 없애고, 「ろ」나 「よ」를 붙인다. · 見る 보다　→ 見ろ·見よ 봐라 · 食べる 먹다 → 食べろ·食べよ 먹어라
3류 동사 (불규칙동사)	✔ 불규칙활용이므로 무조건 암기!!! · 来る 오다　→ 来い 와라 · する 하다　→ しろ·せよ 해라

	ウ단	エ단
あ	い	う え お
か	き	く け こ
が	ぎ	ぐ げ ご
さ	し	す せ そ
た	ち	つ て と
な	に	ぬ ね の
ば	び	ぶ べ ぼ
ま	み	む め も
ら	り	る れ ろ

● 금지의 명령형

'~하지 마(라)'라는 금지를 나타내는 명령표현은 동사의 기본형에 「な」를 붙이면 된다.

· 行く　◎ 行くな 가지 마(라)

· 見る　◎ 見るな 보지 마(라)

· 来る　◎ 来るな 오지 마(라)

---

07 음편형

● ~て ~하고,
　~해서 (연결)
　~た ~했다 (과거)
　~たら ~했다면 (가정)
　~たり ~하기도 하고
　　　　　 (나열·열거)

음편이란, 어미가 す로 끝나는 1류동사를 제외한 1류동사 뒤에 「て·た·た ら·たり」가 오면, ます형이 다른 음으로 바뀌게 되는데, 이런 현상을 '동사의 음편(音便)'이라고 한다. 이러한 현상이 일어나는 이유는 발음을 편하게 하기 위해서 음절자음이 떨어져 「イ」, 「촉음」, 「발음」으로 변하기 때문이다. 이렇게 불편한 발음에서 편한 발음의 과정을 거쳐 생긴 형태를 '음편형'이라고 한다.

'동사의 음편'에는 「イ」, 「촉음」, 「발음」으로 변하는 세 가지 종류가 있다.

> ① い음편
> ② 촉음편 ··· 促音便(つまる音便)
> ③ 발음편 ··· 撥音便(はねる音便)

'동사의 음편'에 대해, 좀 더 쉽게 설명하자면 다음과 같다.

● ます형이란?

ます형은 정중형 활용을 하여, ます가 붙은 형태를 말하기도 하지만, 동사 활용을 할 때 말하는 ます형이란 정중형에서 ます를 뺀 앞부분을 말하는 것이 일반적이다.

＊＊＊ます
<u>ます형</u>

어미가 す로 끝나는 1류동사를 제외한 '1류동사'가 ます형이 되기 위해 「イ 단」으로 바꾼 어미를 「て·た·たら·たり」와 만날 때는 형태를 다시 한 번 바꾼다는 말이다. 예를 들면, 「会う」의 ます형이란, 정중형에서 「ます」를 제외한 어미 부분인 「会い」을 말한다. 정중형에서는 어미를 「イ단」인 「い」로 바꾸어 「会います」가 되었다면, 「て·た·たら·たり」와 만날 때는 「い」를 「っ」로 다시 바꾸어 「会って·会った·会ったら·会ったり」가 된다는 것이다.

- 기본형 ··· 会う 만나다

- 정중형 ··· 会います 만납니다

- 연결형 ··· 会って 만나고, 만나서

- 과거형 ··· 会った 만났다

- 가정형 ··· 会ったら 만나면

- 열거형 ··· 会ったり 만나기도 하고

い음편

기본형 어미가 「く・ぐ」로 끝나는 1류동사에 「て・た・たら・たり」가 오면, 어미가 「い」로 바뀌는 현상을 말한다.

「咲く 피다」를 예로 들어보면, 중지법으로 쓰일 때는 「咲いて 피고, 펴서」가 되고, 과거를 나타낼 때는 「咲いた 피었다」가 된다. 가정형이 되려면 「咲いたら 피면」가 되며, 동작을 나열하거나 열거할 때는 「咲いたり 피기도 하고」가 된다.

여기에서 「急ぐ 서두르다」와 같이 어미가 「ぐ」로 끝나는 1류동사는 음편형이 될 때 「て・た・たら・たり」에 탁점이 붙어 「で・だ・だら・だり」가 됨을 유념해야 한다. 「゛」은 끝까지 따라 다닌다.

く・ぐ → い

	기본형	연결형(て형)	과거형(た형)	가정형	나열·열거형
く→い	咲く 피다	咲いて 피고, 펴서	咲いた 피었다	咲いたら 피면	咲いたり 피기도 하고
ぐ→い	急ぐ 서두르다	急いで 서두르고, 서둘러서	急いだ 서둘렀다	急いだら 서두르면	急いだり 서두르기도 하고

「行く 가다」는 어미가 「く」로 끝나는 1류동사이지만, い음편이 되지 않고 「っ」로 바뀌는 촉음편이 되므로 주의해야 한다.

行⊘ … っ

기본형	연결형(て형)	과거형(た형)	가정형	나열·열거형
行く 가다	行って 가고, 가서	行った 갔다	行ったら 가면	行ったり 가기도 하고

촉음편 (つまる音便)

기본형 어미가 「う・つ・る」로 끝나는 1류동사에 「て・た・たら・たり」가 오면, 어미가 「っ」로 바뀌는 현상을 말한다.

예를 들면, 「習う 배우다」의 중지법은 「習って 배우고, 배워서」가 되고, 과거형은 「習った 배웠다」가 된다. 가정형은 「習ったら 배웠거든, 배우면」가 되며, 동작의 나열을 나타내는 경우에는 「習ったり 배우기도 하고」로 음편 활용하게 된다.

「つ」로 끝나는 「待つ 기다리다」와 「る」로 끝나는 「乗る 타다」도 같은 방법으로 활용된다.

う・つ・る → っ

	기본형	연결형(て형)	과거형(た형)	가정형	나열·열거형
う→っ	習う 배우다	習って 배우고, 배워서	習った 배웠다	習ったら 배우면	習ったり 배우기도 하고
つ→っ	待つ 기다리다	待って 기다리고, 기다려서	待った 기다렸다	待ったら 기다리면	待ったり 기다리기도 하고
る→っ	乗る 타다	乗って 타고, 타서	乗った 탔다	乗ったら 타면	乗ったり 타기도 하고

발음편 (はねる音便)

기본형 어미가 「ぬ・む・ぶ」로 끝나는 1류동사에 「て・た・たら・たり」가 오면, 발음을 부드럽게 하기 위해 어미가 「ん」으로 바뀌는 현상을 말한다.

여기서 주의할 점은 발음편은 「ん」의 영향으로 뒤에 이어지는 「て・た・たら・たり」에 탁점이 붙어 「で・だ・だら・だり」가 된다는 것이다.

예를 들면, 「死ぬ 죽다」의 중지법은 「死んで 죽고, 죽어서」가, 과거형은 「死んだ 죽었다」가, 가정형은 「死んだら 죽었거든, 죽었으면」가, 동작을 나열할 때는 「死んだり 죽기도 하고」가 된다.

	ぬ・む・ぶ → ん				
	기본형	연결형(て형)	과거형(た형)	가정형	나열·열거형
ぬ→ん	死ぬ 죽다	死んで 죽고, 죽어서	死んだ 죽었다	死んだら 죽었으면	死んだり 죽기도 하고
む→ん	読む 읽다	読んで 읽고, 읽어서	読んだ 읽었다	読んだら 읽으면	読んだり 읽기도 하고
ぶ→ん	遊ぶ 놀다	遊んで 놀고, 놀아서	遊んだ 놀았다	遊んだら 놀면	遊んだり 놀기도 하고

| 음편형이 없는 동사

음편형이 없는 동사는 ます형에 바로「て·た·たら·たり」를 접속하면 된다. 음편이 없는 동사는 어미가 す로 끝나는 1류동사, 2류동사 전체, 3류동사 2가지이다.

●さ행 1류동사란?
어미가 す로 끝나는
1류 동사를 'さ행 1류동사'
라고도 한다.

✓ さ행 1류동사 : 話す 이야기하다　消す 끄다　指す 가리키다 …

✓ 2류동사 : 전체

✓ 3류동사 : 来る 오다　する 하다

	음편형이 없는 동사					
	기본형	정중형(ます형)	연결형(て형)	과거형(た형)	가정형	나열·열거형
さ행 1류동사	話す 이야기하다	話します 이야기합니다	話して 이야기하고, 이야기해서	話した 이야기했다	話したら 이야기하면	話したり 이야기하기도 하고
2류동사	食べる 먹다	食べます 먹습니다	食べて 먹고, 먹어서	食べた 먹었다	食べたら 먹으면	食べたり 먹기도 하고
3류동사	来る 오다	来ます 옵니다	来て 오고, 와서	来た 왔다	来たら 오면	来たり 오기도 하고
	する 하다	します 합니다	して 하고, 해서	した 했다	したら 하면	したり 하기도 하고

08 표현으로 익히기

앞에서 배운 음편을 다양한 문형과 결합시켜 연습하면, 더욱 쉽고 재미있는 표현을 배우며 익힐 수 있다.

┃ ～てください : ～해 주세요

MP3 045

「～てください」는 동사의 て형(연결형)에 접속하여, 지시하거나 부탁할 때 쓰는 표현이다. 아랫사람에게 명령적으로 표현할 때는 「～てくれ ～해 줘」라고 한다.

- 書く 쓰다　⇒ 書いてください 써 주세요　⇒ 書いてくれ 써 줘
- 待つ 기다리다　⇒ 待ってください 기다려 주세요　⇒ 待ってくれ 기다려 줘
- 見る 보다　⇒ 見てください 봐 주세요　⇒ 見てくれ 봐 줘

잠시만 기다려 주세요.

'잠시만 기다려 주세요'는 「ちょっと待ってください」라고 하는데, 윗사람이나 고객을 상대로 말을 할 경우에는 「少々お待ちください」라고 한다. 친한 사이에서나 아랫사람에게는 보통 「ちょっと待って 좀 기다려」 또는 「ちょっと待ってくれ 좀 기다려 줘」라고 한다.

- 少々お待ちください。
- ちょっと待ってください。
- ちょっと待って。/ ちょっと待ってくれ。

올라갈 수록
정중한 표현

～たことがあります : ～한 적이 있습니다

「～たことがあります」는 동사의 た형(과거형)에 접속하여 과거의 경험을 나타내는 표현이다.

부정문은 「～たことがありません」 또는 「～たことがないです」로 표현하고, 의문문은 긍정문과 부정문 모두 문말에 「か」를 붙이면 된다. 보통문으로 말할 때는 「あります 있습니다」의 기본형인 「ある 있다」를 써서 「～たことがある ～한 적이 있다」라고 하고, 부정문은 「～たことがない ～한 적이 없다」라고 한다.

❖ 新幹線に乗ったことがあります。　신간센을 탄 적이 있습니다.

❖ エステに行ったことがありません。피부관리소에 간 적이 없습니다.

		정중형	보통형
평서문	긍정	～たことがあります ～한 적이 있습니다	～たことがある ～한 적이 있다
	부정	～たことがありません ～たことがないです ～한 적이 없습니다	～たことがない ～한 적이 없다
의문문	긍정	～たことがありますか ～한 적이 있습니까?	～たこと(が)ある? (↗) ～한 적이 있어? (끝의 억양을 올려 표현)
	부정	～たことがありませんか ～たことがないですか ～한 적이 없습니까?	～たこと(が)ない? (↗) ～한 적이 없어? (끝의 억양을 올려 표현)

경험을 나타내는 이 표현은 주로 동사 다음에 오지만, 명사 다음에 올 때도 있다. 이때는 「명사 + だったことがあります」의 형태가 된다.

❖ お小遣いが100円だったことがあります。
용돈이 100엔이었던 적이 있습니다.

～てもいいですか : ～해도 좋습니까?, ～해도 됩니까? (허가표현)

「～てもいいですか」는 동사의 て형에 접속하여, 상대에게 양해나 허가를 구하는 표현이다. 더 정중하게 말해야 할 경우에는 「～てもよろしいですか」라고 한다.

❖ メモをしてもいいですか。

メモをしてもよろしいですか。 ┈▶ 정중한 표현

메모를 해도 됩니까?

❶ 대답할 때

이에 대한 긍정의 대답으로는 「はい、～てもいいです 예, ～해도 좋습니다」와 「～てもけっこうです ～해도 좋습니다」가 주로 쓰인다.

이와 유사표현으로 「～てもかまいません ～해도 상관없습니다」이 쓰이기도 하는데, 이 표현에서는 약간 소극적인 태도를 엿볼 수 있다.

부정의 대답으로는 「～てはいけません ～해서는 안 됩니다」이 있는데, 이 표현은 다음의 〈④ 금지표현〉에서 자세하게 알아보도록 하자.

❖ はい、してもいいです。네, 해도 됩니다.

❖ はい、してもかまいません。네, 해도 상관없습니다.

❖ いいえ、してはいけません。아니요, 해서는 안 됩니다.

❷ 친한 사이에서

친한 사이에는 보통형으로 「～てもいい? ～해도 돼?」라고 묻고, 「うん、いいよ。응, 좋아(그렇게 해). 」 또는 「ううん、だめ。아니, 안 돼.」 정도로 짧게 답한다.

❖ Ⓐ このケーキ、私が食べてもいい? 이 케이크 내가 먹어도 돼?

Ⓑ うん、いいよ。응, 돼. / ううん、だめ。아니, 안 돼.

❸ 한국어의 발상으로 일본어 동사를 선택해 허가표현을 쓴다면?

물론 의미는 어느 정도 통하겠지만, 일본어다운 일본어가 되지 않을 수가 있다. '전화를 사용해도 될까요?'라는 예문을 통해 알아보자.

전화를 사용해도 될까요?

- 일본식 표현　ちょっと電話を借りてもいいですか。
  좀 전화를 빌려도 될까요?

- 한국식 표현　電話を使ってもいいですか。
  전화를 사용해도 될까요?

위의 두 표현은 의미상으로는 전혀 문제가 되지는 않을 것이다. 물론, 일본인들도 무슨 말인지는 알아들을 것이다.

그러나, 직접적으로 자신의 의사를 표현하는 단어를 사용하기 꺼려하는 일본인들에게는 한국식 표현은 거부감 있게 들릴 수도 있다는 것이다.

「使う 사용하다」는 단어 자체에 이미 화자가 하고 싶은 내용이 적나라하게 드러나 있는 동사이기 때문에, 일본인은 남에게 허가를 구할 때에 「使う」를 직접적으로 사용하지 않고, 「借りる 빌리다」라는 등의 조금 완곡한 표현의 동사를 사용하는 경향이 있다.

그러니까, 직접적인 표현보다는 화자가 완곡하게 자신이 하고 싶은 말을 부드럽게 전달하는 것이 일본식 표현의 기본인 셈이다.

❖ Ⓐ ちょっと電話を借りてもいいですか。 좀 전화를 빌려도 될까요?
　Ⓑ はい、どうぞ。 네, 사용하세요.

이 외에도 일본인은 한국인의 생각으로는 어색한 경우에도 허가표현을 자주 사용한다. 그것은 일본인의 생각으로는 상대에 대한 허가를 구하는 것이 바로 타인에 대한 배려라고 생각하기 때문일 것이다.

예를 들어, 남의 집에 방문하여 화장실을 가게 될 경우, 한국인들은 대부분 '화장실이 어디냐'고 물어보는데 반해, 일본인은 우선 '화장실을 사용해도 되는가'부터 물어본다고 할 수 있다.

❖ ちょっと、トイレを借りてもいいですか。

   잠시, 화장실을 사용해도 되겠습니까?

물론 이 경우에도 「使う 사용하다」가 아닌 「借りる 빌리다」를 사용하여 표현한다.

이러한 표현은 상대를 배려하는 일본인의 언어습관이다.

이 외에 주로 허가를 구하는 표현은 다음과 같다.

• 잠깐 쉬면서, 담배를 피우거나 차를 마시고 싶을 때

   一服してもいいですか。

   담배(차)를 피워(마셔)도 될까요? – 좀 쉬어도 될까요?

• 일을 하는 중간에 잠깐 휴식을 취하고자 할 때

   ちょっと一息入れてもいいですか。 잠깐 쉬어도 될까요?

● 一服 : '한 모금'이란 뜻으로 '담배 한 모금'이나 '차 한 잔'을 의미한다. 즉, '잠시 쉼'을 표현한다.
● 一息 : '한 번의 숨'이란 뜻으로, '잠깐 쉼, 한숨 돌림'을 의미한다.

MP3 048

｜ ～てはいけません : ～해서는 안 됩니다 (금지표현)

　　「～てはいけません」은 동사의 て형에 접속하여, 상대방의 행위를 금지하
는 표현이다. 같은 의미로는 「～てはなりません」이 있고, 보통형으로 '～해서
는 안 된다'라고 할 때는 「～てはいけない」 「～てはならない」라고 한다.

> • ～てはいけません ＝ ～てはなりません ～해서는 안 됩니다 ⋯ 정중형
>
> • ～てはいけない ＝ ～てはならない ～해서는 안 된다 ⋯ 보통형

　　조금 직접적인 표현으로는 「～てはだめだ ～해서는 안 돼」가, 부드러운 표현
으로는 「～ては困る ～해서는 곤란하다」가 있으니 상황에 맞게 잘 구별해서 사용
하도록 하자. 이 외에 앞에서도 배웠던 부정명령형인 「(기본형) ＋ な ～하지 마」
를 비롯하여, 「～ないように ～하지 않도록」 「～を禁止する / ～を禁ずる
～을 금지하다」 등의 금지표현이 있다.

　　금지표현은 자신의 감정, 특히 금지를 나타내는 감정으로 타인에게 자신의 거
부 심리나 터부시되는 것들에 대한 자신의 선입견이나 편견을 그냥 그대로 드러
낼 수 있으므로, 각각의 의미를 정확히 파악하여 상황에 맞게 사용해, 오해를 사
는 일이 없도록 해야겠다.

　　우선 여기서는, 「～てはいけません」과 「～てはなりません」을 중심으로
학습하도록 하자. 두 표현 모두 '～해서는 안 됩니다'라는 의미를 가지고 있지만,
뉘앙스의 차이가 있다.

❶ ～てはいけません

듣는 사람을 염두에 두면서도 화자의 주관을 강하게 어필할 경우에 쓰인다.

❖ Ⓐ ここに荷物を置いてもいいですか。

여기에 짐을 두어도 됩니까?

Ⓑ いいえ、そこに荷物を置いてはいけません。

아니요, 거기에 짐을 놓아서는 안 됩니다.

❷ ～てはなりません

이에 반하여, 「～てはなりません」은 말하는 사람 일개인의 의지를 넘어서 '나 혼자만의 독단적인 생각이 아니다'라고 하는 뉘앙스가 들어 있어, 사회 전반적인 룰(rule)을 통해서 당연시되고 있는 것을 강조하는 경우에 쓰인다.

따라서 이 표현은 화자 자신이 금기를 표현한다고 하기보다는 법칙이나 통념 등, 보이지 않는 사회적 관념을 근간으로 말하는 금기의 뉘앙스가 들어가 있는 것이다. 예를 들면, 다음과 같다.

❖ 我々は二度とこのような戦争を起こしてはならない。

우리들은 두 번 다시 이 같은 전쟁을 일으켜서는 안 된다.

❖ ドラッグは人の心と体をめちゃくちゃにするものなので、
絶対にやってはなりません。

각성제는 인간의 마음과 몸을 엉망으로 만드는 것이니 절대로 해서는 안 됩니다.

● 회화체에서는 「～ては」를 「～ちゃ」, 「～では」를 「～じゃ」로 줄여 말할 수 있다.

• ～ては(では)いけません ＝ ～ちゃ(じゃ)いけません

• ～ては(では)なりません ＝ ～ちゃ(じゃ)なりません

• ～ては(では)いけない ＝ ～ちゃ(じゃ)いけない

• ～ては(では)ならない ＝ ～ちゃ(じゃ)ならない

~ところ

「ところ」는 <명사편>에서 배웠다시피 '곳'이라는 뜻의 장소를 나타내는 실질명사이나, 동사에 붙으면 시간적 위치를 나타내는 형식명사로 변한다.

❶ Vるところです: ~하려고 합니다, ~할 참입니다

동사의 기본형에 「ところです」가 접속하면, '~하려고 합니다, ~할 참입니다'라는 어떠한 일을 시작하기 직전이라는 의미를 나타낸다.

- 書く 쓰다　⇒　書くところです 쓰려고 합니다. 쓸 참입니다

❖ Ⓐ もう家を出ましたか。 벌써 집을 나갔습니까?
Ⓑ いいえ、今、家を出るところです。
아니요. 지금, 집을 나갈 참입니다. … 아직 나가지 않은 상태

❷ Vているところです ~하고 있는 중입니다

동사의 て형(연결형)에 「いるところです」가 접속하면, '~하고 있는 중입니다'라는 어떠한 일을 진행 중이라는 의미를 나타낸다.

- 書く 쓰다　⇒　書いているところです 쓰고 있는 중입니다

❖ Ⓐ どうするか決めましたか。 어떻게 할지 정했습니까?
Ⓑ いいえ、今考えているところです。 아니요. 지금 생각 중입니다.

❸ Vたところです 지금 막 끝난 참입니다

동사의 た형(과거형)에 「ところです」가 접속하면 '지금 막 끝난 참입니다'라는 뜻의 어떤 동작이 막 끝난 직후의 상황을 설명한다.

- 書いた 썼다　⇒　書いたところです 지금 막 다 쓴 참입니다

❖ Ⓐ 一緒にお昼でもどうですか。

함께 점심(식사)이라도 어떻습니까?

Ⓑ あっ、ちょうど今食べたところです。

아, 지금 막 먹은 참입니다.

❖ Ⓐ お願いしたファックス送りましたか。

부탁드린 팩스 보내셨습니까?

Ⓑ たった今、送ったところです。

지금 막 보냈습니다.

❖ スーパーに特売の牛肉を大急ぎで買いに行ったのに、
ちょうど売り切れたところだったのよ。

슈퍼에 특별 할인판매 하는 소고기를 급히 서둘러 사러갔는데, 막 다 팔린 참이었어.

▶「～たところ」와「～たばかり」의 차이점

「～たところです」와 같은 의미로「～たばかりです」가 있는데,「～たばかりです」는 '어떤 동작이 행해진 후, 아직 얼마 시간이 지나지 않았다'는 화자의 주관적인 생각을 내포하고 있다. 예를 들어「このカバンは買ったばかりです。」라고 하면 '이 가방은 산지 얼마 되지 않았습니다.'라는 뜻으로, 가방을 산지 어느 정도 시간이 지난 경우라도 화자가 그 시간을 심리적으로 짧게 느끼면 사용할 수 있다.

그래서「たった今 지금 막」「さっき 조금 전」와 같이 시간이 얼마 지나지 않았음을 나타내는 어휘와는 두 표현 모두 사용이 가능하지만,「先週 지난주」「2ヶ月前 2개월 전」「去年 작년」과 같이 시간이 많이 지났음을 나타내는 어휘와는「～たばかりです」만 사용할 수 있다.

「～たばかりです」는 내포하고 있는 뉘앙스를 표출시켜「～ばかりですから ～(한)지 얼마 되지 않았기 때문에」의 형태로 인과관계를 나타내기도 한다.

❖ このカバンは買ったばかりですから、まだ新しい。

이 가방은 산지 얼마 되지 않았기 때문에, 아직 새것이다.

～た方がいい : ～하는 편이 좋다 (충고표현)

「～た方がいい」는 동사의 た형(과거형)에 접속해, 타인에게 자신의 생각이나 의견을 '조언조(助言調)'로 말하는 표현으로, '～하는 편이 좋다'라는 의미를 가진다. 과거형에 접속하지만, 과거의 의미를 갖지 않는다는 것에 주의하자.

일본인들은 상대방에게 충고를 하는 경우에도 직접적인 표현을 사용하지 않고, 부드러운 권유표현으로 상대에게 선택의 기회를 주면서 자신의 판단내용을 제시한다.

❖ お酒は、体に悪いから少し控えた方がいい。

술은 몸에 안 좋으니 조금 삼가는 게 좋아.

「～方がいい」는 과거형에 접속하여 「과거형(た) + 方がいい」의 형태를 취하지만, 기본형과 접속하여 「기본형 + 方がいい」의 형태가 되기도 한다. 둘 다 의미적으로 똑같아 어느 것을 사용해도 무방하지만, 상대에게 좀 더 강하게 말하고자 할 때는 「～た方がいい」쪽을 주로 사용하고, 자신이 자기의 선택을 정하고 싶을 때는 「기본형 + 方がいい」를 사용하는 것이 자연스럽다.

❖ 体調もいいし、歩くより走る方がいい。

몸 상태도 좋고, 걷는 것보다 뛰는 편이 좋아.

정중하게 말할 경우에는 「です」를 붙여, 「～た方がいいです ～하는 편이 좋습니다」라고 한다.

❖ 車は渋滞するから、電車で行った方がいいです。

자동차는 정체되니까, 전철로 가는 편이 좋습니다.

부정의 내용을 조언할 경우, '~하지 않는 것이 좋다, ~하지 않는 편이 좋다'라고 할 때는 동사의 부정형에 접속하여 「~ない方がいい」의 형태가 된다.

❖ あのレストランはまずいから、行かない方がいい。

저 레스토랑은 맛이 없기 때문에, 가지 않는 편이 좋아.

마지막으로, 명사와 접속시켜 보자.

명사와 접속할 경우에는 「명사 + の + 方がいい」의 형태로 '(명사)인 편이 좋아'라는 의미를 갖는다.

❖ お昼は弁当の方がいい。

점심(식사)은 도시락인 편이 좋아.

항상 과거형으로 사용되는 표현

- はい、わかりました。 / かしこまりました。 예, 알겠습니다.
- ありがとうございました。 감사합니다.
- おなかがすきました。 배가 고픕니다.
- のどがかわきました。 목이 마릅니다.

자동사와 타동사

| 자동사

　스스로 그 역할을 다할 뿐, 전혀 다른 것에 영향을 미치지 않는 것을 '자동사'라 한다. 목적어를 필요로 하지 않고, 「～が～する ～이 ～하다」라는 형태로 동작과 작용을 나타낸다.

　　• ドアがしまった。 문이 닫혔다. ⋯▶ しまる 닫히다

| 타동사

　타인에게 영향을 주는 것, 다시 말해 다른 것에 영향을 끼치는 것을 '타동사'라 한다. 목적어를 필요로 하고, 「～が～を～する ～이 ～를 ～하다」라는 형태로 다른 사람·사물에 주어의 동작·작용을 나타낸다.

　　• ドアをしめた。 문을 닫았다. ⋯▶ しめる 닫다

　일본어 동사에는 이렇게 두 가지의 형태가 존재하는데, 이제부터 자동사와 타동사에 대해 좀 더 구체적으로 알아보도록 하자.

01 한국어와 다른 일본어 자동사

우리가 알고 있는 자동사나 타동사의 예를 드는 것은 생략하기로 하겠다. 왜냐하면 한국어와 일본어는 어순이나 문법에 있어서 유사한 부분이 많아 한국어의 입력모드에 일본어의 입력모드를 바꾸어 대입시켜가면서 말하면 얼추 통하게 되기 때문이다.

● 가장 기본적인 자·타동사 구별법

'을/를'에 해당하는 조사 「を」를 넣어 '～을 ～하다'의 형태로 바꾼 후,

말이 되면 타동사고, 말이 되지 않으면 자동사다.

지금부터는 일본어의 자동사가 어떻게 한국어와 다른 지를 알아보자.

이렇게 하는 이유는 자동사의 구분이 명확히 설 때, 자동사는 물론 타동사의 쓰임을 더 확실히 알게 되기 때문이다.

우선, 한국어와 다른 일본어의 자동사에 대해 알아보자.

한국어에서는 '을/를' 목적격을 취하면 타동사이지만, 일본어에서는 자동사에서도 「を」격을 취하는 경우가 있다.

ⓐ 空を飛ぶ。 하늘을 날다. ⋯➡ 飛ぶ 날다〔자동사〕
ⓑ 道を歩く。 길을 걷다. ⋯➡ 歩く 걷다〔자동사〕

이러한 자동사를 '이동성(移動性)동사'라고 한다. 여기에서 쓰이는 「を」격은 동작의 목적이나 대상을 의미하는 것이 아니라 장소를 나타내고 있다.

ⓐ는 '하늘이라는 공간을 누군가가 난다'라는 의미가 되겠고, ⓑ 또한 ⓐ와 마찬가지로 '길이라는 공간을 누군가가 걷는다'란 뜻이 된다.

> ✓ 장소를 나타내는 「を」격을 사용하는 이동성동사
>
> • ～を飛ぶ ～을/를 날다　　• ～を歩く ～을/를 걷다
>
> • ～を泳ぐ ～을/를 수영하다　• ～を散歩する ～을/를 산책하다
>
> • ～を登る ～을/를 오르다　　• ～を通る ～을/를 통과하다

그럼, 다음 문장을 보자.

❖ 私は7時に家を出る。 나는 7시에 집을 나선다.

이 문장에서 사용된 「出る 나오다, 나가다」 역시 자동사로, 「出る」를 포함하여 「降りる 내리다・出発する 출발하다・経つ (시간, 세월 등이)지나다・離れる 떨어지다, 멀어지다, 떠나다・去る 떠나다・入る 들어가다, 들어오다」 등의 자동사 앞에도 출발지점을 나타내는 조사 「を」가 쓰인다.

「を」 앞에 있는 명사는 '출발하는 장소'를 의미하며, 그 다음에 오는 동사는 '출발점에서 멀어진다'는 의미의 동작동사다. 이런 형태를 가진 문형은 조사 「を」를 취하며, 이때의 동사는 의지적 의미를 가지게 된다. 즉, 의지나 목적의식을 내포하게 된다는 말이다. 단지, 공간적인 이동 사실만을 표현하는데 멈추지 않고 의도적이고 의식적인 동작의 뉘앙스를 가지게 된다.

「を」는 단순한 공간적인 출발점을 나타내는 「から」로 바꾸어 말할 수가 있다. 하지만, 여기서 포인트가 되는 중요한 사실은 '목적을 가진 의지적 동작의 「を」', '물리적인 공간 이동에만 초점을 둔 「から」'에 있다.

✓ 출발기점을 나타내는 「を」격을 사용하는 이동성동사

- 〜を出る ~을/를 나오다
- 〜を降りる ~을/를 내리다
- 〜を出発する ~을/를 출발하다
- 〜を経つ ~을/를 지나다
- 〜を離れる ~을/를 떠나다
- 〜を去る ~을/를 떠나다
- 〜を入る ~을/를 들어가다

---

02 자동사 · 타동사의 구분

동사가 취하는 격에는 여러 가지가 있는데, 격에 의해 자동사(が격)와 타동사(を격)가 구별되기도 한다.

- かびんがわれた。 꽃병이 깨졌다. ⋯▸ われる 깨지다〔자동사〕
- 山田さんがかびんをわった。 야마다 씨가 꽃병을 깼다. ⋯▸ わる 깨다〔타동사〕

  그럼, 유형이 같은 자 · 타동사를 알아보도록 하자.

같은 유형의 자동사·타동사			
자동사	타동사	자동사	타동사
消える 꺼지다	消す 끄다	つく 켜지다	つける 켜다
入る 들어가다	入れる 넣다	出る 나오다	出す 꺼내다
始まる 시작되다	始める 시작하다	終わる 끝나다	終える 끝내다
開く 열리다	開ける 열다	閉まる 잠기다	閉める 잠그다
暖まる 따뜻해지다	暖める 따뜻하게 하다	冷える 차가와지다	冷やす 차게 하다, 식히다
治る 낫다	治す 고치다	壊れる 망가지다	壊す 망가뜨리다
流れる 흐르다	流す 흘리다	沸く 끓다	沸かす 끓이다
並ぶ 늘어서다	並べる 나란히 놓다	止まる 멈추다, 서다	止める 세우다
見える 보이다	見る 보다	決まる 정해지다	決める 정하다
集まる 모이다	集める 모으다	倒れる 무너지다	倒す 넘어뜨리다
育つ 자라다	育てる 기르다	変わる 바뀌다	変える 바꾸다
落ちる 떨어지다	落とす 떨어뜨리다	かかる 걸리다	かける 걸다

자동사 · 타동사 모두 되는 동사

하나의 동사가 자동사와 타동사의 성질 모두를 가지고 있는 경우가 있다.

- 笑う 웃다
- 増す 늘어나다, 늘다
- 吹く 불다
- 張る 뻗다
- 閉じる 닫히다(감기다), 닫다(감다)

자동사	타동사
人が笑う。 사람이 웃다.	人を笑う。 사람을 비웃다.
水が増す。 물이 늘어나다.	水を増す。 물을 불리다.
風が吹く。 바람이 불다.	笛を吹く。 피리를 불다.
根が張る。 뿌리가 내리다(뻗다).	根を張る。 뿌리를 뻗치다.
目が閉じる。 눈이 감기다	目を閉じる。 눈을 감다.

자동사만 되는 동사

쌍을 이루지 않고 자동사뿐인 것이 있다.

- ある (사물이나 식물이)있다
- いる (사람이나 동물이)있다
- 行く 가다
- 栄える 번영하다, 번창하다
- 死ぬ 죽다
- 来る 오다

❖ 机の上にコーヒーがあります。 책상 위에 커피가 있습니다.

❖ ゼミには山田さんが行きます。 세미나에는 야마다 씨가 갑니다.

● 사람의 존재유무를 나타낼 때는 「いる」를 쓰지만, 사람의 경우라도 소유를 나타낼 경우에는 「ある」를 사용할 때가 있다. '남편이나 아내 또는 자녀나 형제 등이 있다(없다)'라고 할 때 소유물로 간주하여 사람이더라도 「ある」를 사용할 수도 있다.

- 私には妻があります。 나에게는 아내가 있습니다.

타동사만 되는 동사

쌍을 이루지 않고 타동사뿐인 것도 존재한다.

- 書く 쓰다
- 着る 입다
- 飲む 마시다
- 読む 읽다
- 植える (나무 등을)심다
- 投げる 던지다
- 落とす 떨어뜨리다

❖ 海野さんはあそこでマンガを読んでいる人です。

　우미노 씨는 저쪽에서 만화를 읽고 있는 사람입니다.

❖ 石をなげ、栗の実を落とした。 돌을 던져 밤을 떨어뜨렸다.

자 · 타동사가 된 형용사

형용사 중에 자동사 · 타동사의 형태로 바뀌어 동사로 사용될 수도 있다. 모든
형용사가 전부 해당되는 것은 아니므로, 아래에 정리한 것 정도만 알아두자.

형용사	자동사	타동사
高い 높다	高まる 높아지다	高める 높이다
強い 강하다	強まる 강해지다	強める 강하게 하다, 세게 하다
速い 빠르다	速まる 빨라지다	速める (속도를)빨리 하다, 빠르게 하다
広い 넓다	広まる 넓어지다	広める 넓히다
弱い 약하다	弱まる 약해지다	弱める 약하게 하다, 약화시키다

❖ 地球温暖化に関する関心が非常に高まった。

　지구 온난화에 관한 관심이 상당히 높아졌다.

❖ 自分自身の気持ちを高めるために、大好きなロックを聞いた。

　나 자신의 기분을 고양시키기 위해서 가장 좋아하는 록을 들었다.

03 진행과 상태의 자동사 · 타동사

진행과 상태를 나타내는 방법인데, 「타동사 + てある」 외에는 형태상으로 의미가 구분되지 않기 때문에 문맥상으로 그 차이를 알아가야 한다.

▌자동사 + ている

① 동작의 진행과 상태를 나타낸다.

❖ 鳥が空を飛んでいる。 새가 하늘을 날고 있다. ┈┈▶ 진행

❖ 窓が開いている。 창문이 열려 있다. ┈┈▶ 상태

② 하나의 동사가 동작의 진행과 동작의 결과인 상태 두 가지의 의미를 나타낸다.

❖ 雪がつもっています。 눈이 쌓이고 있습니다. ┈┈▶ 동작의 진행

　　　　　　　　　　　　　눈이 쌓여 있습니다. ┈┈▶ 상태

③ 반복적으로 계속되는 습관과 과거의 경험을 나타낼 수도 있다.

❖ 毎朝、ジョギングをしています。

　매일 아침, 조깅을 하고 있습니다. ┈┈▶ 습관

❖ アメリカには去年、行っています。

　미국에는 작년에 갔었습니다. ┈┈▶ 경험

▌타동사 + ている / 타동사 + てある

① 「타동사 + ている」는 동작의 진행을 나타낸다.

❖ 牛乳を飲んでいる。 우유를 마시고 있다. ┈┈▶ 진행

② 「타동사 + てある」는 동작의 결과인 상태를 나타낸다.

❖ 壁に絵がかけてある。 벽에 그림이 걸려 있다. ┈┈▶ 상태

상태를 나타내는 「자동사＋ている」와 「타동사＋てある」의 의미의 차이

ⓐ 窓が開いている。 창문이 열려 있다.

ⓑ 窓が開けてある。 창문이 열려 있다.

두 문장 모두 '창문이 열려 있다.'는 창문의 상태를 나타내는 문장이다.

그럼, 먼저 ⓐ는 어떠한 상태에서 나온 문장인지 알아보자. 이 문장으로는 창문이 어떠한 상황에서 어느 정도 열렸는지, 누가 열었는지 등의 구체적인 사실은 알 수 없다. 단지, 이 문장에서 파악할 수 있는 것은 바람이나 폭풍, 지진 등에 의해 저절로 창문이 열린 자연적인 상황까지 포함해서 결과적으로 창문이 열려져 있다는 것에 중점이 두고 하는 말이라는 것이다. 즉, 단순 사실 묘사다.

그저 열려 있는 창문　　　　　窓が開いている。 ···› 상태

그럼, ⓑ는 어떤 의미일까? 이 문장은 누군가가 의식적으로 창문을 열어 놓았다는 것을 암시한다. 더워서 그랬는지, 방안의 공기를 환기시키기 위해서 그랬는지는 알 수 없지만, 인위적으로 어떤 목적이나 의도가 있어서, 누군가가 창문을 열어둔 상태를 의미하는 문장이다.

누군가가 어떤 목적으로　　　　창문이 열려 있음　　　窓が開けてある。 ···› 상태
창문을 열어 둠

「타동사＋てある」는 문맥에 따라 미래를 위한 준비적 동작의 완료의 뜻을 나타내기도 하는데, 이때는 미래의 어떠한 일에 대비하여 '～해 두다'라는 의미로 해석된다.

❖ そのことは前もって約束してある。 ···› 준비적 동작의 완료
그 일은 이전부터 약속해 두었다.

가능동사

01 가능동사 : 1류동사

'가능동사'는 1류동사에만 존재하며, 2·3류동사는 가능형으로 만들 수가 있다.
「ウ단」으로 끝나는 1류동사의 어미를, 같은 행의 「エ단」으로 바꾼 후, 「る」를
붙이면 '~할 수 있다'라는 가능의 의미를 가진 가능동사가 된다.

가능동사가 된 다음에는 2류동사 활용을 하는 자동사가 된다. 자동사이므로
당연히 조사는 「が」가 오며, 명령형은 없다.

● ウ단 エ단

あ	い	う	え	お
か	き	く	け	こ
が	ぎ	ぐ	げ	ご
さ	し	す	せ	そ
た	ち	つ	て	と
な	に	ぬ	ね	の
ば	び	ぶ	べ	ぼ
ま	み	む	め	も
ら	り	る	れ	ろ

✓ 話す 말하다 ⇒ 話せる 말할 수 있다

英語を話す。영어를 말하다. ⇒ 英語が話せる。영어를 말할 수 있다.

✓ 読む 읽다 ⇒ 読める 읽을 수 있다

本を読む。책을 읽다. ⇒ 本が読める。책을 읽을 수 있다.

✓ 乗る 타다 ⇒ 乗れる 탈 수 있다

自転車に乗る。자전거를 타다. ⇒ 自転車に乗れる。자전거를 탈 수 있다.

● 조사 「が」만을 요구하는 동사 & 형용사

- 分かる 알다
- できる 할 수 있다
- 好きだ 좋아하다
- 嫌いだ 싫어하다
- 上手だ 잘한다
- 下手だ 못한다
- ~ほしい 갖고 싶다
- ~たい ~하고 싶다
- 가능동사

종류	가능동사 만들기
1류 동사 (5단동사)	✔ 어미「ウ」단을「エ」단으로 고친 후「る」를 붙인다. ・会う 만나다　→ 会え ＋ る → 会える 만날 수 있다 ・行く 가다　→ 行け ＋ る → 行ける 갈 수 있다 ・遊ぶ 놀다　→ 遊べ ＋ る → 遊べる 놀 수 있다 ・飲む 마시다　→ 飲め ＋ る → 飲める 마실 수 있다 ・帰る 돌아가다 → 帰れ ＋ る → 帰れる 돌아갈 수 있다

02 가능형 동사 : 2・3류동사

그럼, 2・3류동사를 '~할 수 있다'라는 뜻의 가능형으로 활용해 보자.

종류	가능형 만들기
2류 동사 (1단동사)	✔ 어미「る」를 없애고「られる」를 붙인다. ・食べる 먹다　→ 食べ ＋ られる 　　　　　　　→ 食べられる 먹을 수 있다 ・寝る 자다　→ 寝 ＋ られる 　　　　　　→ 寝られる 잘 수 있다 ・起きる 일어나다 → 起き ＋ られる 　　　　　　　　→ 起きられる 일어날 수 있다
3류 동사 (변격동사)	✔ 변격활용이므로 무조건 암기!!! ・来る 오다 → 来られる 올 수 있다 ・する 하다 → できる 할 수 있다

참고로, 다음의 동사를 보자.

> ✓ 見える 보이다   ✓ 聞こえる 들리다

위의 동사를 형태만 보고 「見る 보다」와 「聞く 듣다」의 가능형이라고 생각할 수 있으나, 이 동사들은 가능형이 아니고, 자발의 의미를 갖고 있는 동사이다. 말 그대로, 「見える」는 '볼 수 있는 것'이 아니라, '그냥 보이는 것'이고, 「聞こえる」는 '들을 수 있는 것'이 아니라, '그냥 들리는 것'이다.

❖ 富士山がよく見える。 후지산이 잘 보인다.

❖ うぐいすの鳴き声が聞こえる。 휘파람새의 울음소리가 들린다.

「見る」는 2류동사이므로 가능형으로 바꾸면, 「見られる」가 되고, 「聞く」는 1류동사이므로 가능동사로 바꾸면 「聞ける」가 된다.

> • 見る 보다 ⇒ 見られる 볼 수 있다
> • 聞く 듣다 ⇒ 聞ける 들을 수 있다

❖ 富士山が見られる。 후지산을 볼 수 있다.

❖ うぐいすの鳴き声が聞ける。 휘파람새의 울음소리를 들을 수 있다.

● 見る 보다   聞く 듣다
　• 見られる 볼 수 있다 ⋯➔ 가능   • 聞ける 들을 수 있다 ⋯➔ 가능
　• 見える 보이다 ⋯➔ 자동사   • 聞こえる 들리다 ⋯➔ 자동사

03 가능 구문 : 1류동사

가능 구문의 특징

① 주어는 유생명사만 올 수 있다.
- ❖ 先生は刺身が食べられますか。 선생님은 회를 드실 수 있습니까?

② 목적격 조사 「を」를 「が」로 바꾼다.
- ❖ 日本語が話せる。 일본어를 말할 수 있다.

③ 주격 조사가 「に」로 되는 경우도 존재한다.
- ❖ 君にできるもんか。 네가 할 수 있겠어?

가능 구문의 특수용법

'충분히 좋다, 매우 좋다'라는 의미를 포함하는 용법으로, 가능 또는 자발의 용법과는 조금 다른 특수용법이다.

- ❖ この湯は飲める。 이 따뜻한 물은 마실 만하다.
- ❖ いける。 꽤 좋다.
- ❖ このはさみはよく切れる。 이 가위는 잘 잘린다.

04 ら抜き言葉

'라누키고토바'는 직역하면, 'ら를 뺀 말'이란 뜻으로, 이것은 「られる」가 붙는 '가능형 동사'에서 「ら」를 빼고 「れる」만 붙여 '가능형'으로 말하는 경향이 높아져 생겨난 말이다.

- ・見られる ⇒ 見れる 볼 수 있다
- ・食べられる ⇒ 食べれる 먹을 수 있다
- ❖ 忙しくて、ご飯が食べれない。 바빠서 밥을 먹을 수 없다.

일본에서는 일상적으로 쓰이는 회화에서 「食べられない 먹을 수 없다」를 「食べれない」와 같이 쓰는 경향이 있다. 당연히, 학교문법에서 「食べれない」는 틀린 표현이지만, 실제로는 자주 사용하는 표현이므로 알아둘 필요는 있다.

그리고 '라누키고토바'를 알아두면, '가능형'과 '수동형'을 구별하는데 도움이 될 수도 있다. 왜냐하면, '가능형을 만드는 방법'과 '수동형을 만드는 방법'이 같기 때문이다. 예를 들어 살펴 보자.

❖ このケーキはもう食べられません。 이 케이크는 이제 먹을 수 없습니다.

위 문장의 「食べられません」은 가능형으로 쓰인 경우라서, 「食べれません」으로 「ら」를 빼고 말해도 의미가 통한다.

❖ お兄さんにケーキを食べられた。 형이 (내)케이크를 먹었다.

위 문장의 「食べられた」는 수동의 의미로 쓰인 경우라서 「食べれた」라고 하면 의미가 통하지 않게 된다. 이와 같이, 가능형의 경우는 「ら」를 빼고 말해도 의미가 통하지만, 수동형의 경우는 의미가 통하지 않는다는 것을 알아둬야 한다.

변화하는 젊은 세대의 일본어

> ▶ ら 탈락표현 : 라누키고토바
>
> ・見^みられる ⇒ 見^みれる
>
> ▶ ら 첨가표현 : 라이레고토바
>
> ・しゃべる ⇒ しゃべられる
>
> ▶ さ 첨가표현 : 사이레고토바
>
> ・行^いかせる ⇒ 行^いかさせる
>
> ▶ い 탈락표현 : 이누키고토바
>
> ・している ⇒ してる

왜 이런 현상이 일어날까?

ら 탈락과 い 탈락현상은 말의 길이를 줄이기 위해서이고, ら 첨가와 さ 첨가 현상은 오용(誤用)에서 생긴 것이다. 따라서 후자는 명백히 오용에 가깝다고 할 수 있다.

이러한 표현들은 문법적인 면에서는 모두 잘못된 표현이지만, 현실적으로는 많이 사용되고 있어, '몰라도 된다'라고 단정하기에도 어려움이 있다.

우선은 이러한 표현들이 있다는 것만 알아두고, 우리는 정확한 일본어를 구사하는 것이 가장 현명한 방법일 것이다.

그리고 하나 더. 잘못된 표현인데, 일본인들도 아무 생각 없이 많이 사용하고 있는 표현이 있다. '아무 것도 아닙니다'라는 뜻의 「とんでもありません」인데, 이는 「とんでもないです」라고 하는 것이 옳은 표현이다.

보조동사

동사가 본래의 의미에서 벗어나 바로 앞 동사를 보조하는 보조어로 쓰일 때, 즉 「동사의 て형」 다음에 이어질 때 이를 보조동사라 한다. 보조동사는 대명사, 부사, 접속사, 감동사, 조동사, 조사처럼 되도록 한자로 쓰지 않는 것을 원칙으로 한다.

❖ 机の上に本が<u>ある</u>。 책상 위에 책이 있다.

　　　　　　있다 ···› 본동사

❖ 机の上に本が<u>置いてある</u>。 책상 위에 책이 놓여 있다.

　　　　　　　　놓여 있다 ···› 보조동사

01 みる

본동사 「見る」는 「テレビを見る。 텔레비전을 보다」와 같이 기본적으로는 '보다'라는 뜻으로 사용되는데, 동사의 て형 뒤에 「みる」가 붙어 보조동사가 되면 「～てみる」의 형태로 '～해 보다'라는 의미가 된다.

예를 들어 「食べる 먹다」의 て형인 「食べて」에 「みる」가 접속하여 「食べてみる」가 되면, '먹어 보다'라는 의미를 갖게 된다.

▷ 본동사　テレビを見る。 텔레비전을 보다.

▷ 보조동사　おいしいかどうか食べてみる。 맛있을지 없을지 먹어 보다.

❶ 시도의 의미

❖ 金さんが来るかどうかちょっと聞いてみます。

김 씨가 올지 어떨지 좀 물어 보겠습니다.

❷ 결과로서 지각 의식

❖ ソウルに住んでみて、自然の大切さに気づいた。

　서울에 살아 보고, 자연의 소중함을 깨달았다.

02 しまう

　본동사 「しまう」는 '정리하다, 넣다'라는 의미로 「かばんにしまう。 가방에
집어넣다.」와 같이 사용되는데, 동사의 て형에 붙어 보조동사가 되면 「～てしま
う」의 형태로 '～해 버리다'라는 의미가 된다.

▷ 본동사　　かばんにしまう。　가방에 집어넣다.

▷ 보조동사　行ってしまう。　가 버리다.

❶ 완료

❖ 本を読みました。 책을 읽었습니다. ⋯▸ '(그저) 읽었다'라는 의미를 나타낸다.

❖ 本を読んでしまいました。 책을 읽어 버렸습니다.

　　⋯▸ '읽었다'라는 완료의 의미뿐 아니라 '전부, 모두'라는 물리적·심리적으로 빨리
　　완료했다는 뉘앙스가 들어 있다.

❷ 유감

❖ 遅刻しました。 지각했습니다. ⋯▸ '지각했다'는 사실만을 나타낸다.

❖ 遅刻してしまいました。 지각해 버렸습니다.

　　⋯▸ 후회와 유감스러움이 내포되어 있다.

❸ 깜빡(무심결에)

❖ あくびをした。 하품을 했다. ⋯▸ '하품을 했다'라는 사실만을 나타낸다.

❖ あくびをしてしまった。 하품을 해 버렸다.

　　⋯▸ 자기도 모르는 사이, 무심결에 하품을 해 버렸다는 의미를 나타낸다.

03 おく

　　본동사 「置<ruby>お</ruby>く 두다」는 「<ruby>机<rt>つくえ</rt></ruby>の<ruby>上<rt>うえ</rt></ruby>に<ruby>置<rt>お</rt></ruby>く。책상 위에 두다.」와 같이 '(무엇인가를 어디에)두다'라는 의미를 가진 동사다. 이 동사가 동사의 て형에 접속하여 보조 동사로 쓰이면, '~해 두다'라는 의미가 되어 「<ruby>言<rt>い</rt></ruby>っておく。말해 두다.」와 같이 「<ruby>言<rt>い</rt></ruby>う 말하다」를 보조하는 역할을 한다.

▷ 본동사　<ruby>机<rt>つくえ</rt></ruby>の<ruby>上<rt>うえ</rt></ruby>に<ruby>置<rt>お</rt></ruby>く。책상 위에 두다.

▷ 보조동사　<ruby>言<rt>い</rt></ruby>っておく。말해 두다.

❶ 일시적인 조치
　❖ <ruby>担当者<rt>たんとうしゃ</rt></ruby>が<ruby>来<rt>く</rt></ruby>るまで、このままにしておく。

　　　담당자가 올 때까지, 이대로 해 두자.

❷ 나중을 위한 준비
　❖ ビールは<ruby>冷蔵庫<rt>れいぞうこ</rt></ruby>に<ruby>入<rt>い</rt></ruby>れておきます。맥주는 냉장고에 넣어 둡니다.

04 くる

　　본동사 「<ruby>来<rt>く</rt></ruby>る」는 주로 「バスが<ruby>来<rt>く</rt></ruby>る。버스가 오다.」와 같이 기본적으로 '오다'라는 뜻으로 사용되는데, 동사의 て형과 접속하여 보조동사로 쓰일 경우에는 '~해 오다'라는 의미가 된다. '공격해 오다'라는 말을 일본어로 할 때, 「くる」를 보조동사로 사용하여 「<ruby>攻<rt>せ</rt></ruby>めてくる」와 같이 바꿀 수 있다.

▷ 본동사　バスが<ruby>来<rt>く</rt></ruby>る。버스가 오다.

▷ 보조동사　<ruby>敵<rt>てき</rt></ruby>が<ruby>攻<rt>せ</rt></ruby>めてくる。적이 공격해 오다.

❶ 출현과정
　❖ <ruby>富士山<rt>ふじさん</rt></ruby>が<ruby>見<rt>み</rt></ruby>えてきます。후지산이 보이기 시작합니다.

❷ 서서히 변화되는 모양

❖ だんだんお腹が空いてくる。 점점 배가 고파 온다.

❸ 동작, 작용의 시작

❖ 雨が降ってきた。 비가 내리기 시작했다.

④ 어느 시기까지의 계속

❖ お互いに励まし合ってきた。 서로 격려하며 왔다.

05 いく

본동사 「行く」는 주로 「学校へ行く。학교에 가다.」와 같이 기본적으로 '가다'라는 뜻으로 사용되는데, 동사의 て형과 접속하여 보조동사로 쓰일 경우에는 '~해 가다'라는 의미가 된다. '사라져 가다'라는 말을 일본어로 할 때, 「いく」를 보조동사로 사용하여 「消えていく」와 같이 바꿀 수 있다.

▷ 본동사　学校へ行く。학교에 가다.
▷ 보조동사　火が消えていく。불이 꺼져 가다.

❶ 소멸과정

❖ 白鳥のむれが消えていく。 백조 떼가 사라져 가다.

❷ 서서히 변화되어 가는 모양

❖ 病気は、ますます重くなっていく。 병은 점점 심해져 가다.

❸ 상태의 유지

❖ 結婚しても、仕事は続けていくつもりだ。 결혼해도 일은 계속할 생각이다.

❹ 어느 시기부터의 시작

❖ 新しい観光地として発展させていきましょう。
새로운 관광지로서 발전시켜 갑시다.

SECTION 6

복합동사

복합동사란 복잡하게 합성된 동사를 말한다. 즉, 동사(ます형)에 다른 동사를 함께 결합시켜 보다 섬세한 표현을 할 수 있는 동사로, 매우 많은 의미가 숨어 있고, 결합도 다양하다.

01 乗る + 동사

「バスに乗る。 버스를 타다.」에서 「乗る」는 일본어 기초단계에서 배우는 '타다'란 의미의 동사다. 이 동사를 ます형인 「乗り」로 바꾼 뒤, 다른 동사를 연결하면 복합동사가 된다.

물론, 서로 다른 뜻을 가진 두 동사가 하나가 됨에 있어서도 법칙이 있다.

앞에 놓여 있는 동사가 복합동사 전반의 뜻을 대표하는 얼굴이 되고,

뒤에 붙은 동사가 앞의 동사의 의미를 더 자세하게 보충하는 방식을 취하게 된다.

이런 특징을 가지고 있는 게 바로 복합동사다.

· 乗り ✪ 換える 바꾸다 ⇒ 乗り換える 바꿔 타다, 갈아타다

❖ バスに乗り換える。 버스를 갈아타다.

· 乗り ✪ 越える 넘다 ⇒ 乗り越える 극복하다

❖ 危機を乗り越える。 위기를 극복하다.

02 동사 ます형 + 동사 ① : 순차 번역

'비가 내리다'에서 '내리다'에 해당하는 동사는 「降る」이지만, '비가 내리기 시작하다'에 해당하는 표현은 세 가지가 있다. 어떤 형태의 복합동사가 되느냐에 따라 형태뿐만이 아니라, 뉘앙스도 달라지고 세세한 의미가 더 확연히 드러나게 된다. 그 차이를 한 눈에 알려면 「降る」의 ます형인 「降り」 다음에 오는 동사에 주목하면 된다.

- 降り ⊕ 始める 시작하다 ⇒ 降り始める
  ❖ 雨が降り始める。 비가 내리기 시작하다.

- 降り ⊕ 出す ~하기 시작하다 ⇒ 降り出す
  ❖ 雨が降り出す。 갑자기 비가 내리기 시작하다.

- 降り ⊕ かける ~하기 시작하다 ⇒ 降りかける
  ❖ 雨が降りかけた。 비가 (그쳤다가 다시) 내리기 시작했다.

복합동사는 뒤에 오는 동사의 뉘앙스를 확실히 파악하면, 복합동사가 문장 속에서 어떤 의미로 쓰이고 있는지 알 수 있게 된다. 「かける」에는 '중지'의 의미가 숨어 있는 것이고, 「だす」에는 '갑작스럽다'는 뉘앙스가 숨어 있다는 것을 알 수 있다.

그 외에 여러 가지 형태의 복합동사가 있는데, 복합동사가 무엇인지 쉽게 파악될 수 있는 것들 중에서, 이미 굳어져 버린 복합동사들을 몇 개 더 알아보자.

- 思い出す 생각해 내다
- 聞き出す 캐내서 알다
- 引き上げる 끌어올리다
- 考え出す 생각해 내다
- しぼり出す ~을 짜내다
- 飛び上がる 뛰어오르다

일본어 문법에서 '개시, 계속, 종료'를 제3차 애스펙트(양상)라고 하고 하는데,

이 각각의 애스펙트에는 용법이 모두 다른 몇 가지의 용법이 있다.

'개시의 애스펙트'를 예를 들어 알아보자.

❖ 어제의 일기예보에서 비가 내린다고 했다. 그때 비가 내리기 시작했다.

雨が降りはじめた。

❖ 예보없이 갑자기 비가 내리기 시작했다.

雨が降り出した。

❖ (좀 전에) 비가 내렸었다. 그리고 중지했다가 다시 내리기 시작했다.

雨が降りかけた。

① 동작의 개시 : 〜はじめる / 〜だす / 〜かける

・降り – はじめる / だす / かける 비가 내리기 시작하다

② 동작의 계속 : 〜つづける / 〜つづく

・降り – つづける / つづく 계속 비가 내리다

③ 동작의 종료 : 〜おわる / 〜おえる / 〜ぬく / 〜きる / 〜あがる / 〜むける

・走り – おわる / おえる / ぬく / きる / あがる / むける 끝까지 다 달렸다

④ 방향

上(위)　：〜あげる / 〜あがる ・うちあげる 위로 쏘아 올렸다 ・とびあがる 뛰어오르다

下(아래) : 〜おりる / おろす ・とびおりる 아래로 뛰어 내리다 ・つみおろす 짐을 내리다

쌍방향　：〜出す ・考え出す 생각해 내다

안쪽방향　　：〜込む / 〜入れる ・書き込む 써 넣다 ・書き入れる 써 넣다

⑤ 강조 : 〜すぎる / 〜込む ・読みすぎる 너무 많이 읽다 ・考え込む 깊이 생각하다

⑥ 동작과 결과 : 打ち〜 ・打ち殺す 때려죽이다 ・打ち倒す 쳐서 넘어뜨리다

03 동사 ます형 + 동사 ② : 역순 번역 (부사+동사)

'서로 돕다'는 일본어로 「助け合う」인데, 여기서 「助け」가 '서로', 「合う」가 '돕다'라고 생각할 수도 있지만, 아니다. 정반대로 「合う」가 '서로~하다'는 뉘앙스를 내포하고, 이것을 '돕다'라는 뜻의 「助ける」가 결합하여, '서로 돕다'라는 말이 만들어지는 것이다.

이렇게 일본어와 한국어가 정반대의 순서로 연결될 경우가 있는데, 이때는 외울 수밖에 없다.

- 泳ぎ切る 끝까지 수영하다
- 歩き過ぎる 너무 걷다
- 求め続ける 계속 찾다
- 乗り換える 갈아타다
- 見回す 둘러보다
- 聞き流す 흘려듣다
- 着替える 갈아입다
- やり直す 다시하다
- 書きまくる (기사 등을) 마구 써 대다

● 合わせる : 합치다, 모으다, 합하다, 맞추다

복합동사로 자주 사용되는 동사 중에 「合わせる」가 있는데, 「合わせる」가 사용된 복합동사는 두 단어의 합성만으로 이해가 안 가는 것이 많다. 예를 들어, 「見合わせる」의 경우에는 문장에 따라 '마주보다, 비교하다, 보류하다' 등 의미가 다양하게 바뀌기 때문이다. 우선 많이 사용되는 어휘를 네 가지로 분류하여 알아보자.

① 사람 주체 : 見合わせる 마주보다
② 사물 주체 : 詰め合わせる 여러 가지를 섞어 담다
③ 서로 어떤 행위를 함께 하다 :
　打ち合わせる 미리 상의하다　問い合わせる 조회하다　待ち合わせる 만나기로 하고 기다리다
④ 우연성 :
　有り合わせる 마침 그 자리(거기)에 있다　持ち合わせる 마침 가지고 있다　乗り合わせる 우연히 같이 타다

---

04 「漢子 + 하다」로 해석되는 경우

'인수(引受)하다'라는 의미의 일본어는 「引<ruby>引<rt>ひ</rt></ruby>く」와 「<ruby>受<rt>う</rt></ruby>ける」가 접속하여 복합동사의 형태인 「<ruby>引<rt>ひ</rt></ruby>き<ruby>受<rt>う</rt></ruby>ける」가 된다. 이와 같이, '한자 + 하다'의 형태로 해석되는 복합동사도 있다.

- <ruby>思<rt>おも</rt></ruby>い<ruby>起<rt>お</rt></ruby>こす 회상하다
- <ruby>呼<rt>よ</rt></ruby>び<ruby>出<rt>だ</rt></ruby>す 호출하다
- <ruby>切<rt>き</rt></ruby>り<ruby>離<rt>はな</rt></ruby>す 분리하다
- <ruby>切<rt>き</rt></ruby>り<ruby>詰<rt>つ</rt></ruby>める 절약하다
- <ruby>取<rt>と</rt></ruby>り<ruby>寄<rt>よ</rt></ruby>せる 주문하다

05 한국어의 수동형과 사역형에 대응하는 경우

- <ruby>解<rt>と</rt></ruby>き<ruby>放<rt>はな</rt></ruby>す 해방시켜주다
- <ruby>揺<rt>ゆ</rt></ruby>り<ruby>動<rt>うご</rt></ruby>かす 동요시키다
- <ruby>奮<rt>ふる</rt></ruby>い<ruby>起<rt>お</rt></ruby>こす 분기시키다
- はりつめる 긴장되다
- ひっくりかえる 뒤집다, 역전되다
- こづきあう 서로 박치기시키다

06 단일 단어로 굳어진 표현

두 개의 동사가 결합해서 쓰다 보니 어느 순간부터 하나의 의미로 아예 굳어진 복합동사들이 있다.

- <ruby>連<rt>つ</rt></ruby>れ<ruby>立<rt>だ</rt></ruby>って 함께
- わかりきった 뻔한, 당연한
- ききつけて 듣고
- <ruby>思<rt>おも</rt></ruby>いきって 결단을 내려서, 단연
- <ruby>煮<rt>に</rt></ruby>えきらない 불분명한
- うち<ruby>続<rt>つづ</rt></ruby>く 계속해서

그림으로 이해하는 복합동사

▶ 乗り込む ① 탈 것에 올라타다

② 탈 것을 타고 들어가다	③ 여러 사람이 함께 타다	④ 기세를 떨치며 들어가다

▶ 飲み込む

① 씹지 않고 삼키다	② 이해하다

▶ 考え込む

골똘히 생각하다

▶ 思い込む

믿어 버리다

▶ 座る / ▶ 座り込む

앉다	눌러 앉다

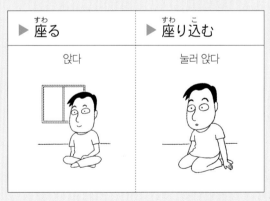

▶ 投げ入れる

던져 넣다

▶ 投げ込む

던져 넣다

▶ ころげ落ちる

굴러떨어지다

▶ 居合わせる

마침 그 자리에 있다

▶ 打ち上げる

쳐 올리다

▶ 忍び寄る

살며시 다가오다

▶ 持ち歩く

들고(가지고) 다니다

▶ 夜通し語り合う

밤새도록 이야기를 나누다

▶ 訪ね歩く

찾아다니다

▶ 怒鳴り込む

호통치며 들어가다

▶ 忌み嫌う

몹시 싫어하다

▶ 踏み潰す

밟아 부수다

▶ 泣きわめく

울부짖다

▶ 探し回る

찾아다니다

SECTION 7

동사 심화 학습

01 「〜た · 〜ている」 중 어느 것?

MP3 056

동사의 과거형인 「〜た ~했다」의 형태와 진행형인 「〜ている ~(하)고 있다」
의 형태는 같은 의미로 사용되는 경우와 다른 의미로 사용되는 경우가 있다.

다음의 예문을 살펴 보자.

> ⓐ 太った人 살찐 사람
> ⓑ 太っている人 살찐 사람

「太る 살찌다」의 과거형인 「太った 살쪘다」를 사용한 ⓐ는 '살찐 사람'이라는
뜻이고, 진행형인 「太っている 살쪄 있다」를 사용한 ⓑ는 '살쪄 있는 사람'이라
는 뜻으로, 결국 어느 것을 사용해도 모두 '살찐 사람'이라는 같은 뜻을 나타낸다.

그럼, 다음 예문을 보자.

> ⓒ テレビを見た人 텔레비전을 본 사람
> ⓓ テレビを見ている人 텔레비전을 보고 있는 사람

「見る 보다」의 과거형인 「見た 봤다」를 사용한 ⓒ는 '텔레비전을 본 사람'이라
는 동작의 완료를 나타내고, 진행형인 「見ている」를 사용한 ⓓ는 '텔레비전을
보고 있는 사람'이라는 계속되는 동작을 나타내어, ⓒ와는 전혀 다른 의미를 나
타낸다.

「〜た」・「〜ている」가 같은 의미로 사용되는 동사

❶ 탈착의 동사

• 着る 입다	• 被る (머리 등에)쓰다
• 履く (구두 등을)신다	• 閉める 닫다
• 掛ける 걸다	• 嵌める 끼다, 끼우다
• 巻く 말다, 감다	• 脱ぐ 벗다
• 外す 떼다, 떼어내다	• 取る 집다, 들다, 쥐다

❖ 背広を着た人が帽子を被った。

양복을 입은 사람이 모자를 썼다.

❖ 背広を着ている人が帽子を被っている。

양복을 입고 있는 사람이 모자를 쓰고 있다.

❷ 결과가 잔존하는 주체변화의 동사

• 変化する 변화하다	• 汚れる 더러워지다
• 湿る 눅눅해지다, 습기차다	• 枯れる 시들다, 마르다
• 腐る 썩다, 상하다	• 伸びる 자라다, 늘다
• 縮む 줄다, 오그라들다	• 固まる 굳다, 굳어지다
• 溶ける 녹다	• 太る 살찌다
• 痩せる 여위다, 마르다	• 焼ける 불타다
• 割れる 깨지다	• 切れる 베이다, 끊어지다
• 閉じる 닫히다	

❖ この牛乳、腐っている。 이 우유 상했다(상해 있다).

❖ この牛乳、腐った。 이 우유 상했다.

주로 「〜ている」만 사용하는 동사

- 似る 닮다
- 合う 맞다
- 適する 적합하다
- 及ぶ 미치다, 이르다
- 達する 다다르다, 도달하다
- 尖る 뾰족해지다, 날카로워지다

- 違う 다르다
- 異なる 다르다
- 属する 속하다
- 離れる 떨어지다, 멀어지다
- 劣る 뒤지다, 못하다
- 曲がる 구부러지다

「〜ている」와 결합되어 하나의 굳어진 형태를 이루어 '〜인 상태이다'의 의미를 나타낸다. 이런 종류들은 처음부터의 외견이나 상태를 나타내는 것들이다.

❖ 李先生はチャン・ドンゴンによく似ています。

　　이 선생님은 장동건을 닮아있다.

또한, 원래의 성질과 형상을 나타내는 것들은 「優れている 뛰어나다」와 「面している 면하다」이다.

- 着物を着ている。 기모노를 입고 있다. ⋯ 착용

- 眼鏡をかけている。 안경을 쓰고 있다. ⋯ 착용

- のどがかわいている。 목이 마르다. ⋯ 상태

- ちょっと、太っている。 좀 뚱뚱하다. ⋯ 상태

- 曇っている。 흐리다. ⋯ 상태

- 曲がっている。 굽어 있다. ⋯ 상태

- 父に似ている。 아버지를 닮았다. ⋯ 관용적

- つるつるしている。 매끈매끈하다. ⋯ 관용적

02 과거와 완료를 나타내는 「～た」

「た」에는 문맥에 따라 과거를 나타내는 과거표현이 될 수도 있고, 완료를 나타내는 완료표현이 될 수도 있으므로, 주의해야 한다.

과거 표현

과거표현으로 쓰일 때는 과거의 어떤 시점에 일어난 사건 자체로 시간을 한정할 경우에만 한한다. 예를 들어보면 아래와 같다.

❖ Ⓐ 昨日、ケーキを食べましたか。 어제, 케이크를 먹었습니까?
   Ⓑ いいえ、食べませんでした。 아니요, 먹지 않았습니다.

어제 케이크를 먹지 않았다는 과거의 사실을 그저 이야기 하고 있는 것이다.

완료 표현

완료표현으로 쓰일 때는 과거에 어떤 일이 있었고, 그 시점에서 벌어진 일이 현재까지도 영향을 미치고 있을 때 사용한다. 예를 들어보면 아래와 같다.

❖ Ⓐ もう食べましたか。 벌써 먹었습니까?
   Ⓑ いいえ、まだ食べていません。 아니요, 아직 먹지 않았습니다.

케이크를 먹지 않았다는 것이 아직까지 그 영향을 미치고 있다는 느낌이 든다.

그럼 지금부터 「た」의 쓰임을 좀 더 자세히 세분하여 알아보자.

과거의 경험

동사의 た형 다음에 「ことがある/ない」가 오면 '~한 적이 있다/없다'라는 과거 경험의 유무를 나타낸다.

❖ 日本のアニメを見たことがある。 일본의 애니메이션을 본 적이 있다.

❖ アメリカへ行ったことがない。 미국에 간 적이 없다.

두 개 동작의 전후관계

동사의 た형 다음에 「あとで」가 오면 '~한 다음에'라는 뜻을 나타낸다.

❖ 一時間ゲームをしたあとで、勉強をするよ。
1시간 게임을 한 후에 공부할게요.

충고

동사의 た형 다음에 「方がいい」가 오면 '~하는 것(편)이 좋다'라는 충고의 의미를 나타낸다.

❖ 日本人のように日本語が話したかったら、NHKのBSをたくさん 見た方がいいです。
일본인처럼 일본어를 말하고 싶으면 NHK의 위성채널 BS를 많이 보는 편이 좋습니다.

상태의 지속

동사의 た형 다음에 「まま」가 오면 '~한 채로'라는 상태가 지속된다는 의미를 나타낸다.

❖ 疲れきっていたのでコンタクトを外すのも面倒臭くてつけたまま 寝てしまった。
너무 피곤해서 콘택트렌즈를 빼는 것도 귀찮아서 낀 채로 그냥 자 버렸다.

구체적인 용법

❶ 과거를 나타내는 경우

❖ 昨日、デパートへ行って、ウインドーショッピングをして
来ました。

어제, 백화점에 가서 아이쇼핑을 하고 왔습니다.

❷ 발견을 나타내는 경우

❖ あ、バスが来た。混んでるね。これじゃ、座れないな。

아, 버스가 왔다. 붐비네. 이러면 앉을 수 없잖아.

❸ 확인을 나타내는 경우

❖ 私のこと愛してると言いましたよね。

나를 사랑한다고 말하셨죠.

❹ 명령을 나타내는 경우

❖ ちょっと待った。

잠깐만 기다려.

❺ 상태를 나타내는 경우

❖ うまく撮れた写真 = 写真のうつりがいい

잘 찍힌 사진

❻ 성질을 나타내는 경우

❖ 親に似た子

부모를 닮은 아이

❼ 미래의 예정사항을 상기할 경우

❖ そうだ、明日は約束があったんだ。

그렇다, 내일 약속이 있었지.

03 틀리기 쉬운 동사

MP3 058

| ～で暮^くらす / ～に住^すむ

'살다'에 해당하는 동사에는 「暮らす」와 「住む」가 있다.

> ✓ 暮^くらす : 조사 「～で ～으로」와 함께 「～で暮らす」의 형태로 경제적인
>
>   면으로 '살다, 생활하다'라는 뉘앙스로 사용된다.
>
> ✓ 住^すむ : 조사 「～に ～에」와 함께 「～に住む」의 형태로 '어떤 장소나
>
>   집에 살다'라는 뉘앙스로 사용된다.

두 동사의 뉘앙스의 차이를 잘 기억해 두도록 하자.

❖ 安月給^{やすげっきゅう}でなんとか暮^くらさなければなりません。

싼 월급으로 어떻게든 생활해야 됩니다.

❖ 最初^{さいしょ}は２、３年^{さんねん}のつもりだったのが、気^きがつけばもう長^{なが}い間^{あいだ}ソウルに

住^すんでいます。

처음은 2, 3년 작정이었던 것이, 생각해보니 벌써 긴 시간 동안 서울에 살고 있습니다.

| ～を知^しる / ～がわかる

'알다'에 해당하는 동사에는 「知る」와 「わかる」가 있다.

> ✓ 知^しる : 조사 「を」와 함께 「～を知る」의 형태로 어떤 것에 대한 지식,
>
>   정보, 지견(智見) 등을 획득할 때 사용된다.
>
> ✓ わかる : 조사 「が」와 함께 「～がわかる」의 형태로 내용, 사정, 실체,
>
>   본질 등을 조사하거나 파악한 사실을 이해했을 때 사용된다.

쉽게 말하면, 「知^しる」는 'know'에 가깝고, 「わかる」는 'understand'에 가깝다.

● 「知る」는 '알고 있다'라는 긍정을 나타낼 경우에는 진행형으로 「知ってる 알고 있다」라고 하고, 부정을 나타낼 경우에는 부정형으로 「知らない 모른다」로 표현한다.

긍정

*知^しっている (○)

　知^しっています (○)

*知^しる / 知^しります (×)

부정

*知^しっていない (×)

　知^しっていません (×)

*知^しらない (○)

　知^しりません (○)

❖ Ⓐ 李先生を知っていますか。 이 선생님을 알고 있습니까?

　Ⓑ はい、知っています。 예, 알고 있습니다.

　　いいえ、知りません。 아니요, 모릅니다.

❖ Ⓐ 今、私が読んでいる程度の日本語なら、わかりますか。

　지금, 제가 읽고 있는 정도의 일본어라면 이해할 수 있습니까?

　Ⓑ はい、わかります。 예, 이해할 수 있습니다.

　　いいえ、わかりません。 아니요, 모릅니다.

● 「を」 대신 「に」를
사용하는 동사

〜に会う
：〜을 만나다

〜に乗る
：〜을 타다

〜についてくる
：〜을 따라 오다

〜にあこがれる
：〜을 동경하다

～に会う / ～と会う / ～で会う

'만나다'라는 뜻의 동사 「会う」는 앞에 오는 조사에 따라 그 뉘앙스가 달라진다.

✓ 조사 「に」에 접속 : 「～に会う」의 형태가 되면 주어가 만난다는 행동을
　일으킬 경우에 사용된다.

✓ 조사 「と」와 접속 : 「～と会う」의 형태가 되면 양쪽 다 대등한 상태로
　만나는 경우에 사용된다.

✓ 조사 「で」에 접속 : 「～で会う」의 형태가 되면 어떤 장소에서 만나는
　경우에 사용된다.

❖ この間、お世話になった先生にばったり会った。
일전에 신세졌던 선생님을 우연히 만났다.

❖ 友だちと渋谷駅の前で会う約束をしました。
친구와 시부야역 앞에서 만날 약속을 했습니다.

❖ それじゃ、西口の改札の前で会うことにしましょう。
그러면, 서쪽 입구 개찰구 앞에서 만나기로 합시다.

CHAPTER 4

일본어 조동사

- ◆ 일본어 조동사의 어법
- ◆ 일본어 조동사의
  수동 · 사역 표현

일본어 조동사의 어법

조동사란 말 그대로 동사(動詞)를 옆에서 조력(助力)해 주는 역할을 하는 품사다. 즉, 동사만으로는 명확하지 않은 부분을 지탱하고 지원하여 뜻을 명확하게 해 주고, 의미상으로 볼 때도 화자가 말하고자 하는 부분을 섬세하게 표현할 수 있도록 도와주는 역할을 하는 동사를 말한다.

영어의 'can, would, could, might'와는 약간 다르지만, 넓은 의미에서는 유사하다고 할 수 있다. 구체적인 실례를 들어가면서 알아보자.

MP3 059

01 そうだ … 전문(伝聞) / 양태(様態)

「そうだ」에는 두 가지 조동사 용법이 있다.

첫 번째가 남에게 듣거나 라디오 또는 텔레비전, 신문, 잡지 등에서 본 것을 다른 사람에게 전달할 때 사용하는 조동사로 '전해들은 이야기'라는 뜻을 자연적으로 내포하게 된다. 그래서 전문의 そうだ라고 부르기도 한다.

만약, 이 상황에서 '누구로부터 어떠한 경유로'라는 전제가 없다면, 이야기의 신빙성이 없어질 수도 있다. 이런 경우에는 전해들은 이야기(정보원)의 출처를 밝히는 의미에서 「～によると ～에 의하면」의 형태로 표현을 하면 보다 더 정확한 데이터가 제시된다고 말할 수 있겠다.

> ▷ 전문의 そうだ
> ～によると～そうだ ~에 의하면 ~라고 한다

두 번째는 사물의 모습과 상태를 보고, 그것이 어떤 모습·상태인가를 주관적
인 판단에 의해 표현하는 경우로 '~인 것 같다'는 의미로 사용된다. 이런 의미를
나타내는 「そうだ」를 양태의 そうだ라고 한다.

앞에 비교 대상이 오면 「まるで ~마치」가 온다.

> ▷ 양태의 そうだ
>
> まるで~そうだ 마치 ~인 것 같다

● 조동사 「たい」와 연결
食べたそうだ。
먹고 싶은 것 같다.

주의할 것은 〈양태의 そうだ〉는 체언(명사)에는 접속되지 않는다. 체언을 사
용해 〈양태〉를 표현하고 싶을 때는 「らしい」 또는 「ようだ」를 사용해야 한다.

전문의 そうだ

동사, イ형용사, ナ형용사의 기본형(~だ)에 접속한다. 명사에 접속하는 경우
에는 「명사 + だ + そうだ」의 형태로 접속한다.

	기본형	전문의 「そうだ」
동사	降る 내리다	→	雨が降るそうだ。 비가 온다고 한다.
イ형용사	おいしい 맛있다	→	おいしいそうだ。 맛있다고 한다.
ナ형용사	静かだ 조용하다	→	静かだそうだ。 조용하다고 한다.
명사	学生 학생	→	学生だそうだ。 학생이라고 한다.

❖ 台風が来るそうです。 태풍이 온다고 합니다.
❖ 韓国人は親切だそうですね。 한국인은 친절하다고 합니다.
❖ 彼は病気だそうです。 그는 병이라고 합니다.

양태의 そうだ

동사 ます형, イ형용사・ナ형용사의 경우에는 어간에 접속한다. 양태의 そうだ는 명사와는 접속하지 않는다.

	기본형		양태의 「そうだ」
동사	降る 내리다	→	雨が降りそうだ。 비가 올 것 같다.
イ형용사	おいしい 맛있다	→	おいしそうだ。 맛있을 것 같다.
ナ형용사	静かだ 조용하다	→	静かそうだ。 조용할 것 같다.

❖ 説明してもわかりそうもありません。 설명해도 알 것 같지도 않습니다.

❖ 何もわからなさそうです。 아무 것도 모르는 것 같습니다.

전문의 そうだ와 양태의 そうだ의 활용

〈전문의 そうだ〉는 화자가 어떤 사실을 알거나 보거나 또는 듣거나 한 사실을 다른 사람에게 전할 때에 사용한다. 즉, 「そうだ」는 화자가 현재 시점에서 이미 그 이야기를 알고 있다는 것은 전제로 하므로, 통상 현재형으로 사용된다.

내용이 현재인지 과거인지 또는 미래인지, 긍정인지 부정인지를 나타내기 위해서는 「そうだ」 앞의 부분, 즉, 내용을 서술하는 부분의 어형변화를 통해서 표현하면 된다.

- するそうです 한다고 합니다
- したそうです 했다고 합니다

한편, 〈양태의 そうだ〉는 판단했을 때의 상황을 나타내기 때문에, 「そうだ」 그 자체를 활용한다.

- 현재상황 : そうです ~인 것 같습니다

- 과거상황 : そうでした ~인 것 같았습니다

- 부정의 판단 : そうでもありません ~인 것 같지도 않습니다

  ~なさそうです ~않을 것(아닌 것) 같습니다

  そうもありませんでした ~인 것 같지도 않았습니다

  ~なさそうでした ~않을 것(아닌 것) 같았습니다

〈전문의 そうだ〉에는 없지만, 〈양태의 そうだ〉에는 「そうな」「そうに」의
형태의 용법이 있으니 주의하길 바란다.

❖ これはおいしそうなケーキですね。 이것은 맛있을 것 같은 케이크군요.

또, 〈양태의 そうだ〉에는 「あっ、子供が落ちそうだ。 아이가 떨어질 것 같다.」
와 같이 바로 직전의 상태를 나타내는 경우가 있는데, 이를 현상문이라 한다.

┃「よさそうです」와 「なさそうです」

イ형용사의 「よい 좋다」와 「ない 없다」에 〈양태의 そうだ〉가 접속될 경우에
는 「よい」는 「よさそうだ」, 「ない」는 「なさそうだ」로 표현한다.

- よい + そうだ → よさそうだ 좋을 것 같다

- ない + そうだ → なさそうだ 없을 것 같다

● よそうだ(×)
　なそうだ(×)

❖ 天気がよさそうです。 날씨가 좋을 것 같습니다.

❖ 力がなさそうです。 힘이 없을 것 같습니다.

❖ お金がなさそうです。 돈이 없을 것 같습니다.

❖ その方がよさそうです。 그 편이 좋을 것 같습니다.

참고로, '버스는 올 것 같지 않다.'를 일본어를 바꾸면 「バスは来そうもない。」이고, '야마다 씨는 맥주를 마시고 싶은 것 같다.'는 「山田さんはビールが飲みたそうだ。」가 된다.

02 ようだ

「ようだ」는 「このようだ·そのようだ」와 같이 연체사에 접속하므로, 활용어에 접속하는 경우에는 통상 〈연체형〉에 접속한다. ナ형용사의 경우에는 「～な」형에 접속하고, 명사에 접속하는 경우에는 「명사 + の + ようだ」의 형태가 된다.

기본적으로 예시·목적·판단을 나타내는데, 판단 중에서는 불확실한 판단을 나타낸다. 그리고 「ようだ」는 사실을 판단적으로 말하는 것을 최대한 부드럽게 돌려 말할 때, '그러한 기분이 들다, 그렇게 보인다(생각된다)'라는 의미로도 쓰인다.

	기본형		ようだ
동사	来る 오다	→	来るようだ。 올 것 같다.
イ형용사	忙しい 바쁘다	→	忙しいようだ。 바쁜 것 같다.
ナ형용사	静かだ 조용하다	→	静かなようだ。 조용한 것 같다.
명사	先生 선생님	→	先生のようだ。 선생님 같다.

| 예시·비유의 「ようだ」

엄밀히 나누면 〈비유〉는 '～인 것 같다'에 가깝고, 〈예시〉는 '～와 같은'에 가까워, 비유와 예시를 따로 취급하기도 하지만, 함께 〈예시〉로 취급하기도 한다.

▷ 예시의 ようだ

❖ ソウルのような大都会 서울과 같은 대도시

　　⋯▸ 「大都会 대도시」의 예로 「ソウル 서울」을 듦

❖ チョコレートのような甘い物 초콜릿과 같이 단 것

　　⋯▸ 「甘い物 단 것」의 예로 「チョコレート 초콜릿」를 듦

▷ 비유의 ようだ

❖ あの女の子の目は人形のようです。 저 여자아이의 눈은 인형과 같습니다.

　　⋯▸ 「女の子の目 여자아이의 눈」을 「人形の目 인형의 눈」에 비유

그러나 〈비유〉의 「ようだ」와 〈예시〉의 「ようだ」의 구별은 분명하지 않은 경우도 있다. 그래서 여기서는 특별히 구분하지 않고, 〈예시·비유〉의 「ようだ」로 하겠다.

❖ あの人は日本人のように日本語が上手です。
저 사람은 일본인처럼 일본어를 잘합니다.

목적의 「ようだ」

❖ 李さんは早く日本語が話せるように、毎日一生懸命、勉強しています。
이○○ 씨는 빨리 일본어를 잘 말할 수 있도록, 매일 열심히 공부하고 있습니다.

불확실한 판단의 「ようだ」

❖ 山田さんは今日来ないようですね。 야마다 씨는 오늘 안 올 것 같습니다.

앞의 문장의 「ようです」는 회의 또는 수업이 시작해서 꽤 시간이 지났는데도 불구하고, 야마다 씨가 오지 않자, 확실하지는 않지만, 상황상 '야마다 씨는 오지 않을 것 같다'는 의미를 포함하고 있다. 즉, '상황으로부터 판단해 그렇게 생각되어진다'라는 뜻을 나타내는 것이다. 여기서도 이것은 자신의 느낌에 대한 추측으로서 〈불확실한 판단〉의 「ようだ」라고 하자.

03 らしい

MP3 061

보고 들은 것으로부터 (정보)판단하여, 확실하지는 않지만, 틀림없다고 생각되었을 때 쓰인다. 즉, 객관적인 사실이나 정보 등을 근거로 하는 〈추측〉의 조동사다.

동사, イ형용사의 기본형에 접속하며, ナ형용사에는 어간에 접속한다.

또한, 조동사 「だ」에도 접속되는데, 동사의 た형, イ형용사의 かった형, ナ형용사의 だった형 다음에도 연결된다.

❖ 山田さんは眠いらしいです。 야마다 씨는 졸려하는 것 같습니다.

이 문장은 '야마다 씨가 하품하는 것을 보고서 졸린 것 같다'고 말한 것이다.

즉, '하품'이라는 객관적인 사실을 보고서 말했기 때문에 「らしい」를 사용해 말한 것이다.

「らしい」는 화자가 현재를 기점으로 해서 뭔가를 판단하고 생각한 것을 표현할 때 쓰이는 표현법이다. 따라서 「らしい」 자체는 현재·긍정형으로 사용되고 있다. 단, 추측한 것에 대해서는 과거형과 부정형을 사용할 수 있다.

▷ 조동사 「らしい」와 접미어 「らしい」

「らしい」는 조동사 외에도 접미사로 '~답다'라는 의미로도 쓰인다.

ⓐ 山田さんは男らしいです。 야마다 씨는 남자답습니다.

ⓑ 明日は雨が降るらしいです。 내일은 비가 내릴 것 같습니다.

「非常に 상당히」나 「いかにも 정말로, 완전히, 아무리 생각해 보아도」를 넣어서 뜻이 통하면 접미사인 형용사(~답다)이고, 뜻이 통하지 않으면 조동사(~인 것 같다)이다.

앞의 예문에 「非常に / いかにも」를 첨가해 파악해 보면,

ⓐ 山田さんは非常に(いかにも)男らしいです。

　야마다 씨는 상당히(정말로) 남자답습니다. ⋯ 문장 성립 (접미어)

ⓑ 明日は非常に(いかにも)雨が降るらしいです。

　내일은 상당히(정말로) 비가 내릴 것 같습니다. ⋯ 문장 성립 안 됨(조동사)

따라서 ⓐ의 「らしい」는 접미사 형용사로 활용하고 있다는 것을 확연하게 알 수 있다. 속성의 개념으로서 서술하는데 대해 ⓑ의 「らしい」는 조동사로 완곡하게 말하거나 비슷한 상태에 있음을 추정한다.

확신이 높은 순서 そうだ > ようだ > らしい

공신력 있는 매체를 통해 알게 된 「そうだ」, 불확실한 단정의 「ようだ」와 객관적인 사실이나 정보 등을 근거로 한 「らしい」는 모두 한국어의 '~인 것 같다'의 뜻으로 이에 대해서는 많은 연구가 이루어지고 있지만, 이론적으로는 설명할 수 있어도, 실제 운용상에서는 매우 어려운 부분이다.

다음 세 문장으로 각기 그 뜻을 구별해 보자.

❖ この店のラーメンはおいしいです。 이 가게 라면은 맛있습니다.

　⋯ 화자는 이 가게 라면이 맛있다는 것을 먹어 본 경험을 통해 알게 됨

❖ この店のラーメンはおいしいそうです。 이 가게 라면은 맛있다고 합니다.

　⋯ 화자는 이 라면이 맛있다는 것을 어떤 정보를 통해 알게 됨

❖ この店のラーメンはおいしいようです。 이 가게 라면은 맛있을 것 같습니다.

　⋯ 화자가 시각을 통해 이 라면이 맛있을 것 같다고 추측함

❖ この店のラーメンはおいしいらしいです。 이 가게 라면은 맛있을 것 같습니다.

　⋯ 화자는 객관적 사실(예 : 손님이 많음)을 통해 라면이 맛있을 것 같다고 추측함

04 たい

동사의 ます형에 붙어 '~하고 싶다'라는 1인칭의 희망표현을 나타낸다.

2인칭과 3인칭의 희망을 나타내는 데는 사용할 수 없고, 직접적인 요구표현으로 상대방과 상황에 따라서는 사용이 불가능하기 때문에 주의해야 한다.

단, 「たいなら 싶으면」, 「たいという 싶다고 하는」「たいですか 싶습니까」 등은 사용이 가능하다.

> **동사의 ます형 + たい** ~하고 싶다

❶ 직접적, 생리적 요구 등을 나타낼 경우

대상을 나타내는 「を」는 「が」로 대신할 수 있다. 예를 들어, 너무너무 더운 날, 마라톤 경주를 한 후에 물을 먹고 싶거나 맥주를 먹고 싶을 때는 어떻게 표현할까?

❖ 水が飲みたいです。　물을 마시고 싶습니다.

❖ ビールが飲みたいです。　맥주를 마시고 싶습니다.

❷ 허가 · 요망

완곡적인 표현으로 요망을 나타내거나, 허가를 구할 때는 「~たいんです」로 표현이 가능하다.

❖ すみません、先生と相談したいんですが。

　여기요, 선생님과 상담하고 싶은데요.

❖ トイレに行きたいんですが。　화장실에 가고 싶은데요.

❸ 「~が~たい」와 「~を~たい」의 차이점

> ⓐ 私は冷たいビールが飲みたいです。
>
> 나는 차가운 맥주를 마시고 싶습니다.

166

ⓐ의 「～が～たい」는 「ビール」라고 하는 목적어에만 주목해서 '먹고 싶은 것은 무엇인가 하면 맥주이다'라는 의미를 나타낸다.

「ああ、ビールが飲みたい。 아~, 맥주를 마시고 싶다.」와 같이 감동사를 수반하는 문장도 가능하다. 여기에서 문말(文末)에 등장하는 「たい」는 인간의 본능적 욕구를 나타낼 때 쓰인다.

❖ ラブレター(love letter)が見たい。 러브레터를 보고 싶다.
❖ 秘密が知りたい。 비밀을 알고 싶다.

위와 같은 문장은 행위가 다른 것에 영향을 주거나 영향을 미치는 것이 아니고, 자기 혼자만이 마음속에 품은 작은 희망을 말하는 것이다. 다른 의미로 해석한다면, 대상에 대해서 순간적으로 일어난 마음의 욕구를 표현했다고도 볼 수 있다.

참고로, 「たい」는 3인칭의 희망을 직접적으로 말할 수는 없으나, 아래의 예문과 같이 설명적 인용구와 함께라면 사용이 가능하다.

❖ 彼はビールが飲みたいのだ。 그는 맥주가 마시고 싶은 거다.
❖ 彼はビールが飲みたいらしい。 그는 맥주가 마시고 싶은 것 같다.
❖ 彼はビールが飲みたいそうだ。 그는 맥주가 마시고 싶다고 한다.
❖ 彼はビールが飲みたいと思っている。 그는 맥주가 마시고 싶다고 생각하고 있다.
❖ 彼はビールが飲みたいと言っている。 그는 맥주가 마시고 싶다고 말하고 있다.

ⓑ 私は冷たいビールを飲みたいです。
나는 차가운 맥주를 마시고 싶습니다.

그러나, ⓑ의 「～を～たい」는 여러 가지 경우가 있겠으나, 간단하고 알기 쉽게 세 가지만 설명하겠다.

첫째, 「～と思う ～라고 생각하다」, 「～と言う ～라고 한다」와 같은 설명과, 이유를 나타내는 명사구와도 함께 쓰일 때 올 수 있다.

❖ 水を飲みたいと思う。　물을 마시고 싶다고 생각한다.

❖ 話を聞きたいと言う。　이야기를 듣고 싶다고 한다.

❖ 花を飾りたいから。　꽃을 장식하고 싶으니까.

❖ 本を読みたいので。　책을 읽고 싶어서.

둘째. 「～が」와 「～けれど」와 같은 조건구가 올 때, 주어와의 혼동을 피하기 위하여 쓴다.

❖ アフリカの子供を助けたいのだが。　아프리카 어린이를 구하고 싶지만.

❖ 山田先生を訪ねたいですけれど。　야마다 선생님을 찾아뵙고 싶지만.

셋째. 「を」와 「たい」 사이의 문장이 길어질 때 사용한다. 이때, 「～を～たい」는 동작 전체에 주목하게 만드는 역할을 한다.

❖ 山田さんともっとゆっくり話したいと思います。

야마다 씨와 좀 더 충분히 이야기하고 싶다고 생각합니다.

❖ 凧を空高くあげたいです。

연을 하늘 높이 날리고 싶습니다.

┃ ほしい

화자의 희망을 표현하는 「ほしい」는 「～が」 격을 취한다.

❖ 誕生日に何がほしいですか。　생일날 무엇을 갖고 싶습니까?

❖ 新しいコンピューターがほしいです。　새로운 컴퓨터를 갖고 싶습니다.

「ほしい」는 イ형용사와 동일하게 활용을 하며, 말하는 사람이 무언가를 원하거나 희망할 때 쓰인다.

❖ 恋人がほしいです。　애인을 가지고 싶다.

❖ カメラがほしいです。　카메라를 가지고 싶습니다.

「ほしい」는 원래, 듣는 사람과 제3자의 희망표현에는 사용이 불가능하다. 그러나 말하는 사람의 희망이 아니더라도 듣는 사람의 희망을 물을 때(질문할 때)는 사용 가능하다.

- ❖ 何がほしいですか。 무엇을 갖고 싶습니까?
- ❖ どれがほしいですか。 어느 것을 원합니까?

주의해야 할 사항은 「先生、お金がほしいですか。 선생님, 돈이 필요하세요?」 등과 같이 손윗사람에게 물어보거나 질문하는 것은 실례가 된다.

그 외에, 반대의 경우로도 쓰인다. 예를 들어 「すみませんが、ボールペンがほしいんですが。 미안합니다만, 연필 좀 빌려주세요.」와 같이 화자가 필요한 것이 있을 때, 상대에게 자기가 원하는 것을 요구하는 표현 방법도 있다. 듣는 이에게 무엇인가를 촉구하는 표현이 되겠다.

「ほしい」와 「たい」의 차이

우선 「ほしい」의 경우는 희망의 대상이 사물(~갖고 싶다)에 있다는 점이고, 「たい」의 경우는 희망의 대상이 행위(~하고 싶다)에 있다는 점이다.

- ❖ 日本語の辞書がほしいです。 일본어 사전을 갖고 싶습니다.
- ❖ 日本語の辞書を買いたいです。 일본어 사전을 사고 싶습니다.

▎제3자의 희망표현 「たがる」 「ほしがる」

「たがる」는 '~하고 싶어하다'라는 제3자의 희망표현이다. 주로 현재의 희망 상태를 나타낼 때 사용되며, 「を」격을 취하고, 주로 「~をたがっている」형태로 쓰인다. 「ほしがる」 또한 제3자의 희망표현으로 '(사물을)갖고 싶어하다'라는 의미로 「~をほしがっている」 형태로 쓰인다.

❖ 山田さんはマンガを読みたがっています。

야마다 씨는 만화를 읽고 싶어합니다.

❖ 山田さんは赤いネクタイをほしがっています。

야마다 씨는 빨간 넥타이를 가지고 싶어합니다.

감정형용사에 「がる」가 붙어서 동사가 되는 경우

イ형용사 어간에 「〜がる」가 접속하면 동사가 만들어지는데, 이는 3인칭에 대해 그렇게 느끼거나 보여진다는 의미를 나타낸다.

> 어미 「い」 → 「〜がる」로 바꾼다.

- 寒がる 추워하다
- 怖がる 무서워하다
- 寂しがる 외로워하다
- いやがる 싫어하다
- 残念がる 유감스러워하다

그러나 「すきだ」와 「きらいだ」에는 「がる」를 붙일 수 없다. 「すきだ」 그 자체가 '좋아하다'라는 의미를 가지고 있기 때문이다.

❖ 兄はスキーが好きがる。(×)

❖ 兄はスキーが好きだ。 형은 스키를 좋아한다. (○)

일본어 조동사의 수동·사역 표현

01 수동 표현의 「れる·られる」

MP3 063

「れる·られる」는 ① '수동'의 의미, ② '가능'의 의미, ③ '존경'의 의미, ④ '자발'의 의미를 나타낸다. 「(ら)れる」하면 '수동'의 기능이 가장 대표적이다.

| 수동의 「(ら)れる」

활용은 동사의 ない형에 접속하는 것과 같은 형태로 「(ら)れる」가 접속한다.

종류	수동형 만들기
1류 동사 (5단동사)	✔ 어미 「ウ단」을 「ア단」으로 고친 후, 「れる」를 붙인다. · 買(か)う → 買(か)われる · 行(い)く → 行(い)かれる · 読(よ)む → 読(よ)まれる · 帰(かえ)る → 帰(かえ)られる
2류 동사 (1단동사)	✔ 어미 「る」를 없애고, 「られる」를 붙인다. · 見(み)る → 見(み)られる · 食(た)べる → 食(た)べられる
3류 동사 (불규칙동사)	✔ 불규칙 활용이므로 무조건 암기!!! · する → される · 来(く)る → 来(こ)られる

❶ 직접수동 · 간접수동

조동사 「(ら)れる」가 접속해 '(타인으로부터)~함을 당하다'라는 의미로 '자신
이 피해를 입는다'는 의미가 내포되어 있다.

또한 직접수동과 간접수동으로 나눌 수 있는데, 직접 피해를 본 경우를 직접수
동이라 하고, 간접적인 경우를 간접수동이라 하다.

● 수동의 조동사
「られる」 앞에는
조사 「に」를 사용한다.

ⓐ 직접수동

能動文 母が弟をしかる。 엄마가 남동생을 꾸짖다.

受動文 弟が母にしかられる。 남동생이 엄마에게 혼난다.

ⓑ 간접수동

能動文 となりの人が騒ぐ。 옆집 사람이 떠든다.

受動文 私はとなりの人に騒がれる。 옆집 사람이 떠들어서 시끄럽다.

「山田さんは先生にしかられました。 야마다 씨는 선생님에게 꾸중을 들었습니다.」
의 수동표현은 일본어에서도 원래부터 있었던 수동표현으로 폐를 끼쳤다든지 피
해를 입어 곤란한 경우나 싫은 느낌을 받았을 때, 그 기분을 전달하기 위해 수동의
표현을 사용한다. 따라서 당연히 주어(주제)는 그 폐나 피해를 받는 사람이 된다.

그러나 예외적으로 「ほめる 칭찬하다」「誘う 권하다」「招待する 초대하다」
「助ける 돕다」「頼む 부탁하다」의 경우는 폐나 피해를 입은 경우가 아니므로 해
석상 주의를 요한다.

❷ 피해의식 없는 수동표현

❖ オリンピックは四年に一度開催されます。 올림픽은 4년에 1번 개최됩니다.

이 수동문은 서양에서 새롭게 편입된 수동표현이다. 주어가 되는 것은 사람 이
외의 것으로 특별히 제한은 없지만, 행위의 대상을 주어로 해서 표현하는 경우
가 많다.

❖ タバコはポルトガル人<ruby>人<rt>じん</rt></ruby>によって日本<ruby>日本<rt>にほん</rt></ruby>に伝<ruby>伝<rt>つた</rt></ruby>えられました。

담배는 포르투갈인에 의해 일본에 전해졌습니다.

참고로 수동문이 될 수 없는 동사가 있다.

- ✓ 「できる」와 가능동사

- ✓ 상태동사 : ・ある ・いる

- ✓ 이미 수동적인 의미를 지닌 동사 :

  - ・<ruby>教<rt>おし</rt></ruby>える 가르치다   ・かみつく 물어뜯다

  - ・<ruby>借<rt>か</rt></ruby>りる 빌리다   ・<ruby>見<rt>み</rt></ruby>つかる 발견되다

- ✓ 상호동사 : ・～(と)<ruby>結婚<rt>けっこん</rt></ruby>する ～와 결혼하다

  - ・～(と)<ruby>競<rt>きそ</rt></ruby>い<ruby>合<rt>あ</rt></ruby>う ～와 서로 경쟁하다

이와는 달리 이미 굳어져 버린 수동표현도 있다.

- ・うなされる 가위눌리다

- ・<ruby>焼<rt>や</rt></ruby>け<ruby>出<rt>だ</rt></ruby>される 집이 불타서 살 곳이 없어지다

- ・<ruby>名人<rt>めいじん</rt></ruby>とうたわれる (명인으로)일컬어지다

- ・けおされる 압도되다

- ・とらわれる 포착되다

- ・<ruby>足<rt>あし</rt></ruby>をとられる 흠 잡히다

- ・<ruby>気<rt>き</rt></ruby>をとられる 기를 빼앗기다

- ・<ruby>巻<rt>ま</rt></ruby>き<ruby>込<rt>こ</rt></ruby>まれる 휘말리다

- ・あっけにとられる 어안이 벙벙해지다

❖ この<ruby>本<rt>ほん</rt></ruby>は<ruby>世界中<rt>せかいじゅう</rt></ruby>の<ruby>子供<rt>こども</rt></ruby>たちに<ruby>読<rt>よ</rt></ruby>まれています。

이 책은 전 세계 어린이들에게 읽혀지고 있습니다.

❖ イチロー<ruby>選手<rt>せんしゅ</rt></ruby>にホームランを<ruby>打<rt>う</rt></ruby>たれました。

이치로 선수에게 홈런을 맞았습니다.

가능의 「(ら)れる」

수동형과 가능형은 형태가 동일하기 때문에 문맥에서 판단하는 수밖에 없다.

1류동사의 경우는 보통 가능동사를 사용하기 때문에 혼동이 덜하지만, 2류동사와 3류동사에서는 「来る」가 가능형에는 「られる」가 사용되어 수동형과 구별해야만 한다.

❶ 1류 동사

가능동사를 사용한다.

- 話す 이야기 하다 　→　話せる 이야기 할 수 있다
- 飲む 마시다 　　　→　飲める 마실 수 있다

❷ 2류 동사

어미 「る」를 떼고, 「られる」를 접속시킨다.

- 寝る 자다 　　　→　寝られる 잘 수 있다
- 見る 보다 　　　→　見られる 볼 수 있다

❸ 3류 동사

- 来る 오다 　　　→　来られる 올 수 있다
- する 하다 　　　→　できる 할 수 있다

존경의 「(ら)れる」

「(ら)れる」를 써서 존경을 나타내기도 한다.

- 聞く 듣다 　　　　→　聞かれる 들으시다
- 話す 이야기하다 　→　話される 이야기하시다
- 出る 나가다 　　　→　出られる 나가시다
- 起きる 일어나다 　→　起きられる 일어나시다

❖ 夏休みにどこかへ行かれましたか。 여름휴가에 어딘가 가셨습니까?

자발의 「(ら)れる」

「(ら)れる」의 자발표현은 어떤 것이 자연히 발생한다는 의미로 다음과 같은
경우를 들 수 있다.

- 思い出されます 생각납니다
- 感じられます 느껴집니다
- 心配されます 걱정됩니다

❖ 母の病気のことが案じられます。 어머니의 병이 걱정됩니다.

자발을 나타내는 형태는 고유의 것을 사용하지 않고, 동사에 의해 가능형을 사
용하기도 하고, 수동형을 사용하기도 하는 것이 많이 때문에 자발형이라는 명칭
은 없다.

❶ 가능형을 사용한 자발

- 魚が釣れる。 고기가 잘 잡힌다.
- 糸が切れる。 실이 끊어지다.
- ボタンがとれる。 단추가 떨어지다.
- 家が焼ける。 집이 다 불타다.
- あの映画は泣ける。 저 영화는 눈물이 난다.

❷ 수동형을 사용한 자발

- 考えられる 생각난다
- 思い出される 생각난다
- 思われる 생각되다
- 待たれる 기다려지다

❸ 독자의 형태를 가진 것

- 見える 보이다
- 聞こえる 들리다

● 1그룹동사에서 파생된 자발동사

- 思う 생각하다　→ 思われる → 思える 생각되다
- 泣く 울다　→ 泣かれる → 泣ける 눈물나다

● 1그룹동사의 가능형은 일반적으로 가능동사를 상용하는 경향이 강하다.

- 読む 읽다　→ 読まれる → 読める 읽을 수 있다
- 行く 가다　→ 行かれる → 行ける 갈 수 있다
- 歩く 걷다　→ 歩かれる → 歩ける 걸을 수 있다

---

02 사역 표현의 「せる・させる」

사역은 '남을 시키는 것', '하게 하는 것'을 말한다. 사역표현 앞에서는 하기 싫어도 해야 한다. 사역은 두 가지가 있는데, 길이에 따라 긴 것(こさせる), 짧은 것(こさす)이 있다. 기본적인 것은 긴 형태지만, 최근은 짧은 형태의 사용이 늘어가고 있다. 예를 들면 '쓰게 했다'의 경우 「書かれた」를 「書かした」로 표현하는 사람이 늘어나고 있다.

「せる・させる」는 상대방에게 지시와 명령을 하는 사역의 의미를 나타낸다.

종류	사역형 만들기
1류 동사 (5단동사)	✔ 어미 「ウ단」을 「ア단」으로 고친 후, 「せる」를 붙인다. · 買う → 買わせる · 行く → 行かせる · 読む → 読ませる · 帰る → 帰らせる
2류 동사 (1단동사)	✔ 어미 「る」를 없애고, 「させる」를 붙인다. · 見る → 見させる · 食べる → 食べさせる
3류 동사 (불규칙동사)	✔ 불규칙 활용이므로 암기!!! · する → させる · 来る → 来させる

「せる・させる」는 손윗사람에게는 사용하지 않지만, 다음과 같이 손아래 사람의 행위로 손윗사람에게 영향을 미친 경우에는 사용할 수 있다.

❖ 先生を困らせました。 선생님을 곤란하게 했습니다.
❖ 両親を心配させました。 부모님을 걱정시켰습니다.

사역문의 기본 패턴

자동사의 경우　Aは Bを(に) ～(さ)せます A는 B를 ~하게 합니다

능동문 : 子供が遊ぶ。 아이가 논다.

사역문 : 先生は子供を(に)遊ばせる。 선생님은 아이를 놀게 한다.

타동사의 경우　Aは Bに ～を (さ)せます A는 B에게 ~을 ~하게 합니다

능동문 : 山田さんが歌を歌う。 야마다 씨가 노래를 부른다.

사역문 : 田中先生が山田さんに歌を歌わせる。

다나카 선생님이 야마다 씨에게 노래를 부르게 한다.

다음의 예문을 잘 보고, 자 · 타동사의 사역문을 이해하기 바란다.

❖ 先生は学生たちを立たせました。 ⋯→ 자동문의 사역

선생님이 학생들을 일어서게 했습니다.

❖ 先生は田中さんに黒板をきれいにさせました。 ⋯→ 타동문의 사역

선생님은 다나카 씨에게 칠판을 깨끗이 지우게 했습니다.

주의해야 할 격조사의 차이

ⓐ 息子を買い物に行かせました。 아들을 물건 사러 가게 했습니다. ⋯→ 강제적

ⓑ 息子に買い物に行かせました。 아들에게 물건 사러 가게 했습니다. ⋯→ 자발적

ⓐ는 강제적으로 가게 한 경우이고, ⓑ는 자발적으로 가게 한 경우이다. ⓑ는
아들이 가고 싶다고 말했고 가기를 원했을 경우에 쓰는 말이다.

사역형과 타동사와의 관계

사역과 타동사와의 관계는 아주 애매한 관계로, 구별하기도 아주 어렵다.

「寝る」의 사역형은 「寝かせる」인가요?라는 질문을 많이 받는데, 아니다.

「寝る」의 사역형은 「寝させる」이다. 「寝かせる」는 타동사로 「寝かる 재우다」의 문어이다.

이와 같이 외형상으로는 사역형과 매우 닮아 있지만, 타동사가 별도로 있기 때문에 주의할 필요가 있다. 즉, 사역의 조동사가 접속된 것이 아니라 본래 동사 자체가 사역의 의미를 갖는 동사인 것이다. 암기해 두자.

- 見せる 보여주다
- 着せる 입히다
- 任せる 맡기다
- 知らせる 알리다, 통보하다
- 乗せる 태우다
- 合わせる 맞추다

させていただく

겸양어로, 최고의 겸양표현이라고 할 수 있다.

「(さ)せる」에는 「〜(さ)せていただく」의 형태로 '내가 하겠다 하여 상대에게 허가를 받다'라는 의미로 '시킴을 받다(하겠다)'라는 겸양의 뜻이 있다. 자기 자신을 낮추고 상대를 높이는 용법이다. 〈경어〉에서 자세히 익히도록 하자.

- ❖ お先に帰らせていただきます。 먼저 돌아가겠습니다.
- ❖ そろそろ帰らせていただきます。 슬슬 돌아가겠습니다.

03 사역수동 표현의 「させられる」

사역수동 표현은 사역의 조동사 「させる」에 수동의 조동사 「(ら)れる」가 연결된 형태로 '억지로(어쩔 수 없이)~하게 되다(했다)'라는 의미를 갖는다. 한국어에는 없는 지극히 일본적인 표현이다.

기본적인 형태와 의미

기본형	사역형	사역수동형
書く 쓰다	書かせる 쓰게 하다	書かせられる(書かされる) (억지로) 쓰다
話す 말하다	話させる 말하게 하다	話させられる (억지로) 말하다
食べる 먹다	食べさせる 먹게 하다	食べさせられる (억지로) 먹다
来る 오다	来させる 오게 하다	来させられる (억지로) 오다
する 하다	させる 하게 하다	させられる (억지로) 하다

사역수동문의 특징

능동문 山田さんが歌を歌う。 야마다 씨가 노래를 부르다.

사역문 社長が山田さんに歌を歌わせる。
사장님이 야마다 씨에게 노래를 시키다.

수동문 山田さんが歌を歌われる。 야마다 씨가 (남이) 노래하는 것을 듣다.

사역수동문 山田さんは社長に歌を歌わせられる。
山田さんは社長に歌を歌わされる。
야마다 씨는 사장님이 억지로 시켜 노래를 부른다.

● 축약형
· 飲ませられる
(억지로) 마시다
→ 飲まされる

· 待たせられる
(억지로) 기다리다
→ 待たされる

· 読ませられる
(억지로) 읽다
→ 読まされる

· 買わせられる
(억지로) 사다
→ 買わされる

| 1류동사

① 1류동사는 두 가지의 형태가 있다.

- 書く 쓰다 ⇒ 書かせられる / 書かされる (억지로)쓰다

- 言う 말하다 ⇒ 言わせられる / 言わされる (억지로)말하다

- 読む 읽다 ⇒ 読ませられる / 読まされる (억지로)읽다

② 「～す」로 끝나는 동사에는 「せられる」가 접속된다.

- 話す 말하다 ⇒ 話させられる (말하라고 해서 억지로)말하다

- 直す 고치다 ⇒ 直させられる (고치라고 해서 억지로)고치다

❖ 私は先輩にお酒を飲ませられました。
나는 (마시기 싫은 술을) 선배가 (억지로) 마시라고 해서 마셨습니다.

❖ 私は両親にアメリカへ勉強に行かせられました。
나는 부모가 미국에 공부하러 가라고 해서 억지로 갔습니다.

| 2류동사

「させられる」가 접속된다.

- 食べる 먹다 ⇒ 食べさせられる (먹으라고 해서 억지로)먹다

- 覚える 외우다 ⇒ 覚えさせられる (외우라고 해서 억지로) 외우다

| 3류동사

- 来る 오다 ⇒ 来させられる (오라고 해서 억지로)오다

- する 하다 ⇒ させられる (하라고 해서 억지로)하다

「수동 · 사역 + たい」일 때

❖ この論文を参照されたい。 이 논문을 참조했으면 한다(하길 바란다).

❖ 私は田中先生を喜ばせたい。 나는 다나카 선생님을 기쁘게 해주고 싶다.

❖ 李先生にほめられたい。 이 선생님께 칭찬받고 싶다.

❖ 少し風に吹かれたい。 조금 바람이 불어줬음 한다.

「수동」, 「사역」에서는 「～が～たい」는 사용할 수 없다. 따라서 「～を～た
い」를 의식적으로 쓸 필요가 있다.

「山田さんはアイスクリームを食べたがっています。 야마다 씨는 아이스
크림을 먹고 싶어하고 있습니다.」처럼 제3인칭 「たがる」의 경우도 대상의 「を」격
을 써야 한다. 여기서 「食べたがっています」는 지금 '(지금)먹고 싶어 합니다'
의 의미이나, 「食べたがります」라고 하면 '(항상 또는 일반적으로)먹고 싶어
합니다'의 의미가 된다.

CHAPTER 5

일본어 경어

◆ 일본어 경어의 구문

◆ 심화 일본어 경어

일본어 경어의 구문

일본에서는 윗사람(선생님, 연장자)과 이야기할 때, 모르는 사람(친하지 않은 사람)과 말할 때, 격식을 차려 말하는 장소 등에서는 반드시 경어를 사용하는데, 경어는 상대방과 상황에 맞춰 잘 써야 한다.

경어는 일반적으로 존경어, 겸양어, 정중어에 공손어, 미화어를 더한 다섯 가지로 분류한다.

① 존경어
② 겸양어
③ 정중어 (です체·ます체)
④ 공손어 (まいる·おる)
⑤ 미화어 (お·ご)

이와 같이 일본어의 경어표현에는 말하는 사람이 상대방(상대방에 속하는 물건, 그 사람의 행위, 상태 등을 말하는데 이용)을 높이 대우해서 직접 경어를 표하는 존경어, 말하는 자기 자신을 낮추거나 겸손하게 말함으로서 결과적으로 상대방을 높이는 겸양어가 있다. 그리고 「です」「ます」와 같은 형태의 상대방에게 공손하게 말하는 정중어, 그리고 「行く 가다」「来る 오다」의 겸사말인 「まいる」, 「いる 있다」의 겸사말인 「おる」 등의 공손어가 있고, 「お·ご」를 붙여 단어 자체를 미화시키는 미화어가 있다.

예를 들어, '선생님이 여러 가지 일을 도와주셔서 감사합니다.'를

ⓐ 先生、今日はご苦労様でした。(?)

ⓑ 先生、今日はお疲れ様でした。(?)

ⓒ 先生、今日はありがとうございました。(○)

라고 표현했다면, 선생님은 어떻게 반응하실까?

ⓐ의 경우는 기분이 매우 불쾌하실 것이다. ⓑ처럼 말했다면 아마 미소를 지으실 것이다. 그러나 사실은 이 말보다 더 좋은 말, 아주 쉬운 표현이 바로 ⓒ다. ⓒ로 표현했다면 선생님은 아마 포옹해 주실지도 모르겠다. 아주 세련된 일본어 표현을 사용했기 때문이다. 이렇게 쉬운 표현 대신에 어려운 표현을 썼는데, 그것도 잘못 썼으니 안 쓴 것만도 못하다. 이처럼 일본어에서의 경어표현을 적재적소에 잘 사용하는 것은 매우 어렵다. 그러므로 존경표현, 겸양표현 등을 하나씩 잘 익혀 두어야 한다.

01 존경표현

MP3 066

| 존경의 체언

- どなた 어느 분
- このかた 이분

| 접두어

- ご成功 성공
- お名前 이름
- 御身 옥체
- 貴下 귀하
- おみ足 발

●足 발
→ お足(×)
→ おみ足(○)

| 접미어

- 山田さん 야마다 씨
- 皆様 여러분
- 株式会社御中 주식회사 귀중(공공기관)

경어동사

- なさる 하시다
- いらっしゃる 계시다, 가시다, 오시다
- おっしゃる 말씀하시다
- 召し上がる 드시다
- くださる 주시다

보조동사

- 来ていらっしゃる 와 계시다
- お歩きなさる 걸으시다
- お読みくださる 읽으시다
- お聞きあそばす 들으시다

ご + 동사성명사

- ご進学になる 진학하시다
- ご信頼なさる 신뢰하시다
- ご案内ください 안내하시다
- ご覧あそばす 보시다

존경의 조동사 「(ら)れる」

- 来られる 오시다
- 行かれる 가시다
- 手術される 수술하시다
- 書かれる 쓰시다

お/ご + 동사의 ます형 + になる

- ❖ 田中先生が本をお書きになりました。 다나카 선생님이 책을 쓰셨습니다.
- ❖ これ、お使いになりますか。 이거, 사용하시겠습니까?
- ❖ いつ日本へご出発になるんですか。 언제 일본에 출발하십니까?

- ● 일본에서는 자신보다 윗사람을 외부 사람에게 소개할 때는 낮추어서 말해야 하기 때문에, 자신의 회사 사장님을 소개할 때도 「山田社長 야마다 사장님」라고 하지 않고, 「山田 야마다」라고만 해야 한다.
- ● 가족의 경우도 마찬가지로, 남에게 자신의 가족을 말할 때는 낮추어서 표현해야 한다.

02 겸양표현

겸양의 의미

- 家内 집사람
- 小社 저희 회사
- わたくし 저
- 拙稿 졸고
- 拝見 배견
- 拝借 삼가 빌려씀
- うちの者 집사람, 가족
- 私ども 저희들

겸양동사

- 申す 여쭙다
- いたす 하다
- いただく 받다, 먹다, 마시다
- まいる 가다, 오다
- うかがう 듣다, 방문하다

● 申す
① 「言う 말하다」의 겸양표현
② ~을 해 드리다(겸양표현) : お/ご~申しあげる

お/ご + 동사의 ます형 + する

- お願いいたします。 부탁합니다.
- お送りします。 / お送りいたします。 보내드리겠습니다.

お/ご + 동사성명사 + する

- ご一緒しましょう。 함께 합시다.
- ソウルをご案内いたします。 서울을 안내하겠습니다.
- 私を簡単にご紹介申し上げます。 저를 간단하게 소개하겠습니다.

~でございます / ~ております

- 山田でございます。 야마다입니다.
- 知っております。 알고 있습니다.

● 「~でございます」는 「~である」의 겸양표현
● 「~おります」는 「います(いる)」의 겸양표현

MP3 068

03 정중표현

です

❖ 大学生です。 대학생입니다.
だいがくせい

❖ 日本人です。 일본인입니다.
に ほんじん

ます

「ます」는 가장 많이 쓰이는 형태로 존경동사나 겸양동사 등에 붙어 공손의 기분을 강하게 나타내고 있다.

❖ はい、わかりました。 예, 알겠습니다.

특수단어

• お手洗い 화장실
て あら

• 亡くなる 돌아가시다
な

• お冷や 냉수
ひ

• お腹 배
なか

다음 예문을 살펴보자.

ⓐ 私はただ今自宅におります。 저는 지금 집에 있습니다.
わたし　　 いま じ たく

ⓑ すみません、あいにく山田は今席を外しております。
やま だ　　 いませき　　 はず

미안합니다, 공교롭게도 야마다(사장님)는 지금 자리에 안 계십니다.

「おります」는 겸양표현인데, ⓐ는 자신을 낮추어 상대방을 높여주기 때문에 「おります」를 쓴 것이고, ⓑ는 야마다 사장님이 자기보다 윗사람이지만, 상대 (남)에게 말할 때는 겸양표현을 써야 하기 때문에 「おります」를 쓴 것이다.

심화 일본어 경어

01 존경의 접두어 「お」·「ご」

MP3 069

「お/ご」의 쓰임은 매우 다양하고 복잡하기 때문에 잘 구별해야 한다. 「御^お」
또는 「御^ご」를 잘 사용하면 일본어를 잘 구사하고 있다고 말해도 과언이 아니기
때문에 매우 중요하다고 할 수 있다.

❶ 「お」를 붙이지 않으면 의미가 불문명하거나, 의미가 변하는 경우가 있다.

- おさらい 복습
- おむつ 기저귀
- おなか 배
- お手洗^{てあら}い 화장실
- おくるみ 아기포대기
- おしゃれ 멋
- おしゃべり 수다
- お冷^ひや 찬물
- おひらき 폐회
- おかず 반찬

● 「おひらき 폐회」는
연회 등을 끝낼 때
쓰는 표현으로,
「おわる」와 같은 의미
이다.

❷ 「お」가 붙기 쉬운 경우로 명사 앞에 「お / ご」를 붙인 미화어이다.

- おまめ 콩
- おそば 메밀국수
- お肉^{にく} 고기
- お花^{はな} 꽃
- お酒^{さけ} 술
- お米^{こめ} 쌀
- お話^{はなし} 이야기
- お買^かい上^あげ 매상
- お金^{かね} 돈

어린이용 미화어에 접속되기도 한다.

- おえかき 화가
- おでかけ 외출
- おようふく 양복
- おかたづけ 뒷정리

❸ 「お」가 붙기 어려운 경우

▷ 구체적인 동물·식물·음식

- じゃがいも 감자
- ほうれん草 시금치
- 焼酎 소주
- 桜 벚꽃
- ねずみ 쥐
- てんぷら 튀김

▷ 외래어

- ズボン 바지
- ピアノ 피아노
- ネクタイ 넥타이
- ワイシャツ 와이셔츠
- ノート 노트
- ゴルフ 골프
- コーヒー 커피
(단, '맥주'의 경우는 「おビール」라고 예외적으로 쓰기도 한다.)

❹ 같은 의미로 和語와 漢語가 있는 경우, 훈독(和語)은 「お」, 음독(漢語)은 「ご」를 붙여 쓴다.

● 和語 : 일본에서
만들어진 일본식 한자
● 漢語 : 중국에서
만들어진 중국식 한자

- 주소 : お所 / ご住所
- 도착 : お着き / ご到着
- 행복 : お幸せ / ご幸福
- 질문 : おたずね / ご質問
- 출산 : お生まれ / ご出産
- 희망 : お願い / ご希望
- 초대 : お招き / ご招待
- 전언 : お伝え / ご伝言

❺ 和語에는 「お」를 사용하고, 漢語에는 「ご」를 사용하고 있다.

- お手紙 편지
- お元気 건강
- お名前 이름
- お国 나라, 고향
- ご兄弟 형제
- ご両親 양친
- ご家族 가족
- ご成功 성공

02 예외적인 존경의 「お」·「ご」

「お」와 「ご」는 기본적으로는 동일하지만, 분명히 자기의 색깔과 성질이 달라 역할도 다르다. 원칙적으로 「お」는 和語(순수 일본어)에 사용하고, 「ご」는 한자어에 붙여서 사용된다고 앞에서 배웠지만, 다음과 같은 경우는 주의해야 한다.

❶ 「お」와 「ご」를 함께 쓰는 경우

- お返事 / ご返事 대답
- お通知 / ご通知 통지

❷ 「ご」를 써야 할 것 같은데, 「お」를 쓰는 경우

- お電話 전화
- お食事 식사
- お約束 약속
- お時間 시간

❸ 和語인데 「ご」를 사용하는 경우

- ごゆっくり 천천히
- ごもっとも 그럴듯함

❹ 여성은 「お」를 붙여 쓰지만, 남성은 붙여 쓰지 않는 단어가 있다.

이 어휘들은 「お」를 쓰면 여성스러워 보이고, 「お」를 쓰지 않으면 남성다워 보이는 어휘들이다.

- (お)米 쌀
- (お)水 물
- (お)ちゃわん 밥그릇
- (お)昼 점심

03 필수 존경표현과 겸양표현

| 존경표현

「お + 동사의 ます형 + になる」/ 「ご + 한자 + になる」

상대를 직접 높여서 사용하는 존경표현으로서 상대방이 '하시다'의 의미로 주로 사용된다.

- お読みになる 읽으시다
- お求めになる 구하시다
- おいでになる 오시다
- お出かけになる 나가시다
- お会いになる 만나시다
- お喜びになる 기뻐하시다
- お楽しみになる 기대가 되다
- ご登場になる 등장하시다
- ご心配になる 걱정하시다
- ご報告になる 보고하시다

❖ 先生はいつごろお帰りになりますか。 선생님은 언제쯤 돌아가십니까?

❖ 山田さんはいつお会いになりますか。 야마다 씨는 언제 만나십니까?

겸양표현

> 「お + 동사의 ます형 + する」 / 「ご + 한자 + する」

자기를 직접 낮추어서 사용하는 겸양표현으로 '하다'의 의미로 주로 사용된다.

- お読みする 읽다
- おたずねする 방문하다
- お届けする 보내다
- お察しする 알다
- お電話する 전화하다
- ご協力する 협력하다

- お持ちする 들다
- お渡しする 건네다
- お助けする 돕다
- ご相伴する 대접하다
- ご案内する 안내하다
- ご連絡する 연락하다

❖ 私がお持ちします。 제가 들겠습니다.
❖ 先生の研究室でお待ちしています。 선생님의 연구실에서 기다리고 있겠습니다.

존경어와 겸양어의 차이

무언가를 보았을 때, 내가 보았느냐, 아니면 선생님이 보았느냐에 따라 존경어를 써야할지 겸양어를 써야할지가 달라진다.

만일에 내가 본다면 「拝見します。 제가 보겠어요.」가 되고, 선생님 보신다면 「先生、ご覧になりますか。 선생님, 보시겠어요?」로 써야 한다. 이 말을 반대로, 「先生、拝見しますか。」라고 한다면 얼마나 놀라시겠는가?

중요한 것들은 '*'로 체크해 두었으니 잘 이해하기 바란다.

기본형	존경어	겸양어
行<ruby>い</ruby>く 가다 来<ruby>く</ruby>る 오다 いる 있다	いらっしゃる	*まいる おる (정중어)
見<ruby>み</ruby>る 보다	**ご覧<ruby>らん</ruby>になる * ご覧<ruby>らん</ruby>くださる	*拝見<ruby>はいけん</ruby>する
言<ruby>い</ruby>う 말하다	おっしゃる	申<ruby>もう</ruby>す / 申<ruby>もう</ruby>し上<ruby>あ</ruby>げる
会<ruby>あ</ruby>う 만나다	(お会<ruby>あ</ruby>いになる)	**お目<ruby>め</ruby>にかかる
聞<ruby>き</ruby>く 듣다	お聞<ruby>き</ruby>きなさる	*伺<ruby>うかが</ruby>う
見<ruby>み</ruby>せる 보이다		*お目<ruby>め</ruby>にかける ご覧<ruby>らん</ruby>に入<ruby>い</ruby>れる
食<ruby>た</ruby>べる 먹다 飲<ruby>の</ruby>む 마시다	召<ruby>め</ruby>し上<ruby>あ</ruby>がる	*いただく
くれる 주다	くださる	
もらう 받다		いただく
する 하다	なさる	いたす
*知<ruby>し</ruby>っている 알고 있다	*ご存<ruby>ぞん</ruby>じだ	存<ruby>ぞん</ruby>じている(おる)
*着<ruby>き</ruby>る 입다	召<ruby>め</ruby>す / *お召<ruby>め</ruby>しになる	
気<ruby>き</ruby>に入<ruby>い</ruby>る 마음에 들다	*お気<ruby>き</ruby>に召<ruby>め</ruby>す	
訪<ruby>たず</ruby>ねる 방문하다	お尋<ruby>たず</ruby>ねになる	伺<ruby>うかが</ruby>う
寝<ruby>ね</ruby>る 자다	お休<ruby>やす</ruby>みになる	休<ruby>やす</ruby>む

중요한 것들은 '*'로 체크해 두었으니 잘 이해하기 바란다.

자주 쓰이는 경어 표현

　일반적으로 사과표현으로는 다음과 같은 격식을 차린 말투를 써야 진심으로 사과하는 마음이 잘 전달된다. 이와 같이 일본에서는 항상 경어를 사용하고 있는데, 상대에 따라 경어를 잘 사용하는 것을 하나의 아름다운 미덕으로 보고 있다. 그러나 지나친 경어의 사용도 실례가 되는 경우가 많으니 주의하기 바란다.

❖ 何のお構いもできず、本当に失礼いたしました。

　　아무런 대답도 할 수 없어서 실례했습니다.

❖ 何一つ行き届きませんで、誠に申し訳ございません。

　　세밀하게 신경을 못 써서 죄송합니다.

　자기가 잘못했을 경우의 사과표현은 여러 가지가 있지만, 다음과 같은 사항을 잘 이해하고, 사용하기 바란다.

❖ 気がつきませんで、失礼いたしました。

　　신경을 쓰지 못해서 실례했습니다.

❖ いたらないことばかりで、大変申し訳ありませんでした。

　　미흡한 것 뿐이어서, 대단히 죄송합니다.

❖ 二度とこのようなことのないよう充分注意いたします。

　　두 번 다시 이와 같은 일이 없도록 충분히 주의하겠습니다.

❖ 直ちにあらためますので、ご容赦ください。

　　즉시 시정하겠으니, 용서해 주십시오.

경어표현에 있어서 가장 중요한 사항이 「ウチ 안」와 「ソト 밖」의 개념이다.

　가족과 직장을 「ウチ」로 보고, 그 이외를 「ソト」로 보고 있는 것이다. 「ウチ」의 관계는 대화하는데 있어서 높여서 말하지 않는다.

손님　お父さんはご不在ですか。아버님은 안 계십니까?

아들　いいえ、おります。少々お待ちください。

아니요, 계세요. 좀 기다려 주세요.

직장에서

타회사 직원　李課長にお会いしたいんですが。

이 과장님을 만나고 싶습니다만….

같은 직장 부하　李はただ今外出しております。

이 과장님은 지금 외출중입니다.

MP3 072

04 경어 심화 학습

| 겸양표현

❶ させていただく

하나의 굳어진 표현으로 '(제가) 하겠습니다'라는 겸양표현으로, 최고의 겸양

표현이다.

❖ 講義はこのへんで終わらせていただきます。

강의는 이 정도로 끝내겠습니다.

❖ 二十日の集まりは学校の事情で変更させていただきます。

20일의 모임은 학교의 사정으로 변경하겠습니다.

❷ ～(し)ていただきます

'상대방이 한 것을 내가 받다'라는 의미로 사용되는 표현이다. '방금 소개받은

누구입니다'라는 식으로 자기 것을 만들어 버리면 아주 쉽다.

❖ ただ今山田先生から紹介していただきました田中と申します。

지금 막 야마다 선생님에게 소개받은 다나카라고 합니다.

❖ 李先生に韓国語を教えていただいています。

이 선생님이 한국어를 가르쳐 주십니다.

❸ いただけますか

상대방에게 할 수 있느냐고 가능성을 물어보는 표현이다.

❖ ここにお名前とお電話番号をお書きいただけますか。

여기에 성함과 전화번호를 써 주실 수 있습니까?

❖ この荷物をお送りいただけますか。

이 짐을 보낼 수 있습니까?

❹ 致します

화자인 '내가 하겠다'라는 의미의 대표적인 겸양표현으로 「致す」는 「する」의

겸양어이다.

❖ 小包を郵便でお送り致します。 소포를 우편으로 보내겠습니다.

❺ ～てもらう

「もらう」는 '받다'의 의미인데, 겸양어로서 「いただく」를 쓴다. 「て」와 결합되어 보조동사로 쓰이지만, 「～てもらう」는 '봉사, 서비스 등을 해 받다'라는 의미다. 한국어에는 이런 표현이 없기 때문에 직역하면 의미가 잘 통하지 않는다. 그러나 행동의 주체를 바꾸어 「～てくれる ~해 주다」를 사용하면 가능해지기도 한다.

Ⓐ 야마다 씨가 나에게 일본어를 가르쳐 주었습니다.
  ① 私は山田さんに日本語を教えてもらいました。
  ② 山田さんが私に日本語を教えてくれました。

Ⓑ 야마다 씨는 저에게 일본어 책을 빌려주었습니다.
  ③ 私は山田さんに英語の本を貸してもらいました。
  ④ 山田さんは私に日本語の本を貸してくれました。

①, ③의 행동의 주체는 「私 나」이나, ②, ④의 행동의 주체는 「山田 야마다」이다.

주의해 써야할 경어

「来る」의 존경표현 '오시다'는 「おいでになる、見える、お越しになる、来られる、いらっしゃる」와 같이 다양해서 상황에 맞게 활용해야 한다.

❖ 店長、いつものお客様は今日はお見えになりませんでした。

점장님, 항상 오시는 손님이 오늘은 오시지 않으셨습니다.

❖ 先生のご都合で、来週は学校にいらっしゃらないそうです。

선생님의 사정으로, 다음주는 학교에 못 오신다고 합니다.

MP3 073

05 경어 실력 체크

나의 실력을 테스트 해보는 단계로서 다음과 같은 상황 설정을 해 보았다.

다음 문장에서 빈칸에 들어갈 가장 알맞은 표현을 골라보자.

✓ 길에서 누군가에게 질문을 받았을 때

私、わかりませんので、そこのタバコ屋さんで、　　①　　　　　。

저는 잘 모르니까, 저기 담배 가게에서 물어봐 주세요.

A. うかがってください

B. 聞いてください

C. お聞きください

✓ 거래처에 전화해서

社長が、あすそちらへ伺うと、　　②　　　　。

(저희 회사)사장님이 내일 그쪽 회사에 방문하신다고 말씀하셨는데요.

A. おっしゃっています

B. 申しています

C. 申されています

✓ 윗사람 집에 방문했을 때

<ruby>先日<rt>せんじつ</rt></ruby>、<ruby>先生<rt>せんせい</rt></ruby>のお<ruby>宅<rt>たく</rt></ruby>に　　　③　　　　。

지난번에 선생님 댁에 갔었습니다.

A. まいりました　　　　　　　B. いらっしゃいました

✓ 다른 사람의 소식을 전할 때

<ruby>田中<rt>たなか</rt></ruby>さんのご<ruby>主人<rt>しゅじん</rt></ruby>、<ruby>今度<rt>こんど</rt></ruby>ロンドンに　　　④　　　　。

다나카 씨의 남편, 이번에 런던으로 전근가신다고 하던데요.

A. <ruby>転勤<rt>てんきん</rt></ruby>するんですって　　　　B. <ruby>転勤<rt>てんきん</rt></ruby>していらっしゃるって

C. ご<ruby>転勤<rt>てんきん</rt></ruby>されるんですって　　　D. ご<ruby>転勤<rt>てんきん</rt></ruby>させられるんですって

✓ 레스토랑에서 웨이터가 손님에게

で、お<ruby>飲<rt>の</rt></ruby>み<ruby>物<rt>もの</rt></ruby>は<ruby>何<rt>なに</rt></ruby>に　　　⑤　　　　。

그런데, 마실 것은 무엇으로 하시겠습니까?

A. いたしますか　　　B. なさいますか　　　C. いたされますか

✓ 접수처의 직원이 손님의 명함을 보면서

<ruby>木村様<rt>きむらさま</rt></ruby>で　　　⑥　　　、しばらくあちらで　　　⑦　　　。

기무라 씨죠? 잠시 저쪽에서 기다려 주세요.

　　　　　⑥　　　　　　　　　　⑦

A. いらっしゃいますね　　　C. お<ruby>待<rt>ま</rt></ruby>ちください

B. ございますね　　　　　　D. お<ruby>待<rt>ま</rt></ruby>ちしてください

　　　　　　　　　　　　　　E. お<ruby>待<rt>ま</rt></ruby>ちになられてください

정답
① C　② B　③ A　④ C
⑤ B　⑥ A　⑦ C

보다 정중한 표현

✓ 누구	だれ	→	どなた
✓ 조금 전	さっき	→	さきほど
✓ 전날	この前^{まえ}	→	先日^{せんじつ}
✓ 미안합니다만	すみませんが	→	おそれいりますが
✓ 어떻습니까?	どうですか	→	いかがでしょうか
✓ 그럼	じゃあ	→	それでは
✓ 나중에	あとで	→	のちほど
✓ 곧	すぐ	→	さっそく

CHAPTER 6

일본어 조사

- ◆ 일본어의 기본 조사
- ◆ 일본어 조사(助詞)의
  용례

SECTION 1

일본어의 기본 조사

조사는 부속어이며 활용도 없고, 단독으로 문의 구성요소가 될 수 없는 것이 특징이다. 다른 자립어에 붙어서 보조어로 쓰이며, 주제를 만들기도 하고, 단어와 단어, 절과 절을 접속시키는 기능을 한다.

MP3 074

| に

「に」는 격조사라고 하며, 시간과 존재의 장소에 주로 쓰인다.

체언 및 동사 ます형에 접속하며, 한국어로는 '~에, ~에게, ~으로, ~을/를, ~이/가' 등으로 해석된다.

❶ 시간

- '시간'을 나타내지만, 조사 「に」를 쓸 수 없는 곳이 있다. 암기하자!
  朝、昼、夜、晩、
  今日、来年、最近、
  今週…

❖ 私は大体、毎朝９時頃に帰宅します。

저는 대개 매일 아침 9시 정도에 돌아옵니다.

❷ 존재의 장소

- 아침에는
  朝は (○)
  朝に (×)

❖ 上野動物園は上野公園にあります。

우에노동물원은 우에노공원에 있습니다.

※ 동작의 장소인 경우에는 조사 「で」를 사용한다.

❖ お昼はいつも食堂で食べます。 점심은 언제나 식당에서 먹습니다.

❸ (도)착점

❖ 今日は家に帰ります。

오늘은 집에 돌아갑니다.

※ 도착점을 나타내는 동사

「行く 가다 · 来る 오다 · つく 도착하다 · 入る 들어가다(오다) · 乗る 타다 ·
登る 오르다 · 置く 두다」가 올 때, 도착점의 의미를 가지게 된다.

❹ 기준

❖ 彼とは一日に二回メールのやりとりをします。

그와는 하루에 두 번 메일을 주고받습니다.

❺ 목적

❖ 本を買いに行きました。

책을 사러 갔습니다.

❻ 이유 · 원인

❖ 恋に悩みます。 사랑 때문에 고민합니다.

❖ 韓国チームの勝利にわく。 한국팀 우승 때문에 흥분하다.

❼ 결과

❖ 大学を卒業しても就職せず、プー太郎になった。

대학을 졸업해도 취직을 하지 않고 부타로가 되었다.

● プー太郎
정식 직장을 가지지 않
고 아르바이트만 하는
젊은이를 가리키는 말

❽ 대상

❖ 山田先生に電話をかけました。

야마다 선생님에게 전화를 걸었습니다.

❖ 順子ちゃんに貸したCD、まだ返してもらってないの。

준코 짱에게 빌려준 CD, 아직 받지 않았어.

※ 「頼む 부탁하다 · 教える 가르치다 · 会う 만나다 · 返す 돌려주다 · 貸す 빌려주다
· 話す 이야기하다」와 함께 쓰면 대상을 나타내는 조사가 된다.

MP3 075

へ

「へ」는 주로 체언에 접속하는 조사로 동작 작용의 방향이나, 도착점 등에 쓰인다. 한국어로는 '~으로, ~에, ~에게'로 해석된다. 「へ」는 방향 또는 막연한 행선지를 말할 때, 「に」는 목적의 장소가 확실한 경우에 쓴다.

❶ 방향

❖ 遠く遠く空へ飛んで行く。 멀리 멀리 하늘로 날아간다.

❷ 목적지 · 도착점

❖ 明日国へ帰ります。 내일 고향으로 돌아갑니다.

❸ 동작의 대상

❖ アメリカ留学している友だちへメールした。

미국 유학하고 있는 친구에게 메일을 보냈다.

を

「を」는 우리말의 '~을/를'에 해당하는 목적격 조사로, 대상 · 목적지 · 도착점 · 기점 등을 나타낸다.

❶ 대상

❖ 子供の教育にもよいかと思って犬を飼いはじめました。

어린이 교육에도 좋지 않을까하고 생각해서 개를 키우기 시작했습니다.

❷ 통과점

❖ 橋を渡ってまっすぐ行ってください。

다리를 건너서 똑바로 가 주세요.

※ 통과점을 나타내는 동사 「通る 통과하다 · 走る 달리다 · 飛ぶ 나르다 · 登る 오르다 · 歩く 걷다」와 함께 쓰이면 통과점을 나타내는 조사가 된다.

❸ 기점

❖ 大学を卒業しました。 대학을 졸업했습니다.

※ 기점을 나타내는 동사 「出る 나오다・降りる 내리다」와 함께 쓰인다.

と

MP3 076

「と」는 격조사로도 쓰이고, 접속조사로도 쓰이는 조사다. 격조사의 경우는 주로 체언 및 종지형에 접속하고, 우리말의 '～와, ～하고, ～라고, ～으로'에 해당하며, 접속조사인 경우는 종지형에 접속해 '～하고, ～한다면'이 된다.

❶ 함께 행함

❖ 明日は母と一緒にホテルのバイキングに行く予定なんだ。

내일은 엄마와 함께 호텔 뷔페에 갈 예정이다.

● バイキング

셀프서비스형식으로 정해진 메뉴라면 뭐든지 먹을 수 있는 시스템으로, 우리의 뷔페라고 생각하면 된다. 비슷한 말로는 「食べ放題」가 있다.

❷ 결과

❖ 三たす二は五となります。

3더하기 2는 5가 됩니다.

❸ 행위의 상대

❖ 5年間付き合った彼と今年の春、めでたく結婚しました。

5년간 사귄 애인과 금년 봄 경사스럽게 결혼했습니다.

❹ 비교

❖ リンゴとイチゴ、どちらが好きですか。

사과와 딸기는 어느 쪽을 좋아합니까?

❺ 인용

❖ ビールにかわって発砲酒の売り上げが伸びてきているという話です。

맥주 대신에 발포주의 판매가 신장하고 있다는 이야기입니다.

● 発砲酒

알콜 농도가 약해서 값이 싸고 맛도 좋다.

から

「から」는 주로 체언에 접속하는 격조사로서 기점이 중심이 된다. 따라서 '~으로, ~에서'가 된다.

❶ 기점

❖ 韓国から参りました金と申します。 한국에서 온 김〇〇라고 합니다.

● 원료 · 재료의
「で / から」

눈으로 확인이 되면
「で」,
확인이 불가능한
화학반응인 경우는
「から」를 쓴다.

❷ 원료(화학적 변화)

❖ 酒は米からつくられます。 술은 쌀로 만들어집니다.

❸ 상대

❖ 学生からお金を集めるのはよくありません。

학생으로부터 돈을 모으는 것은 좋지 않습니다.

❹ 기준

❖ 家は駅からそれほど遠くありません。

집은 역에서 그다지 멀지 않습니다.

❺ 시점

❖ 打ち合わせは午後三時からすることにしましょう。

회의는 오후3시부터 하기로 합시다.

❻ 이유

❖ 油断したから事故を起こしました。

방심했기 때문에 사고를 일으켰습니다.

❖ 100円ショップは、何から何までそろっていて、とにかく安いことから消費者の心をつかみ、大繁盛している。

100엔숍 가게는 뭐든지 있어서, 어쨌든 싸기 때문에 소비자의 심리를 잡아 대성황을
이루고 있다.

で

「で」는 격조사로 체언에 접속한다. 쓰임이 다양하며, 우리말의 '~로, ~에(서), ~때문에'에 해당한다.

❶ 동작이 행하여지는 장소

❖ 工場で働きます。 공장에서 일합니다.

※ 존재장소의 「に」: どこにいますか。 어디에 있습니까?

❷ 한정(한계성)

❖ レポートは三日で書き終わります。 리포트는 3일로(이면) 다 완성됩니다.

❖ 期末試験は明日で終わりです。 기말시험은 내일로 끝입니다.

❸ 수단 · 도구

❖ バスで学校へ行きます。 버스로 학교에 갑니다.

❖ 日本語で話す。 일본어로 말하다.

❹ 이유 · 원인

❖ 昨日は風邪で学校を休みました。 어제는 감기 때문에 학교를 쉬었습니다.

❖ バブルの崩壊で日本経済は出口の見えない不況に陥った。

바블 경제 붕괴로 일본 경제는 출구가 보이지 않는 심각한 불황에 빠졌다.

❖ 彼は努力と根性で金メダルを獲得したのだ。

그는 노력과 근성으로 금메달을 획득했다.

❺ (원)재료

❖ 紙で飛行機を作ります。 종이로 비행기를 만듭니다.

❻ 기준(합계)

❖ お会計は全部で２５０円になります。

계산은 전부(합해서) 250엔입니다. ••▶ 카운터에서 돈을 계산할 때

●「で」와「に」의 차이

屋根の上で石をなげる。
지붕 위에서 돌을 던지다.

屋根の上に石をなげる。
지붕 위로 돌을 던지다.

より

「より」는 체언과 활용어의 연체형에 접속하는 격조사다. 기점일 때는 '~부터', 비교의 기준일 때는 '~보다', 한정일 때는 '~밖에'로 해석된다.

❶ 기점

❖ 今度の新宿行きは二番線より発車いたします。
이번 신주쿠행은 2번 승강장에서 발차(출발)합니다.

❷ 비교의 기준

❖ こちらよりあちらの方がいいです。 이쪽보다 저쪽의 것이 좋습니다.

❸ 한정

❖ やってみるより仕方がありません。 해 보는 수밖에 어쩔 수 없습니다.

の

「の」는 가장 많이 쓰이는 격조사로, 쓰일 때마다 그 사용법을 잘 익혀야 하며, 해석되지 않는 경우도 많다. 우리말의 '~의, ~이, ~의 것, ~인, ~하는' 등에 해당한다.

❶ 주격

❖ 私の作った料理はおいしいです。 내가 만든 요리는 맛있습니다.

❷ 동작의 대상

❖ 雨の日には出かけません。 비가 내리는 날에는 나가지 않습니다.

❸ 동작주

❖ 先生の話をよく聞いてください。 선생님의 말을 잘 들어주세요.

❹ 주어

❖ 目の大きい少女　눈이 커다란 소녀

❺ 관용표현

❖ 娘が結婚するのしないので、大騒ぎした。

딸이 결혼하느니 안하느니 하며, 큰 소동이었다.

❻ 동격

❖ 浪費家の山田　낭비가인 야마다

❖ 社長の田中さん　사장님인 다나카 씨

❼ ～에 관한 (모든 것)

❖ 私のこと好き?　나 좋아하니?

준체조사 「の」의 다양한 역할

✔ もっと軽いのをおねがいします。⋯➔ もの

좀 더 가벼운 것을 부탁합니다. ⋯➔ 음식, 사물

✔ 夜、寝るのが遅いです。⋯➔ こと

밤에, 자는 것이 늦습니다. ⋯➔ 구체적인 일

✔ パソコンができるのは山田さんです。⋯➔ ひと

퍼스널컴퓨터를 할 수 있는 사람은 야마다 씨입니다. ⋯➔ 사람

✔ 私のじゃありません。⋯➔ のもの

나의 것이 아닙니다. ⋯➔ 상대가 말한 것을 그대로 받아서 「の」로 표현

MP3 080

て

「て」는 접속조사의 대표적인 것으로, 활용형의 연용형에 접속된다. 나열일 경우 '〜하고', 원인·이유를 나타낼 때는 '〜해서, 〜때문에'로 해석된다.

❶ 병립

❖ 韓国の料理は安くておいしいです。

한국 요리는 싸고 맛있습니다.

❖ スタバは安くておいしくて、若者の間で大人気です。

스타벅스는 싸고 맛있고, 젊은 사람들 사이에 대단한 인기입니다.

❷ 시간적 순서

❖ 朝起きて新聞を読みます。

아침에 일어나서 신문을 읽습니다.

❸ 대비

❖ 四時に始まって九時に終わります。

4시에 시작해서 9시에 끝납니다.

❹ 보조 동사

❖ 日本語が上手になりたかったら、間違ってもどんどん話してみることです。

일본어를 잘하고 싶다면 틀려도 자꾸자꾸 말해볼 일이다.

❺ 이유 · 원인

❖ 両親に大反対されて、結婚できなかった。

부모가 반대해서 결혼할 수 없었다.

ながら

「ながら」는 동사 ます형과 종지형에 접속하는 접속조사로 '~하면서'에 해당하는 동시진행도 있지만, 확정의 역접을 나타내는 '~이지만'이라는 뜻도 있다.

❶ 병행

❖ 韓国では働きながら放送大学に通って勉強している人がたくさんいるんですね。

한국에서는 일하면서 방송통신대학에 다니며 공부하는 사람이 많이 있군요.

❷ 역접

❖ 小さいながら力は強いです。 작지만 힘은 강합니다.

❖ あの人は毎日怒られながらも決してくじけず、がんばっている。

저 사람은 매일 혼나면서도 결코 꺾이지 않고 노력하고 있다.

ね

「ね」는 여러 가지 말에 접속되는 종조사로, 확인하거나 동의할 때 주로 쓰인다. 우리말의 '~요, ~군요, ~니요, ~군'에 가깝다.

❶ 동의

❖ Ⓐ あの店のチキンはおいしいですね。 저 가게의 치킨은 맛있군요.

Ⓑ そうですね。 맞습니다.

❖ Ⓐ 最近の女の子ってダイエットのし過ぎみたいね。

최근 여자들은 다이어트를 너무 많이 하는 것 같네요.

Ⓑ そうだよね。あれじゃ、逆に体に悪いよね。

맞아요. 그러면, 반대로 몸에 안 좋죠.

❷ 확인

❖ Ⓐ 本当にいい映画でしたよね。 정말로 좋은 영화였죠.

Ⓑ ええ、すごくいい映画でしたね。 예, 굉장히 좋은 영화였어요.

よ

「よ」는 주로 종지형에 붙지만, 명령형에도 붙는다. 기본적으로는 「ね」와 달리 자기 주장이 강한 조사다.

❶ 다짐

❖ じゃ、行って来るよ。 그럼, 다녀올게요.

❷ 부를 때

❖ 少年よ、大志を抱け。 소년이여, 야망을 가져라.

❸ 단정(주장)

❖ これはおいしいですよ。 이것은 맛있어요.

ても

「ても(でも)」는 접속조사로 ます형에 접속한다. 가정의 경우는 '~한다 하더라도'가 되고, 한계의 경우는 '~해도, ~해서도'라는 의미를 갖는다.

❶ 가정

❖ 何をしても無駄です。

무엇을 해도 소용이 없습니다.

❷ 한계

❖ 調べても、わかりませんでした。

조사해도 알 수 없었습니다.

일본어 조사(助詞)의 용례

일본어의 조사는 한국어와 쓰임이 유사하다. 예를 들면 「は」는 '은/는'으로, 「を」는 '을, 를'로, 「に」는 '에'로, 「で」는 '에서'로, 「～から～まで」는 '～에서~까지'로 등이 있다.

01 「～は～が～」 문형

MP3 083

▎양태와 상태에 대하여 서술

「山田_{やまだ}さんは首_{くび}が長_{なが}いです。 야마다 씨는 목이 깁니다.」란 이 문장에 쓰인 조사 「は」와 「が」를 어떻게 이해하면 좋을까?

「象_{ぞう}は鼻_{はな}が長_{なが}い。 코끼리는 코가 길다.」라는 문장을 통해서 보면, 화제가 되는 것은 「は」로 나타내고, 그 전체 중에서 어느 일부분을 「が」로 표현한 경우다. 이런 식으로 「山田_{やまだ}さんは首_{くび}が長_{なが}いです。」를 설명해 보면, '야마다'라고 하는 화제가 되는 대상은 「は」로, 그 야마다의 일부가 되는 '목'은 「が」로 표현되고 있다고 볼 수 있다. 따라서 이러한 문장은 대상이 되는 것의 양태와 상태에 대하여 서술하는 「～は～が」문장이라고 할 수 있다.

❖ Ⓐ 山田_{やまだ}さんは背_せが高_{たか}くていいですね。 야마다 씨는 키가 커서 좋군요.

Ⓑ ありがとう。でも、それほど高_{たか}くありませんよ。
감사합니다. 그러나 그다지 크지 않습니다.

이때의 「は」와 「が」는 「の」와 「は」로 바꾸어 쓸 수 있다.

❖ 象は鼻が長い。 ⇒ 象の鼻は長い。
　코끼리는 코가 길다.　　코끼리 코는 길다.

❖ 鈴木さんは頭がいいです。 ⇒ 鈴木さんの頭はいいです。
　스즈키 씨는 머리가 좋습니다.　　스즈키 씨의 머리는 좋습니다.

그러나, 반드시 「の」와 「は」로 바꾸어 쓸 수 있는 것은 아니다.

ⓐ 韓国は美人が多いです。 한국은 미인이 많습니다.
　⇒ 韓国の美人は多いです。(×)
ⓑ かき料理は広島が本場だ。 굴 요리는 히로시마가 본고장입니다.
　⇒ かき料理の広島は本場だ。(×)

| 물건의 소유

❖ Ⓐ さちこさんはデジタルカメラがありますか。
　사치코 씨는 디지털 카메라가 있습니까?

　Ⓑ はい、あります。
　예, 있습니다.

디지털 카메라라는 물건이 사치코라는 사람에게 속해 있는지를 묻는 표현이다.
쉽게 말하면, 사물을 소지하고 있는 사람은 「は」로, 그 사물은 「が」로 표현하고, 사치코와 디지털 카메라의 관계를 소유로 보고 있는 것이다.

02 「が」의 용법

| 자발문에서 〈대상〉을 나타낼 때

MP3 084

화자가 의식도 하지 않고 또, 누군가에게 의뢰나 부탁도 하지 않았지만, 무엇인가의 영향을 받을 때, 조사 「が」를 사용한다.

❖ 昔のことが思い出される。 옛날 일들이 떠오르다.

의문사 (疑問詞) ＋「が」

지식이나 정보가 없거나 영문을 알 수 없어 상대에게 무엇인가를 물어볼 때는 의문사가 동반하게 되는데, 이때도 「が」가 쓰인다.

❖ どれが正解ですか。 어느 것이 정답입니까?

묘사문(현상문)

화자가 사물이나 현상에 대하여 사실적으로 그대로 묘사할 때는 대상이 되는 것에 조사 「が」를 써서 표현한다.

❖ これが鼻の短い象です。 …→ 묘사

이게 코 짧은 코끼리입니다.

❖ あっ、雨が降っている。 …→ 현상

앗, 비가 내리고 있어.

「체언(体言)＋が ＋ 체언(体言)」/「체언(体言)＋が＋용언(用言)」

ⓐ 私が先日お電話を差し上げた仲田でございます。

제가 일전에 전화를 드렸던 나카다입니다.

ⓑ 恋人が作ったお菓子です。 애인이 만든 과자입니다.

ⓐ는 「仲田」라는 이름을 알고 있는 사장에게 말하는 문장으로 사장은 이미 「仲田」를 알고 있는 상태이지만, 그 전에 말한 '나'라는 개념은 화자나 청자에게도 정체성이 불분명한 알 수 없는 존재, 즉 미정의 개념으로 쓰이고 있다. 서로에게 서로를 알리는 작업이 바로 이것이 아닐까? 내가 남에게 나를 말할 때, 그때는 나는 존재를 알 수 없는 상태이면서 동시에 화자에게도 알 수 없는 상대로 인지하게 되는 것이다.

ⓑ도 마찬가지다. 화자가 「恋人」라고 말했지만, 화자에 입장에서나 청자의 입장에서는 막연한 느낌을 가지게 되어 버린다. 이처럼 미정의 개념으로 쓰일 때는 「が」가 붙는다. 「체언 ＋ が ＋ 체언」, 「체언 ＋ が ＋ 용언」 형식으로 말이다.

자발문에서 〈대상〉을 나타낼 때

❖ 変な味がします。 이상한 맛이 납니다.

❖ 気がします。 느낌이 듭니다.

대상의 「が」

대상을 나타내는 「が」의 용법이다. 이때 주의할 것은 아래의 イ형용사·동사
등은 「を」를 쓰지 않고 「が」를 쓴다는 것이다.

- 好きだ 좋아하다
- 嫌いだ 싫어하다
- 上手だ 잘한다
- 下手だ 서투르다
- 得意だ 특기다, 장기다
- 苦手だ 질색이다, 서투르다
- 分かる 이해하다
- できる 할 수 있다

❖ 私は料理が得意です。 나는 요리가 특기입니다.

❖ 私は日本語が少ししか分かりません。 나는 일본어를 조금밖에 모릅니다.

❖ 私は山田さんが好きです。 나는 야마다 씨를 좋아합니다.

희망을 나타낼 때 「が」

희망을 나타내는 「たい」「ほしい」 등이 올 때도 조사 「が」가 온다.

❖ 私はピカチュウのぬいぐるみがほしいです。

나는 피카츄 인형을 갖고 싶습니다.

❖ Ⓐ 山田さんは携帯電話がほしいですか。

야마다 씨는 휴대전화를 갖고 싶습니까?

Ⓑ はい、私は携帯電話がほしいです。 예, 나는 휴대전화를 갖고 싶습니다.

❖ Ⓐ 田中さんもケータイがほしいですか。

다나카 씨도 휴대전화를 갖고 싶습니까?

Ⓑ いいえ、私はケータイがほしくありません。

아니요, 나는 휴대폰을 갖고 싶지 않습니다.

216

▶ 「は」와 「が」의 다른 쓰임

① 鳥は飛ぶ。　　　　② 鳥が飛ぶ。

①은 특정하지 않은 일반적인 「鳥 새」 또는 어떤 새가 난다는 것을 말한다. 직접 눈으로 보진 않았지만, '새'라는 조류는 '난다'라는 기본 정의를 알고 있는 사람이 그냥 쓸 수 있는 표현이다.

②는 현재 눈앞에 벌어진 상황을 보고서 말하는 느낌을 갖는다. 즉, 말하는 화자가 현재의 현상을 보고 그가 현재 알고 있고, 보고 있는 특정한 새를 가리키는 표현이다. 이것은 「今、飛んでいるのは鳥だ。 지금 날고 있는 것은 새이다.」와 같은 표현이다. 따라서 「が」는 「飛ぶ」와 「鳥」를 개체로서 또는 그 집합으로서의 동일관계를 만들어 주는 역할을 하는 조사가 된다.

03 '이유'와 '원인'을 나타내는 조사

| ~て

'자신의 상황이 이러이러해서 결과적으로 이렇게 되었다'라는 당연 · 당위의 인과관계로서 굳이 이유를 달지 않아도 되는 문장에 쓰인다. 무슨 말이냐 하면, 자신의 주관적인 감정이나 객관적인 사실을 마음껏 드러내지 않으면서도 자신의 이유나 원인을 말할 수 있다는 말이다. 단지, 벌어진 상황을 있는 그대로 이유나 원인을 들어 담담하게 서술한다고 생각하면 되겠다.

❖ 私は昨日、風邪を引いて会社を休みました。
저는 어제 감기에 걸려서 회사를 쉬었습니다.

❖ 仕事が多くて毎日忙しいです。
일이 많아서 매일 바쁩니다.

| ~で

명사나 ナ형용사 다음에 「で」가 붙어서 이유나 원인을 나타낸다.

이유가 되는 일이나 사건으로 인하여 또는 원인에 의해서 '어떻게 되었다'라는 뜻의 원인과 결과를 명확히 담게 된다. 즉, 앞의 명사나 ナ형용사의 원인으로 인하여 뒤에 있는 문장이 영향을 받아서 결과적으로 '이렇게 되었다'라는 인과관계를 또렷이 나타낸다고 할 수 있다.

❖ 山田さんは病気で、学校を休んでいます。
야마다 씨는 병으로 학교를 쉬고 있습니다.

❖ 山田さんは仕事で、広島へ行きました。
야마다 씨는 일로 히로시마에 갔습니다.

て와 ので

ⓐ 雨が降って、行けませんでした。

비가 와서 갈 수 없었습니다.

ⓑ 雨が降ったので、行けませんでした。

비가 왔기 때문에 갈 수 없었습니다.

ⓒ 音が小さくて、よく聞こえません。

소리가 작아서 잘 들리지 않습니다.

ⓓ 音が小さいので、よく聞こえません。

소리가 작기 때문에 잘 들리지 않습니다.

　ⓐ, ⓒ는 앞의 「~て」에서 설명했듯이, '이러한 상황이어서 결과적으로 이렇게 되었다'라는 자연스러운 관계를 담고, ⓑ, ⓓ는 정중하고 객관적으로 이유나 원인을 말하는 것이다. 증빙자료(누구나 인정하고 주지하고 있었던 일)를 제시하듯 누가 보아도 화자가 말한 이유나 원인이 타당성을 확보할 수 있게 하는 표현 방법이다. 따라서 ⓑ, ⓓ의 화법은 사람에게 짜증이나 오해를 동반할 우려를 미연에 방지할 수 있는 표현 기교이기도 하다. 그러하니, 암기해 두면 좋을 것 같다.

ので와 から

　「ので」와 「から」는 둘 다 같이 원인·이유를 나타내지만, 형태가 다른 만큼 쓰임이나 뉘앙스 면에서 다르게 작용할 경우가 많다. 물론, 같은 의미로 쓰일 때도 있어서 회화체에서는 주로 「から」가, 문어체에서는 주로 「ので」라는 식으로 구별해서 나누어 쓰고 있다. 예문을 들어 차근차근 「ので」와 「から」의 쓰임의 차이를 알아보도록 하자.

・疲れたので、眠ってしまった。 피곤해서, 잠들어 버렸다. (○)

・疲れたから、眠ってしまった。 (△)

여기에서 「ので」는 객관적인 정황(생리적 현상)을 자연스럽게 표현하였다. 즉, 그런 상황(생리적 현상)에서 어쩔 수 없이 그렇게 되어 버린 것을 충분히 화자가 납득, 소화해서 청자에게 그 기분을 여실히 보여준 표현이다. 하지만, 「から」는 생리적 현상인데도 불구하고, 주관적인 원인·이유를 강하게 어필하여 상대방에게 핑계를 말하는 듯한 분위기를 연출하고 있다. 이렇게 생리적이고 자연현상을 객관화해서 표현할 수 있는 것을 굳이 이렇게 주관화해 버리면 너무나 어색한 표현이 된다. 물론, 상황에 따라 쓸 수도 있겠지만 말이다. 즉, 자서는 안 될 상황에서 잤을 때 그것을 자신의 입장에서 해명, 핑계를 천방지축인 사람처럼 늘어놓을 때 쓰인다. 따라서 위 문장은 「ので」를 쓰는 것이 보다 자연스럽다고 여겨진다.

❖ もう遅いから、寝なさい。
  꽤 늦은 시간이니까 자거라.

❖ いくら待っても来そうもないから、もう帰ろう。
  아무리 기다려도 올 것도 같지 않으니까, 이제 돌아가자.

❖ あんな小さい子供でもできたのだから、君にできないはずがない。
  저렇게 작은 애도 해냈으니까, 네가 할 수 없을 리 없다.

❖ 寒いでしょうから、窓を閉めましょうか。
  추울테니까, 창문을 닫을까요?

위의 문장에서는 모두 다 주관적 판단근거에 의한 이유를 제시하고 있으므로 당연히 「から」가 쓰인다.

04 ～だけ / ～ばかり

| ～だけ … ～만, ～뿐

「だけ」는 본래 사물의 높이·길이를 나타내는 「丈^{たけ}」라는 명사 어원에서 출발한 조사다.

❖ さすが東大生^{とうだいせい}だけあって、頭^{あたま}いいよな。
　　과연 도쿄대학교 학생이어서 머리가 좋구나.

「だけ」는 「だけ…ある」로 쓰이면서 그 앞에 오는 명사의 존재(긍정적 시선)를 전제로 하여 이야기를 이끌어가고 있다.

이와는 반대로 「しか」는 「～しか…ない」로 표현하면서 「しか」 앞에 오는 명사를 제외한 그 외 나머지 존재를 부정한다. 즉, 부정적 시선을 가지며 비존재를 전제로 한 표현법이다. 「しか」는 항상 「ない」를 동반하기 때문에 부정문에만 쓰인다고 할 수 있다. 그러나 「だけ」는 「しか」와 달리 주로 긍정문에 쓰이나 부정문에도 쓰인다.

❖ Ⓐ 私^{わたし}、千円^{せんえん}だけしか持^もってないんだけど。
　　저는 천 엔 정도밖에 가지고 있지 않은데요. ⋯ 보다 더 강한 한정을 나타내는 부정

　　Ⓑ えっ、本当^{ほんとう}に千円^{せんえん}しかないの。 엣, 정말로 천 엔 밖에 없어요?

이처럼, 화자의 의식을 존재(긍정적 시선)로 파악하느냐 비존재(부정적 시선)로 파악하느냐에 따라 같은 천 엔이라도 또는 같은 내용이라도 다르게 느껴지는 경우가 있는데, 바로 이런 쓰임의 차이 때문에 벌어지는 현상이다. 따라서 화자의 의중이나 생각이 어디에 있는가를 파악해서 「だけ」를 쓸 것인가, 「しか」를 쓸 것인가를 정해야 한다.

~ばかり

「だけ」와 혼동하기 쉬운 표현으로 「ばかり」가 있다.

「ばかり 만. 뿐」에는 여러 가지 쓰임이 있어, 보기에는 같은 형태라도 쓰임에 따라 뜻이 달라지는 경우가 많다. 그럼, 여기에서 구체적으로 살펴보기로 하자.

❶ 수량을 나타내는 말 뒤에 붙어 '정도, 쯤'

「조수사 + ばかり」는 정도의 의미인 '~정도'로 쓰인다. 이때는 「くらい」라는 단어로 바꾸어 사용해도 무방하다.

❖ すみません、十分ばかり待ってください。
   미안합니다. 10분 정도 기다려 주세요.

❖ 三人ばかり、私の仕事を手伝ってください。
   세 명 정도 나의 일을 도와주세요.

❖ 一週間ばかり出掛けてきます。
   일주일 정도 나갔다 오겠습니다.

이런 경우에도 두 가지로 세분할 수 있다.

우선, 수를 예측하여 말하는 경우인데, 「800人ばかりいると思います。800명 정도 있다고 생각합니다.」가 그런 예가 될 수 있겠다.

두 번째는 딱 잘라서 단정적으로 말하는 것을 피하여 쓰는 경우이다. 「1万円ばかり貸していただけませんか。 만 엔 정도(만) 빌려 주시겠습니까?」와 같은 의뢰표현으로 나눌 수 있다.

❷ 명사 뒤에 붙어 한정의 의미인 '~만'

명사나 동사의 형태에 붙어서 상황과 동작을 한정해 '~만'이라는 의미로 쓰인다.

❖ 毎日テレビばかり見ている。 매일 텔레비전만 보고 있다.

❖ テレビばかり見てないで、少し勉強してください。
   텔레비전만 보고 있지 말고, 좀 공부하세요.

텔레비전만을 보거나 하품만을 할 뿐, 다른 일은 전혀 하지 않는다는 한정의
의미를 부여하고 있는 표현들이다.

❸ 지금 막 무엇인가를 하려고 하는 상태인 '~할 참'

❖ 今すぐ出かけんばかりに、準備をしている。
   지금 바로 나갈 참인데, 준비를 하고 있다.

'~할 참이다'라는 뜻으로 뒤에 「~ている」와 같은 진행형과 함께 쓰인다.

❖ 赤ちゃんは今にも泣き出さんばかりの顔をしている。
   아기는 지금이라도 막 울려고 하는 얼굴을 하고 있다.

「~んばかり~」는 '막 ~할 듯한'이라는 의미이다. 「雨が降らんばかりの
天気」하면 '비가 막 내릴 듯한 날씨'라는 뜻이 된다.

❹ '(~막 끝나서) ~할 뿐이다'의 의미

❖ 準備も全て終わって、あとは開会を待つばかりです。
   준비도 모두 끝나서, 다음은 개회를 기다릴 뿐입니다.

❺ '방금 전에 그 행위가 막 끝나다'란 의미

동사의 과거 「た」의 형태에 붙어서 그 동작, 행동이 조금 전에 개시 완료한 것
을 나타낸다. 「~たばかり」의 형태로 '막 ~했다, 방금 ~했다'라는 뜻이다.

❖ 今、着いたばかりです。 지금, 막 도착했습니다.
❖ 覚えたばかりの日本語でなんとか日本人と話してみる。
   지금 막 암기한 일본어로 어떻게든 일본인과 말해 볼게.

❻ '오로지 그것 만 하는 것'이란 뉘앙스

❖ 妻は最近、怒ってばかりいてね。
  아내가 요즘 화만 내서.

❖ 梅雨なので、毎日雨ばかり降っている。
  장마철이어서 매일 비만 내리고 있다.

이 경우는 부사「ひたすら 오로지」의 의미가 자연스럽게 들어간다.

❼ '단지 무엇 무엇이라는 이유만으로'란 뉘앙스

「～た / ～かった / ～だった + ばかりに」와 같이 과거형과 함께 쓰여,
'～한 탓에'라는 의미를 나타낸다.

❖ 親がいなかったばかりに、子供が二階から落ちておおけがをしました。
  부모가 없었기 때문에 어린아이가 2층에서 떨어져 큰 상처를 입었습니다.

❖ 料理がおいしかったばかりに、食べすぎてしまった。
  요리가 맛있어서 과식해 버렸다.

❖ 結婚記念日を忘れたばかりに、妻は口をきいてくれないんだ。
  결혼기념일을 잊어먹은 탓에, 아내가 통 말을 안 한다.

❽ 「ばかりで」 … '～할 뿐'

동작, 행동이 한정되어 있는 경우와 특정적인 상황이 '그것뿐으로'라는 의미를
나타내고 싶을 때 쓰는 표현이다. 이때는 부정문과 함께 주로 사용되며 「だけ」
와 교환이 가능해진다.

❖ あの人は文句を言うばかりで、自分は何もしません。
  저 사람은 불만을 말할 뿐, 자기 자신은 아무것도 하지 않습니다.

❖ このりんごは大きいばかりで、おいしくありません。
  이 사과는 크기만 할 뿐, 맛있지 않습니다.

❾ 「ばかりか」… '~뿐만 아니라'

「명사(イ형용사) ばかりか」/ 「ナ형용사(な) ばかりか」의 형태를 취해서
'~뿐만 아니라'란 의미로 쓰인다.

❖ あの店はうまいばかりか、量も多いです。
  그 가게는 맛이 좋을 뿐만이 아니라, 양도 많습니다.

❖ 山田さんは日本語が上手なばかりか、英語も上手です。
  야마다 씨는 일본어가 능숙할 뿐만 아니라, 영어도 능숙합니다.

05 「何て」의 의미용법 차이점

MP3 087

「なんて」는 의미적으로 다양한 용법이 존재하며 쓰임도 각양각색이다.

| 연어로서 쓰일 경우

❶ なんて + 동사

「なんて」 뒤에 「言う 말하다」나 「書く 쓰다」 등의 동사가 이어져서 「なんて」
앞의 문장이 명확하지 않다는 뉘앙스를 가지게 하는 표현방법이다. 일상적인 회
화체에서는 이것을 「何と」라고도 쓰고 있으나 둘 다 익혀둠이 좋을 것 같다.

❖ あなたの名前、なんて読むの。 ⋯ 한자 읽는 방법을 물음.
  당신의 이름, 뭐라고 읽죠?

❖ 今、テレビで歌っている女の子、なんて言うの。 ⋯ 가수의 이름을 물음
  지금, 텔레비전에서 노래하고 있는 여자, 뭐라고 하지?

❷ なんて + いう + 명사

화자가 현재 모르고 있는 사물이나 사람의 이름을 구체적으로 묻는 표현법이다.

❖ 田中さんは何ていう会社にお勤めですか。
  다나카 씨는 어떤(뭐라고 하는) 회사에 근무하십니까?

| 부조사로 쓰일 경우

❶ 명사(형식명사) + なんて

'보잘 것 없는 일, 터무니없는 일, 어이없는 일, 바보 같은 일이다'는 기분을 담아 표현할 때 쓰이는 표현법이다. 「なんか 따위」와 같은 쓰임으로, 기억해 두면 편리할 것이다.

❖ あの人の言うことなんて、嘘に決まっています。
   저 사람 말은 거짓말임이 분명합니다.

❷ ～なんて

「なんて」 뒤에 「いう」 「思う」 「考える」 등의 동사나 그에 상당하는 명사가 와서 「なんて」 앞에 서술되는 부분의 발언이나 사고의 내용을 의외로 생각하거나 경시하는 기분을 나타낸다. 문장체로, 주로 책이나 딱딱한 문장에 쓰이는 「などと」라는 단어로 대치할 수 있다.

❖ 息子が大学進学は嫌だなんて言い出して困っている。
   아들이 대학진학은 싫다는 등 말을 꺼내 난감해 하고 있다.

06 「～って」의 쓰임

| 「～という」의 회화체 … '～라는 사람'

MP3 088

❖ 田村さんって人に会いました。 다무라 씨라는 사람을 만났습니다.

이 경우는 두 가지 해석이 가능하다. 첫째는 듣는 사람을 의식해서 화자가 만난 사람이 누구인지 어떤 사람인지를 청자에게 명확히 알리고자 할 때 쓴다. 이렇게 해주면 청자는 화자가 지금 누구의 이야기를 화제로 삼고 있는지를 알 수 있고 화자와 이야기를 공유할 수 있게 된다.

두 번째는 화자가 「田村 다무라」라는 사람을 전혀 모르는 상태에 만났거나 별로 친한 사이가 아닐 경우에 사용할 수 있는 표현이다.

「～という」의 회화체 … '～라는 것'

주제나 내용을 정의할 때 사용한다.

❖ 噂って、怖いものです。
　소문이라는 것은 무서운 것입니다.

❖ 「うざい」ってどういう意味なの。
　'우자이'라는 것은 어떤 의미야?

낱말이나 또는 어떤 명사를 정의 내리거나 그 뜻을 구체화시켜서 그것이 무엇인지를 밝히면서 자신이 말하고자 하는 요지를 분명히 하고 싶을 때는 「～というのは」나 「～とは」를 쓴다.

～と … '～라고, ～고'라고 인용할 때

❖ 彼はすぐ来るっていってましたよ。
　그는 바로 온다고 했는데요.

누군가의 이야기를 자신이 그대로 옮길 때나 자신의 말이나 감정을 청자에게 전달시킬 때 등등 인용하는 문을 만들 때 자주 쓰는 표현방법이다.

일반적으로는 「～と」를 쓴다. 하지만, 일본인이라면 역시 회화체에서는 「～って」로 하는 경우가 많다. 일본인들은 말을 축약하거나 발음이 편한 쪽을 선호하는 경향이 있으므로 이렇게 쓴다. 왜냐고 물으면 더 이상 법칙이니 문법이니 하는 것을 적용하기 어렵다고 밖에 말할 수 없을 것 같다.

반문「〜って」「〜だって」… '〜라니'

❖ Ⓐ もうこの辺でやめてほしいんだが。

　　이제 이쯤에서 그만두었으면 하는데.

　 Ⓑ やめろって、一体どういうことですか。

　　그만 두라니 도대체 무슨 말입니까?

　전건의 사실 존재는 인정하지만, 그 사실로부터 오는 기대는 허무하다든가 하는 후건이 부정적인 표현이 많다.

　그대로 우리말로 직역한다면 '그만 둬! 라고 말하는 것은〜'이 된다. 따라서 상대방이 묻는 것에 대해서, 그것이 무슨 뜻인지 이해가 되지 않거나 도저히 수긍할 수 없거나 어처구니가 없을 때「〜というのは」라는 의미로 그 이유를 묻는 표현법이다.

〜んだって / 〜なんだって : 전문

　누군가의 추천이나 소문, 직접(신문, 방송, 정보, 지식)들은 이야기 등등을 제3자에게 전할 때 쓰는 표현법이다.

❖ あの店のケーキ、おいしいんだって。 저 가게에서 파는 케이크는 맛있대.

❖ 明日は雨なんだって。 내일은 비가 내린대.

ってば

　자기의 주장이 통하지 않아 강조할 때 쓰인다.

❖ Ⓐ 私のこと愛してる？ 나를 사랑해?

　 Ⓑ うん。愛してるよ。 응. 사랑해.

　 Ⓐ 本当に愛してるの？ 정말로 사랑해?

　 Ⓑ 愛してるってば。何度も同じこと言わせるなよ。

　　사랑한다고 했잖아. 몇 번이나 똑같은 말하게 하지 마.

07 「ね」 … 화자의 심적 태도를 나타내는 종조사

감탄(감동)

❖ その色とってもいいですね。　그 색 아주 좋군요.

가벼운 주장

❖ 父は立派な人だと思いますね。
아버지는 훌륭한 사람이라고 생각하는데요.

❖ 南北はいつかは統一すると思いますね。
남북은 언젠가는 통일된다고 생각하는데요.

다짐

❖ もうこれからはしないね。
이제 다시는 안 하겠지.

❖ 二次会に、もちろん、あなたも行きますね。 … 술을 마실 때
2차에 물론 당신도 가지요.

상대에게 동의를 구하거나 확인

❖ これはあなたの本でしょうね。
이것은 당신 책이죠?

❖ フジテレビの本社はお台場にあるんですよね。
후지테레비 본사는 오다이바에 있는 거죠.

친밀감을 가지고 물어봄

❖ やっぱりだめかね。　역시 안 되겠나.

08 여성어와 남성어

일본어는 한국어와 달리 남성어와 여성어의 구분을 두고 있다. 실제로 어떤 차이가 있는지 눈으로 보면서 확인해 보자.

	남성어	여성어
배(腹)	<ruby>腹<rt>はら</rt></ruby>	お<ruby>腹<rt>なか</rt></ruby>
밥(飯)	<ruby>飯<rt>めし</rt></ruby>	ご<ruby>飯<rt>はん</rt></ruby>
맛있다	うまい	おいしい
먹다	<ruby>食<rt>く</rt></ruby>う	<ruby>食<rt>た</rt></ruby>べる
목욕	<ruby>風呂<rt>ふ ろ</rt></ruby>	お<ruby>風呂<rt>ふ ろ</rt></ruby>
돈	<ruby>金<rt>かね</rt></ruby>	お<ruby>金<rt>かね</rt></ruby>
술	<ruby>酒<rt>さけ</rt></ruby>	お<ruby>酒<rt>さけ</rt></ruby>

| 단정의 조동사 「だ」를 생략하면 여성표현

상대에게 무엇인가를 주장하거나 회답을 구하는 표현입니다. 「だ」를 생략하지 않으면 남성표현이 됩니다.

❖ ここは<ruby>男子<rt>だん し</rt></ruby>トイレだよ。　여기는 남자 화장실이야. ⋯ 남성표현

❖ <ruby>女子<rt>じょ し</rt></ruby>トイレはあっちよ。　여자화장실은 저쪽이야. ⋯ 여성표현

| 「よ」를 술어의 보통체에 붙이면 남성적 표현

❖ <ruby>私<rt>わたし</rt></ruby>は<ruby>学生<rt>がくせい</rt></ruby>だよ。 나는 학생이오.

❖ これちょっと<ruby>辛<rt>つら</rt></ruby>いよ。 이게 좀 힘든데.

❖ <ruby>俺<rt>おれ</rt></ruby>はもう<ruby>大人<rt>おと な</rt></ruby>だよ。<ruby>子供扱<rt>こ ども あつか</rt></ruby>いするなよ。
　나는 벌써 어른이야. 어린아이 취급하지 마.

❖ <ruby>俺<rt>おれ</rt></ruby>だってバカじゃないんだから、そんなことくらい<ruby>分<rt>わ</rt></ruby>かってるよ。
　나도 바보는 아니니까 그 정도는 알고 있어요.

단, 「私は学生よ」와 같이 「だ」를 생략하면 여성표현이 된다. 이러한 것을 구별하기 위해서는 여러 번 반복해서 듣고 이해해야 한다.

❖ まだ学生だよ。そんなお金、出せないんだよ。 …남성표현
아직 학생이야. 그런 돈은 낼 수 없어.

❖ 私、女の子よ。女の子の前で何でそんなこと言うの。 …여성표현
나는 여자예요. 여자 아이 앞에서 왜 그런 것을 말해?

명령형이나 암시적 금지의 형태는 남성적 표현

❖ こっちへ来い。そんなことをするな(よ)。
이리 와. 그런 일 하지 마.

❖ もじもじしてないで早く言え(よ)。
우물쭈물하지 말고 빨리 말해.

❖ 笑うな(よ)。何がおかしいんだ。
웃지 마. 뭐가 이상해.

위의 경우 「こっちへ来い」는 말이 좀 거칠고 투박한 것이 남성적 표현이다. 단, 「こっちへ来てくださる。이쪽으로 와 줄래.」와 같이 정중하게 상대에게 동작을 구할 때는 여성표현이 된다.

「かい」를 붙이면 남성표현

「~かい」는 종조사로 '~니, ~는가, ~느냐'의 의미다. 친한사람, 아랫사람에게 가볍게 물을 때 사용한다.

❖ これは君のかい。이것 네 거니?

❖ もういいかい。이제 됐지? …호감을 가지고 물어볼 때

❖ そんなこと知るかい。그런 거 알까? …강하게 부정할 때

❖ やるべきことは全て終わったのかい。할 일은 모두 마쳤니?

「のか / のだ」류는 남성어

❖ 忘れずに宿題やってきたのか。 잊지 않고 숙제 해 왔니?
❖ 俺はリングの上で完全に燃えつきたのだ。
나는 링 위에서 완전히 몸을 불살랐다.

강한 자기 주장을 나타내는 조동사 「ぞ / ぜ」도 남성어

「ぞ」는 강한 자기주장의 종조사로 '~한단 말이야'의 의미이고, 「ぜ」는 가벼운 지시 '~하자', 주의 환기 '~더군', 다짐의 '~하네'란 의미로 쓰인다.

❖ そんなことばかりしていたら、お前、本当に警察に捕まるぜ。
俺、知らないぞ。
그런 짓만 하면, 너, 정말로 경찰에 잡힌다. (그때가 되면) 나 몰라.
❖ それはお前の考えすぎかもしれないぞ。多分、そうじゃないと思うぜ。
그것은 너의 지나친 생각일지 몰라. 아마, (너는) 그렇지 않다고 생각하지.

「わ」는 여성어

자기의 감정과 어떤 사항에 대해서 자기의 인상을 독백처럼 상대에게 전하는 표현이다.

❖ 信じられないわ。彼に彼女がいたなんて。
믿을 수 없어요. 그에게 애인이 있었다니.
❖ この着物の柄、本当に素敵だわ。 이 기모노 문양, 정말 멋있어.

「かな」는 남성어이고, 「かしら」는 여성어

구체화되어 있지 않은 사실이나 내용을 추측해서 말할 때, 자신 혼자 말하거나 타인을 의식하면서 말하는 경우에 쓰인다.

❖ 山田さんは行くかな。 야마다 씨는 갈까?

❖ 山田さんは行くかしら。 야마다 씨는 갈까?

	남성어	여성어
오후엔 비가 올 거야.	午後は雨だよ。	午後は雨よ。 午後は雨だわ。
춥다.	寒いよ。	寒いわよ。
밖은 추워.	外は寒いぞ。	外は寒いわよ。

여성어의 특징은 한자어보다 고유일본어(和語)'를 선호하는 경향이 있다.

옛날부터, 여성들은 편지나 서신을 주고받을 때, 한자어를 씀에 있어 많은 제약을 받고 살았다. 스님이나 학자, 관료 등 높은 지위는 다 남성의 몫이었으니까 말이다. 그런 탓인지 여성스러움을 나타내는 수단으로서 많은 사랑을 받아 온 것이 이 和語다. 일본 여성과 일본어로 대화하면 쉽게 들리는 것은 바로 이러한 연유에서이다. 하지만, 최근의 젊은 여성들은 남성어를 많이 쓰고 있다. 거친 말투, 거침없는 표현을 마구 쏟아내는 이 현상은 이상하게도 대학생이 되거나 사회생활을 시작하면서 우아한 여성어로 다시 멋진 변신을 하게 된다. 만약에, 남성이 여성어인 줄 모르고, 여성어를 쓴다면 당신은 이상한 사람(?)으로 생각되어질 것이다.

09 그 밖의 여러 가지 조사

| (ぜんぶ) で

「(ぜんぶ)で」에서의 「で」는 합계나 수량의 총계를 나타내는 조사로서 주로 수사나 수사의 합 다음에 와서 '전부 합해서'라는 의미로 쓰이고 있다. 같은 의미로는 「(みんな)で」가 있다.

　ⓐ 한 개에 얼마입니까?　　　　　ひとついくらですか。

　ⓑ 두 개에 얼마입니까?　　　　　ふたつ(で)いくらですか。

　ⓒ 세 개에 얼마입니까?　　　　　みっつ(で)いくらですか。

　ⓓ 전부 합해서 얼마입니까?　　　ぜんぶ(で)いくらですか。

위에서 알 수 있듯이 ⓐ와 같이 경우에는 한 개라는 수를 나타낸 것이지 무엇인가의 총계를 의미하는 것이 아니므로 수량의 총계를 나타내는 「で」와 함께 사용할 수 없다. 이건 한국어의 경우에도 마찬가지다. ⓑ, ⓒ는 두 개나 세 개를 모두 합하여 얼마인가?를 묻는 문장이다. 이런 경우는 그 합을 총괄해서 말하므로 「で」로 표현할 수 있다. 이것을 '무엇에 무엇을 더한 합'이란 뉘앙스로서 받아들이면 쉽게 알 수 있다. 따라서 ⓑ는 (1+1)로 ⓒ는 (1+1+1)로 나타낼 수 있겠다. 대화하거나 문장을 쓸 때, 생략하여도 아무 지장이 없다. ⓓ의 경우는 수의 총합을 나타내는 단위로 사용되므로 반드시 「で」를 써야 한다.

| ずつ

수량 다음에 쓰이는 조사로 '~씩'이라는 뜻으로 쓰인다.

❖ 二つずつ持って行ってください。
　두 개씩 가지고 가 주세요.

「けど」의 생략표현

일본인은 말을 끝까지 다 하지 않는 경우가 있는데, 끝까지 다 말하지 않더라도 충분히 의사소통이 된다. 그러나 외국인은 끝가지 듣지 않으면, 'Yes'인지 'No'인지 구별하기 힘들 때가 있는데, 그 대표적인 것이 문말에 사용되는 「〜けど」이다.

❶ 부드러운 주장

❖ あの、オーケストラのチェロなんですけど。
저, 오케스트라의 첼로입니다만.

❷ 거절

❖ あの、電話でお断りしたはずですけど。 저, 전화로 거절했을 텐데요.

❸ 회화의 전제조건

❖ 話の続きだけど、驚かないで聞いてほしいんですけど。
이어지는 이야기입니다만, 놀라지 말고 들어주었으면 하는데.

❹ 동의를 구하거나 확인하는 경우

❖ 自分が感じたことを表現できる力があるのがすごいなと思うんだけど。
자신이 느낀 것을 표현하는 힘이 있는 것이 상당하다고 생각하는데.

「まで」와 「までに」의 차이

❶ まで

어떤 동작이 행하여지는 시점까지 동작, 작용이 계속되는 것을 나타내는 경우다.

❖ あなたの仕事が終わるまで私も仕事をしよう。
당신 일이 끝날 때까지 나도 일을 할게.

❖ 雨が止むまで喫茶店でコーヒーを飲んでいた。
비가 멈출 때까지 다방에서 커피를 마시고 있었다.

명사에 붙는 경우도 있다. 어느 지점에서 어느 지점까지의 관계를 모두 포함하면서 그 지점으로 부터 현재까지 상황이 계속되는 있는 일, 시점(시한), 기점(기한), 사항을 나타내는 경우에 쓰인다.

❖ 子供にまでバカにされて悲しくなった。
   애한테까지 바보취급을 당해 슬펐다.

❖ 今まで、汗を流して必死にがんばってきたが、その努力が
   すべて水の泡になった。
   지금까지, 땀을 흘려 필사적으로 분발했지만, 그 노력이 모두 수포로 돌아갔다.

❖ お昼休みは一時までだからね。 점심은 1시까지이니까.

❷ までに

어떤 동작이나 작용이 행하여지는 시점을 한계로 보았을 때, 그 한계점이 되기 이전에 하나의 동작이나 작용을 끝내는 것을 나타낸다.

❖ 毎朝、家族が目をさますまでに朝食の準備を済ませます。
   매일 아침, 가족이 깨기 전까지 아침식사 준비를 끝내겠습니다.

❖ 山田さんが来るまでに宿題をしておこう。
   야마다 씨가 올 때까지는 숙제를 해 두자.

┃ 「～ても」의 특수용법

「～ても」는 역접의 의미가 주된 의미지만, 가정조건과 확정조건으로 나눌 수 있으며, 확정조건의 경우는 주로 부정문과 함께 쓰이는 경우가 많다.

❶ 역접(가정조건) … '～해도'

❖ たとえ雨が降っても、出かける。 설령 비가 와도 외출한다.

❷ 역접(확정조건) … '～해도'

❖ これだけ走っても全然痩せない。 이 정도 달려도 전혀 살이 빠지지 않는다.

236

❸ 대비 … '〜해도'

한 문장 속에 대비되는 내용을 대칭으로 연결하면서 의미를 부각시키는 표현법이다.

❖ <ruby>盗<rt>ぬす</rt></ruby>みはしても<ruby>殺<rt>ころ</rt></ruby>しはしない。 도둑질은 해도 살인은 하지 않는다.

❹ 예시 … '〜라도'

여러 종류들 중에 어느 특정의 물건이나 장소 등을 예로 들어 설명하므로 무엇을 하고 싶다는 의미를 구체화할 때 쓰는 표현방법이다.

❖ お<ruby>茶<rt>ちゃ</rt></ruby>でも<ruby>飲<rt>の</rt></ruby>みませんか? 차라도 마시겠습니까?

❺ 전제 상황

사람이면 사람, 시간이면 시간, 무엇인가에 관계없이 어떤 상황의 최대치를 전제로 해서 말할 때 쓰는 표현법이다.

❖ <ruby>分<rt>わ</rt></ruby>からないことがあれば<ruby>何<rt>なん</rt></ruby>でもおっしゃってください。
모르는 것이 있으면 뭐든지 말씀해 주세요.

❻ 극단적인 예

⑤와는 달리 최소한의 조건을 달아 상황을 더욱 극단적으로 만들 때 사용하는 방법이다.

❖ こんなやさしい<ruby>問題<rt>もんだい</rt></ruby>は<ruby>子供<rt>こども</rt></ruby>でも<ruby>十分<rt>じゅうぶん</rt></ruby>に<ruby>理解<rt>りかい</rt></ruby>できる。
이런 쉬운 문제는 애라도 충분히 이해할 수 있다.

さえ

❶ 극단적인 예

범위를 극대치로 잡거나 모든 상황의 경우의 수 가운데 생각할 수 있는 최대한 것들을 '〜조차'라고 표현할 때 쓴다. 예를 들면, '원숭이 조차도 나무에서 떨어진다.'와 같이 '잘하는 부류나 최적의 상황에서 조차도 실패가 있다'라는 뉘앙스를 대부분이 가지게 된다. 당연히, 뒤에서 부정이나 부정의 뜻을 가진 단어가 따라온다.

❖ 日本語の先生でさえ漢字は時々間違える。

일본어 선생님조차 한자는 가끔 틀립니다.

❖ 先生でさえ頭を悩ますような難問なんだから、君に分かるはずが
ないよ。

선생님조차도 머리를 싸맬 정도의 어려운 문제이므로 네가 알리가 없다.

❷ 필요조건

최소한의 필요조건을 제시해서 이것이 충족되면 그 다음은 문제가 되지 않는
사항을 설명할 때 쓰이게 된다. '~만'으로 해석하면 OK!

❖ 性格さえよければ、顔なんてどうでもいい。

성격만 좋으면, 얼굴 따위는 상관없다.

❖ 安静にさえしていれば必ず治ります。 안정만 취하면 반드시 낫습니다.

┃ '~하자마자'에 해당하는 표현

'~하자마자'에 해당하는 표현은 「~と」「~が早いか」「~やいなや」
「~なり」「~かと思うと」「~たとたんに」 등이 있다.

❖ バスが止まると乗客が降り始めた。

버스가 멈추자 승객이 내리기 시작했다.

❖ 火事と聞くが早いか教室を出た。

화제라고 듣자마자 교실을 나왔다.

❖ 子供は母の顔を見るやいなや抱きついて泣き出した。

어린이는 엄마의 얼굴을 보자마자 부둥켜안고 울기 시작했다.

❖ 泥棒は警官の姿を見るなり逃げ出した。

도둑은 경찰의 모습을 보자 도망가지 시작했다.

❖ 門を出たかと思うともう姿は見えなくなっていた。

문을 나서자마자 벌써 자취는 보이지 않았다.

❖ 門を飛び出したとたんに走って来た自転車にぶつかった。

문을 나서자마자 달리는 자전거에 부딪혔다.

CHAPTER 7

일본어 가정 조건

- ◆ 일본어 가정 조건의
  형식
- ◆ 일본어 가정 조건
  정리

일본어 가정 조건의 형식

동사의 가정 조건에는 다음과 같이 4종류의 조건형식이 있다.

✔ **～と** : ～(으)면   ✔ **동사 え단 + ば** : ～(으)면

✔ **～たら** : ～(으)면, ～거든   ✔ **～なら** : ～다면, ～라면

---

❶ 조건 형식의 역할

- 주제(화제)를 표시하는 용법이 있다.
- 조건 이외의 문말에서 종조사처럼 사용되기도 한다.

❷ 조건 형식의 한국어 대응

- 「と」, 「ば」, 「たら」는 한국어의 '～(으)면'으로 해석한다.
- 「なら」는 '～다면(～라면)'으로 해석한다.
- 명령문의 「たら」는 '～거든'으로 해석한다.

❸ 과거 접속을 나타내는 조건 형식

- 후행절이 과거형인 경우의 조건형식은 동작이 이어지는 접속형식의 기능을 한다.
- 한국어로는 '～(으)니', '～니까', '～더니' 등으로 번역된다.

01 ～と

MP3 092

「と」는 현실적으로 관찰할 수 있는, 계기적으로 일어나는 사태의 표현에 사용된다. 자연현상이나 진리, 논리, 일반적인 사태, 객관적인 조건과 결과의 인과관계를 나타내며, 습관적이고 반복적인 사태를 나타내는 경우가 많다.

「と」는 계기적인 조건을 나타내기 때문에 명사나 ナ형용사를 조건으로 삼기에는 적합하지 않은 경우가 많다.

❶ 자연현상

❖ 春になると暖かくなる。 봄이 오면 따뜻해진다.

❷ 순접가정

❖ 外を見ると雨だった。 밖을 보니 비가 내렸다.

❸ 역접가정

❖ 何があろうと平気です。 무엇이 있든지 태연합니다.

❹ 발견

❖ 冷蔵庫を開けるとビールがありました。
냉장고를 열었더니 맥주가 있었습니다.

「と」는 문말에 「～てください ~해 주세요」, 「～なければなりません ~하지 않으면 안 됩니다」, 「～方がいい ~하는 편이 좋다」, 「～たいです ~하고 싶습니다」, 「～ませんか ~하지 않겠습니까? ・ ～ましょうか ~할까요?」 등 사람의 의지, 요구, 평가를 나타내는 문장에는 사용되지 않는다.

• 駅に着くと、電話をしてください。(×)
역에 도착하면 전화를 주세요.

• 朝になると、学校に行きましょう。(×)
아침이 되면 학교에 갑시다.

종류	가정형 만들기
명사	✔ 명사의 서술형(명사 + だ)에 「と」를 붙인다. 부정의 의미일 경우에는 부정형에 「と」를 붙인다. ・犯人<ruby>はんにん</ruby>だと 범인이라면 ・犯人<ruby>はんにん</ruby>じゃないと 범인이 아니라면
ィ형용사	✔ 기본형에 「と」를 붙인다. 부정의 의미일 경우에는 부정형에 「と」를 붙인다. ・寒<ruby>さむ</ruby>いと 추우면 ・寒<ruby>さむ</ruby>くないと 춥지 않으면
ナ형용사	✔ 서술형(ナ형용사 어간 + だ)에 「と」를 붙인다. 부정의 의미일 경우에는 부정형에 「と」를 붙인다. ・親切<ruby>しんせつ</ruby>だと 친절하면 ・親切<ruby>しんせつ</ruby>じゃないと 친절하지 않으면
동사	✔ 기본형에 「と」를 붙인다. 부정의 의미일 경우에는 부정형에 「と」를 붙인다. ・起<ruby>お</ruby>きると 일어나면 ・起<ruby>お</ruby>きないと 일어나지 않으면

MP3 093

02 ～ば

「ば」는 순수한 가정표현이다. 또한 '권유·허가·명령·현실과 반대되는 가정'에 주로 쓰인다.

❶ 순접병립

❖ 鎌倉は神社仏閣だけじゃなく、山もあれば海もある自然に恵まれたところです。

가마쿠라는 신사 불상만이 아니고, 산도 있고 바다도 있는 자연으로부터 축복받은 곳입니다.

❷ 순접가정

❖ 社長の前でそんなことを言えば、絶対首になるぞ。

사장 앞에서 그런 말을 하면, 반드시 해고 돼.

❸ 순접확정

❖ 明日になればわかります。 내일이 되면 알 수 있습니다.

자연현상이나 필연적 결과를 나타낼 때는 「と」의 용법과 일치한다.

명사와 ナ형용사문의 술어 「だ」는 문어체인 「である」의 「ば」 조건형인 「であれば」로 활용할 수 있고, 「なら」로 바꿔 쓸 수 있다.

❖ もっと安ければ売れるのに。 더 싸면 팔릴 텐데.

❖ もっと頑張れば合格するよ。 더 분발하면 합격한다.

❖ 生きていればきっと会えますよ。 살아 있으면 반드시 만날 수 있어요.

「～ば」형은 명령문에서 동작동사나 의지동사와는 연결되지 않는다.

・先生に会えば、よろしくお伝えください。(×)

선생님을 만나면, 잘 전해 주세요.

・家に帰れば、宿題をしてください。(×)

집에 돌아가면, 숙제를 하세요.

「〜ば」형은 속담에 사용되기도 한다.

❖ 住めば都 정들면 고향

❖ 郷に入れば郷に従え 로마에 가면 로마법을 따르라

종류	조건형 만들기
동사	✔ 어미 「ウ단」을 「エ단」으로 고친 후, 「ば」를 붙인다. · 歌う 노래하다 → 歌え + ば → 歌えば 노래하면 · 行く 가다 → 行け + ば → 行けば 가면 · 読む 읽다 → 読め + ば → 読めば 읽으면 · 遊ぶ 놀다 → 遊べ + ば → 遊べば 놀면 · 話す 말하다 → 話せ + ば → 話せば 말하면 · 分かる 알다 → 分かれ + ば → 分かれば 알면 · 見る 보다 → 見れ + ば → 見れば 보면 · 食べる 먹다 → 食べれ + ば → 食べれば 먹으면 · 来る 오다 → 来れ + ば → 来れば 오면 · する 하다 → すれ + ば → すれば 하면
イ형용사	✔ 어미 「い」를 없애고, 「ければ」를 붙인다. · 寒い 춥다 → 寒ければ 추우면 · 暑い 덥다 → 暑ければ 더우면

03 〜たら

「たら」는 일상생활에서 일회성 사태나 개인적인 일을 말할 때 쓰인다.

「もし」가 사용되는 가정조건, 「もし」가 사용되지 않은 확정조건에도 두루 쓰이며, 문말표현에 제약이 없기 때문에 의지, 요구, 희망, 명령 등에 폭넓게 사용할 수 있다. 구어체로 쓰이기 때문에 논문 등의 문어에는 적합하지 않다.

❶ 순접확정

❖ 雨が止んだら出かけましょう。 비가 멈추면 외출합시다.

❷ 순접가정

❖ 薬を飲んだらよくなりました。 약을 먹자 좋아졌습니다.

❸ 단순가정

❖ 女性が男性に文句を言うなんて昔だったら許されないことです。

여자가 남자에게 불만을 말하다니 옛날 같으면 용서받을 수 없는 일입니다.

❹ 발견

❖ 冷蔵庫を開けたらビールがありました。

냉장고를 열었더니 맥주가 있었습니다.

❺ 문말 중지

❖ もう少し早く起きたら。 좀 더 일찍 일어났으면….

「たら」가 후속절 없이 문말에 쓰이면, 가벼운 명령(제안)을 나타낸다. 「〜たらどうですか」에서 「どうですか」가 생략된 형태이다.

❖ 食べてみたら。 먹어 보는 것은 어때?

❖ 一緒に行ったら。 같이 가는 것은 어때?

관용구에서 사용되기도 한다.

❖ どうしたらいいですか。어떻게 하면 좋을까요?

❖ もしかしたら行き違いになったのかもしれない。
   어쩌면 길이 어긋났을지도 모른다.

❖ 最近の若者ときたらスマホを手から放さない。
   요즘 젊은이들은 스마트폰을 손에서 놓지 않는다.

종류	たら형 만들기
명사	✔ 명사의 과거형(だった)에 「ら」를 붙인다. 부정의 의미일 경우에는 부정형에 「と」를 붙인다. · 休みだったら 휴일이라면 · 休みじゃなかったら 휴일이 아니라면
イ형용사	✔ 과거형(かった)에 「ら」를 붙인다. 부정의 의미일 경우에는 부정형에 「ら」를 붙인다. · いそがしかったら 바쁘면 · いそがしくなかったら 바쁘지 않으면
ナ형용사	✔ 과거형(だった)에 「ら」를 붙인다. 부정의 의미일 경우에는 부정형에 「ら」를 붙인다. · 暇だったら 한가하면 · 暇じゃなかったら 한가하지 않으면
동사	✔ 과거형에 「ら」를 붙인다. 부정의 의미일 경우에는 부정형에 「ら」를 붙인다. · 飲んだら 마시면 · 飲まなかったら 마시지 않으면

04 〜なら

상대방이 제시한 내용을 전제로 하는 형식으로, 「なら」의 문말에는 조언, 요구, 판단 등이 온다. 「のなら」의 형태가 되는 경우도 있다.

❖ 大学生<ruby>だいがくせい</ruby>ならこのくらいはできるはずです。
대학생이라면 이 정도는 할 수 있을 겁니다.

❖ 嫌<ruby>いや</ruby>ならやめてもいいですよ。 싫으면 하지 않아도 됩니다.

❖ 高<ruby>たか</ruby>かったのなら、買<ruby>か</ruby>わなくてもよかったのに。
비쌌다면 사지 않아도 되었을 텐데.

주제표현의 「なら」는 해당 분야에서 대표적이거나 유명한 것을 나타낼 때 사용한다. 명사의 속성, 대비, 초점을 나타내기도 하며, 「は」로 바꿔 쓸 수 있다.

❖ 明太子<ruby>めんたいこ</ruby>なら福岡<ruby>ふくおか</ruby>でしょう。 명란이라면 후쿠오카죠.

❖ 彼<ruby>かれ</ruby>はゲームのことなら何<ruby>なん</ruby>でも知<ruby>し</ruby>っている。
그는 게임이라면 뭐든지 알고 있다.

종류	なら형 만들기
명사	✔ 명사, 명사의 과거형에 「なら」를 붙인다. 부정의 의미일 경우에는 부정형에 「なら」를 붙인다. · 犯人<ruby>はんにん</ruby>なら 범인이라면 · 犯人<ruby>はんにん</ruby>だったなら 범인이었다면 · 犯人<ruby>はんにん</ruby>じゃないなら 범인이 아니라면 · 犯人<ruby>はんにん</ruby>じゃなかったなら 범인이 아니었다면
イ형용사	✔ 기본형, 과거형(かった)에 「なら」를 붙인다. 부정의 의미일 경우에는 부정형에 「ら」를 붙인다. · 寒<ruby>さむ</ruby>いなら 춥다면 · 寒<ruby>さむ</ruby>かったなら 추웠다면 · 寒<ruby>さむ</ruby>くないなら 춥지 않다면 · 寒<ruby>さむ</ruby>くなかったなら 춥지 않았다면
ナ형용사	✔ 기본형의 어간, 과거형(だった)에 「なら」를 붙인다. 부정의 의미일 경우에는 부정형에 「なら」를 붙인다. · 親切<ruby>しんせつ</ruby>なら 친절하라면 · 親切<ruby>しんせつ</ruby>だったなら 친절했다면 · 親切<ruby>しんせつ</ruby>じゃないなら 친절하지 않다면 · 親切<ruby>しんせつ</ruby>じゃなかったなら 친절하지 않았다면
동사	✔ 기본형과 과거형에 「なら」를 붙인다. 부정의 의미일 경우에는 부정형에 「なら」를 붙인다. · 起<ruby>お</ruby>きるなら 일어난다면 · 起<ruby>お</ruby>きたなら 일어났다면 · 起<ruby>お</ruby>きないなら 일어나지 않는다면 · 起<ruby>お</ruby>きなかったなら 일어나지 않았다면

일본어 가정 조건의 정리

의미적 정리

「と」, 「ば」는 일반적인 일, 항상성이 있을 때 적합하고, 「たら」는 개별적인 일, 구체적인 일을 말할 때 적합하다.

문법적 정리

「と」와 「ば」는 「〜たい」, 「〜ましょう」, 「〜てください」와 같은 희망, 요구, 명령의 문말형식에는 사용할 수 없다. 단, 「ば」는 「ある」, 「いる」, 「要る」와 같은 상태성 술어의 조건형인 경우는 희망, 요구, 명령의 문말표현에도 사용할 수 있다. 「たら」는 모든 문법환경에서 사용할 수 있다.

정중체에 접속할 수 있는 형식 「と」와 「たら」

* このボタンを押しますと、ドアが開きます。
  이 버튼을 누르면 문이 열립니다.
* このボタンを押しませば、ドアが開きます。(×)
* このボタンを押しましたら、ドアが開きます。
* このボタンを押しますなら、ドアが開きます。(×)

┃ 가정 조건 총정리

❶ ～と

- 현실적으로 관찰할 수 있는 계기적으로 일어나는 사태의 표현에 사용된다.

- 자연현상이나 진리, 논리, 일반적인 사태, 객관적인 조건과 결과의 인과관계를 나타낸다.

- 습관적이고 반복적인 사태를 나타내는 경우가 많다.

- 「と」는 계기적인 조건을 나타내기 때문에 명사, な형용사를 조건으로 삼기에 는 적합하지 않다.

❷ ～ば

- 자연현상이나 필연적 결과를 나타낼 때는 「と」의 용법과 일치한다.

- 명사와 な형용사문의 술어 「だ」는 문어체인 「である」의 「ば」조건형인 「であれば」로 활용한다. 「なら」로 바꿔 쓸 수 있다.

- 명령문에서 동작동사나 의지동사와는 연결되지 않는다.

❸ ～たら

- 「たら」는 일상생활에서 일회성 사태나 개인적인 일을 말할 때 쓰인다.

- 「もし」가 사용되는 가정조건, 「もし」가 사용되지 않은 확정조건에도 쓰인다.

- 문말표현에 제약이 없기 때문에 의지, 요구, 희망, 명령 등에 사용할 수 있다.

- 구어체로 쓰이기 때문에 논문 등의 문어에는 적합하지 않다.

❹ ～なら

- 상대방이 제시한 내용을 전제로 하는 형식이다.

- 「なら」의 문말에는 조언, 요구, 판단 등이 온다.

- 「のなら」가 되는 경우도 있다. (なら = のなら)

- 해당 분야에서 대표적이거나 유명한 것을 나타낼 때 사용한다.

- 명사의 속성, 대비, 초점을 나타내기도 한다.

- 「は」로 바꿔 쓸 수 있다.

CHAPTER 8

일본어 비즈니스 경어

◆ 대표적인 비즈니스 경어 표현
◆ 주의를 요하는 비즈니스 표현

대표적인 비즈니스 경어 표현

비즈니스에 성공하려면 상황에 맞게 경어 사용을 잘해야 한다. 경어를 적절하게 잘 사용하면 상대방에게 '당신의 모든 것을 존중합니다'라는 증표이기도 하고 그 장소에 있는 여러 사람들에게 나는 이 장소에서 여러분들을 존중하고 있다는 증표이기도 하다. 상대방을 직접 높이느냐 나를 낮추어 상대방을 높이느냐 정중하게 표현하느냐 하는 것 모두가 비즈니스 성공의 비결이 되는 것이다.

MP3 096

01 자기 소개 표현

비즈니스뿐만이 아니라 일상생활에서 자기소개할 때가 많다. 소개하고 소개받을 때의 첫인상에서 멋짐과 세련됨이 결정되는 경우가 많다. 첫 대면에서 자기소개를 잘 하면 성공할 수 있다. 기본적으로 자기소개는 인사말, 소속, 이름, 출신지, 취미, 포부, 의욕을 쉽고 임팩트있게 소개해야 한다. 자신의 별명이나 성격, 좋아하는 물건, 이색 경험 등도 간단히 소개하면 좋다.

▎자신을 지칭할 때

- 企画部の木村です。部長を務めています。
  기획부의 기무라입니다. 부장을 맡고 있습니다(부장입니다).

▎자기 회사를 말할 때

- 弊社
- 小社
- 当社

자기 소개 예	
인사말	こんにちは。はじめまして。 キムキョンスと申します。 안녕하세요. 처음 뵙겠습니다. 김정수라고 합니다.
취미·출신지 등 화제 제시	韓国の釜山から参りました。 日本の生活にまだ慣れていません。 野球が好きで、観戦によく行きました。 한국 부산에서 왔습니다. 일본 생활에 아직 적응하지 못했습니다. 야구를 좋아해서 관람하러 자주 갔습니다.
포부·의욕 표현	日本の生活と会社の業務をはやく覚えたいと 思います。よろしくお願いします。頑張ります。 일본 생활과 회사 업무를 빨리 익히고 싶습니다. 잘 부탁합니다. 열심히 하겠습니다.

02 타인 소개 표현

MP3 097

타인을 소개하는 순서는 원칙적으로 사내 사람을 먼저 사외 사람에게 소개하고, 직책이 높은 사람을 직책이 낮은 사람에게 소개한다. 사내 사람을 거래처 및 외부에 소개하는 경우, 이름 뒤에 경칭이나 직함을 붙이지 않는다. 사내인 경우는 먼저 직책이 낮은 사람을 직책이 높은 사람에게 소개하고, 나이가 어린 사람을 나이가 많은 사람에게 소개한다.

| 자신의 회사 사람은 외부 직원에게 소개할 때

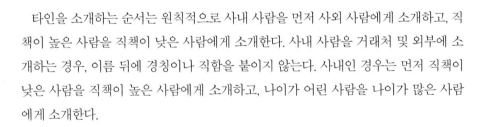

- 社長の坂田さんです。(×)
- 社長の坂田です。(○)

윗사람을 소개할 때

윗사람을 소개하는 경우는 반드시 경칭을 붙인다. 지위 명칭은 이름 앞에 붙이는 것이 좋다.

- こちらは山田先生です。 이쪽은 야마다 선생님입니다.
- こちらは所長の田中様です。 이쪽은 소장인 다나카 님입니다.

자기와 상대방과의 관계를 밝히고 부탁의 표현을 붙이는 경우도 있다.

타인 소개 예	
소개	ご紹介いたします。 소개하겠습니다.
관계 소개	私の同じ課のキムサンスです。 저와 같은 과의 김상수입니다.
부탁의 말	新入社員ですので、よろしくご指導のほどお願いいたします。 신입사원이므로, 지도 잘 부탁드립니다.

MP3 098

03 다양한 상황 속 비즈니스 표현

명함을 교환할 때

① 서로 소개가 끝나고 명함교환 후
- n社の田中様にはいつもお世話になっております。
  N사의 다나카 씨에게는 늘 신세를 지고 있습니다.

- お会いできて光栄です。 만나뵈서 영광입니다.

- これをご縁にどうぞよろしくお願いします。
  이것을 인연으로 삼아 아무쪼록 잘 부탁드립니다.

② 명함이 떨어졌을 때

• まことに申し訳ございません。名刺を切らしてしまいました。
　n社の営業部のイエリと申します。

　대단히 죄송합니다. 명함이 떨어졌습니다. N사 영업부 이애리입니다.

③ 나중에 만났을 때는 명함을 주면서

• 先日は大変失礼いたしました。 지난번은 실례가 많았습니다.

④ 명함을 받을 때

• お気づかいいただき、ありがとうございます。
　では、ちょうだいいたします。

　신경 써 주셔서 감사합니다. 그럼 받겠습니다.

방문객을 전송하면서

• それではよろしく。　그럼 잘 부탁드립니다.

• 本日はご来社いただき、ありがとうございました。

　오늘 저희 회사를 방문해 주셔서 감사합니다.

• それでは失礼いたします。ごめんくださいませ。

　그럼 이만 실례하겠습니다. 실례했습니다.

처음 만나 대화할 때

　처음엔 가볍고 편한 대화로 시작하는 게 좋다. 날씨나 스포츠 그리고 취미 등에 대하여 이야기하는 게 무난하고, 시사적 뉴스나 최근 이슈가 된 것에 대하여 간단히 말해 보는 것도 좋다.

① 날씨

• 今年はずいぶん寒いですね。でもここ数日は暖かい天気が続いていいですね。

　올해는 제법 춥지요? 하지만 요 며칠은 따뜻한 날씨가 이어져서 좋네요.

② **스포츠**

・山田選手、見事でしたね。ご覧になりましたか。

야마다 선수 굉장했지요? 보셨어요?

③ **시사적 뉴스**

・オリンピックが盛り上がりましたね。

올림픽 분위기가 고조되었지요?

④ **취미**

・最近テニスのスコア、いかがですか。

요즘 테니스 스코어 어떠세요?

・最近も毎日ジョギングをなさっていますか。

요즘도 매일 조깅을 하세요?

▍ 환영 접대를 할 때

・いらっしゃいませ。 어서 오세요.

・お待たせいたしました。 오래 기다리셨습니다.

・それではご案内いたします。 こちらへどうぞ。

그럼 안내하겠습니다. 이쪽으로 오세요.

・ご連絡いただき、誠にありがとうございます。

연락 주셔서 정말 감사합니다.

・いつもお世話になっております。

언제나 신세 많이 지고 있습니다.

・本日はありがとうございました。 これからもよろしく
お願いします。

오늘은 감사합니다. 앞으로도 잘 부탁합니다.

감사의 인사말을 전할 때

• わざわざお越しいただき、ありがとうございます。

일부러 와 주셔서 감사합니다.

• 本日は、お忙しいところお時間をとっていただき、ありがとうございます。

오늘은 바쁘신데 시간을 내주셔서 감사합니다.

• いい勉強になりました。 많은 공부가 되었습니다.

• とても助かりました。ありがとうございました。

매우 도움이 되었습니다. 감사합니다.

• おかげさまで無事に完成いたしました。

덕분에 무사히 완성했습니다.

사정을 묻거나 의뢰할 때

• いまお時間をいただいてもよろしいでしょうか。

지금 시간 괜찮으세요?

• 失礼ですが、お名前をお聞きしてもよろしいでしょうか。

실례합니다만, 성함을 여쭤봐도 되나요?

• もう一度お名前をお願いします。

한 번 더 성함을 말씀해 주세요.

• 20分ほどお時間をいただけますか。

20분정도 시간을 주실 수 있나요?

• ご注文は、たしかに承りました。

주문은 분명히 잘 받았습니다.

• ご検討いただけないでしょうか。

검토해 주실 수 없나요?

기타 업무 상황 표현

• 何かご質問がございましたら、ご遠慮なくどうぞ。

뭔가 질문이 있으시면 사양하지 마시고 해 주세요.

• ご相談したいことがあるのですが…。

상담드리고 싶은 것이 있습니다만….

• 新製品のご紹介をさせていただきます。

신제품 소개를 하겠습니다.

• 自信を持ってお勧めします。 자신 있게 추천합니다.

• ぜひ参加させていただきたいのですが…。 꼭 참가하고 싶습니다만….

• 他の予定が入っておりまして。 다른 일정이 있어서요.

• これは私の個人的な感想ですが…。

이건 저의 개인적인 느낌입니다만….

• 田中様からのご伝言です。

다나카 씨로부터의 전언입니다.

• 気持ちばかりのものですが、皆様でお召し上がりください。

마음뿐인 선물입니다만, 여러분 모두 맛있게 드세요.

• お好きなものをご注文ください。

좋아하시는 것은 주문해 주세요.

• どうぞ冷めないうちにお召し上がりください。

식기 전에 어서 드세요.

04 업그레이드 비즈니스 표현

한국인이 일본어에서 가장 어려워하는 부분이 경어일 것이다. 경어에서도 비즈니스에서 사용하는 경어가 더욱 어려울 것이다. 비즈니스에 있어서 경어 사용은 가장 중요한 입문이기 때문에 예의를 갖추어 상대방에게 경어를 사용할 수 있어야 한다. 경어만 잘 사용해도 성공적인 비즈니스가 될 수 있을 것이다. 우선 일반적인 표현과 비즈니스에서 사용하는 비즈니스 표현을 구별해 보자.

| 다녀오겠습니다. | 일반적 표현 | 行ってきます。 |
| | 비지니스 표현 | 行ってまいります。 |

| 지금 돌아왔습니다. | 일반적 표현 | ただいま。 |
| | 비지니스 표현 | ただいま、戻りました。 |

| 이쪽입니다. | 일반적 표현 | こちらです。 |
| | 비지니스 표현 | こちらでございます。 |

| 먼저 실례하겠습니다.
(퇴근 할 때 등) | 일반적 표현 | 先に帰ります。 |
| | 비지니스 표현 | お先に失礼します。 |

| 알고 계십니까? | 일반적 표현 | 知っていますか。 |
| | 비지니스 표현 | ご存じですか。 |

| 모처럼입니다만…. | 일반적 표현 | せっかくですけど…。 |
| | 비지니스 표현 | あいにくでございますが…。 |

| 저, 죄송합니다만…. | 일반적 표현 | あの、すみませんが…。 |
| | 비지니스 표현 | 恐れ入りますが…。 |

| 여쭙고 싶은 것이 있는데요. | 일반적 표현 | ちょっと聞きたいのですが…。 |
| | 비지니스 표현 | 少々お伺いしたいのですが…。 |

| 저, 죄송합니다만…. | 일반적 표현 | あの、すみませんが…。 |
| | 비지니스 표현 | 恐れ入りますが…。 |

| 별지장 없으시면. | 일반적 표현 | よろしければ…。 |
| | 비지니스 표현 | さしつかえないようでしたら…。 |

| 아까는 실례했습니다. | 일반적 표현 | さっきは失礼しました。 |
| | 비지니스 표현 | 先ほどは失礼いたしました。 |

| 감사합니다. | 일반적 표현 | すみません。（감사） |
| | 비지니스 표현 | ありがとうございます。 |

| 죄송합니다. | 일반적 표현 | すみません。（사죄） |
| | 비지니스 표현 | 申し訳ございません。 |

| 죄송합니다. | 일반적 표현 | ごめんなさい。 |
| | 비지니스 표현 | 申し訳ございません。 |

잘 알겠습니다.	일반적 표현	わかりました。
	비지니스 표현	承知_{しょうち}いたしました。

그럼, 그렇게 하겠습니다.	일반적 표현	じゃあ、そうします。
	비지니스 표현	それでは、そのようにいたします。

알 수 없습니다.	일반적 표현	わかりません。
	비지니스 표현	わかりかねます。

어떠세요?	일반적 표현	どうですか。
	비지니스 표현	いかがでしょうか。

그렇게는 안 됩니다.	일반적 표현	できません。
	비지니스 표현	そのようなことはいたしかねます。

공교롭게도 아직 저는 모릅니다.	일반적 표현	あいにくまだ私は分かりません。
	비지니스 표현	あいにくまだ私は存じておりませんでした。

SECTION 2

주의를 요하는 비즈니스 표현

MP3 099

01 비즈니스 표현 오용 사례

일본인들도 자주 사용하고, 주위에서 흔히 들을 수 있는 일본어 표현이지만, 잘못 사용되고 있는 표현들이 있다. 우리도 물건을 계산할 때, 점원이 '만 원이십니다.'라는 표현을 쓸 때가 있는 것처럼, 일본에서도 흔히 사용되는 표현들 중에 틀린 표현이 있다는 말이다. 비즈니스 상황에서는 정확한 표현을 구사할 수 있도록 주의해야 한다.

✔ 명함을 받을 수 있을까요?

名刺のほういただけますか。(×)
→お名刺いただけますか。(○)

✔ 저쪽이 회의실입니다.

あちらが会議室になります。(×)
→あちらが会議室です。(○)

✔ 만 엔을 받았습니다.

１万円からお預かりします。(×)
→１万円をお預かりします。(○)

✔ 차 괜찮으시죠?

お茶でよろしかったでしょうか。(×)
→お茶でよろしいですか。(○)

262

02 올바른 비즈니스 경어

　일상에서 사용하는 표현과 비즈니스에서 사용하는 표현은 유사하지만 엄연히 다르다. 비즈니스에서는 올바른 비즈니스 경어를 사용해 좋은 결과를 낳을 수 있다.

✓ 담당자는 11시에 돌아옵니다. ···➡ 전화가 왔는데 담당자가 부재중일 때

担当の者は11時に戻ってまいります。

✓ 시간이 좀 걸리니 앉아서 기다려 주세요.

時間がかかるようですので、おかけになってお待ちください。

✓ 함께 가시지 않겠습니까? ···➡ 외부 사람과 같은 행선지를 가자고 할 때

一緒にいらっしゃいませんか。

✓ 야마다 씨는 알고 있을 것입니다만···. ···➡ 거래처 담당자가 알고 있는 사실을 물을 때

山田さんはご存じのはずですが、···。

✓ 견본을 빌릴 수 있나요? ···➡ 견본을 빌릴지 어떨지를 묻는 표현

見本をお借りになりますか。

✓ 여기에서 기다려 주세요. ···➡ 거래처 사람에게 여기서 잠시 기다리라고 할 때

こちらでお待ちください。

✓ 이쪽 자료를 준비해 줄 수 있나요? ···➡ 상대에게 자료를 준비해 달라고 부탁할 때

こちらの資料をご用意いただけますか。

✓ 제가 전화하겠습니다.

こちらからお電話いたします。

✓ 설명이 부족한 점은 없었나요? ···➡ 프레젠테이션으로 설명을 마쳤을 때

説明が不足な点はありませんでしょうか。

✓ 라인을 사용하시나요? ···➡ 라인 사용하시냐고 물어볼 때

ラインはお使いになりますか。

✔ 짐을 들어드리겠습니다. ⋯➔ 상대방의 짐을 들어드릴 때

お荷物をお持ちいたします。

✔ 감동받았습니다. ⋯➔ 추천받은 책을 읽고 감명을 받았을 때

感動いたしました。

✔ 송구스럽습니다. 감사합니다. ⋯➔ 상사에게 칭찬받았을 때

恐れ入ります。ありがとうございます。

✔ 차가 도착했습니다. ⋯➔ 손님의 차가 왔을 때

車が到着いたしました。

✔ 야마다 씨의 댁인가요? ⋯➔ 아는 사람의 집을 처음 방문했을 때

山田さんのお宅でしょうか。

✔ 휴대전화가 연결되어 있습니다. ⋯➔ 휴대전화가 어렵게 연결되었을 때

携帯電話がつながっております。

✔ 2천 엔을 받았습니다. ⋯➔ 요금을 받았을 때

二千円をお預かりいたします。

✔ 손님 모두 다 오셨나요? ⋯➔ 식당 등에서 손님 등 다 오셨냐고 확인할 때

お客様はおそろいになりましたか。

✔ 커피를 가져왔습니다. ⋯➔ 주문한 차를 테이블로 가져갈 때

コーヒーをお持ちいたしました。

✔ 금연석이면 되죠?

禁煙席でよろしいでしょうか。

✔ 계산을 한꺼번에 부탁합니다. ⋯➔ 계산을 한꺼번에 부탁할 때

お会計はまとめてお願いいたします。

✔ 예, 알겠습니다. ⋯➔ 일을 의뢰받았을 때

はい、かしこまりました。

✔ 서투르기 때문에 지도 잘 부탁합니다. … 입사한 지 얼마 안 되어 일에 자신이 없을 때

不慣れでございますので、ご指導をお願いします。

✔ 즉시 하겠습니다. … 빨리 하라고 재촉 받았을 때

ただちにとりかかります。

✔ 몇 시에 찾아뵈면 될까요?

何時ごろでしたらご都合がよろしいですか。

✔ 잘못을 해서 피해를 주었을 때 하는 사과

ご面倒をおかけし申し訳ありません。

✔ 앞으로 두 번 다시는 이런 일이 없도록 주의하겠습니다.

以後、二度とこのようなことがないよう気をつけてまいります。

✔ 보고하고자 하는 것이 3건 있습니다. … 몇 가지 사항을 함께 보고하고자 할 때

ご報告したいことが、3件ございます。

✔ 보고가 늦어서 죄송합니다. … 보고가 늦어 사과할 때

ご報告が遅れ申し訳ありません。

✔ 무슨 일이 있으면 휴대전화로 연락주세요.

何かありましたら携帯電話に連絡していただけますか。

✔ 기쁘게 함께 하겠습니다. … 식사를 하자고 권유받아 승락할 때

喜んでお供します。

✔ 모처럼인데 선약이 있어서 죄송합니다. … 선약이 있을 때

あいにく、先約がありまして申し訳ありません。

✔ 권유해 주셔서 감사합니다. … 권유받아서 감사하다는 말을 전 할 때

お誘いいただき、ありがとうございました。

03 프레젠테이션 시 비즈니스 표현

비즈니스에서는 여러 상황에서 프레젠테이션을 할 경우가 많이 있다. 프레젠테이션에서 주로 사용되는 표현, 특히 시작할 때와 마친 후, 질문을 할 때의 상황 등을 이해하고 학습할 필요가 있다.

✓ 그럼, 설명하겠습니다.　　　　それでは、ご説明します。

✓ A의 특징은 두 가지 있습니다.　　Aの特長は 2 点あります。

✓ 질문 있으신가요? ⋯ 질문받을 때　ご質問はおありでしょうか。

✓ 이상과 같이 A에 대하여 설명했습니다. ⋯ 프레젠테이션을 끝낼 때
以上、Aについてご説明いたしました。

✓ 질문해도 되나요?
質問してもよろしいでしょうか。

✓ 확인해 보고 싶은 것이 있습니다. ⋯ 문제점 등이 있어 보일 때
ご確認したいことがあります。

✓ B에 대하여 자세히 알려주실 수 있나요?
Bについて詳しく教えていただけますか。

✓ 대답해 주셔서 감사합니다. 잘 이해했습니다. ⋯ 대답을 듣고 이해가 되었을 때
お答えいただきありがとうございます。よく理解できました。

✓ 그쪽은 어떻게 생각하세요? ⋯ 상대방의 의견을 묻고 싶을 때
そちらはどのようにお考えですか。

✓ 그렇다면 A안이 좋은 것이 아닐까요? ⋯ 자기의 의견을 말할 때
それでしたらA案の方がよいのではないでしょうか。

틀리기 쉬운
일본어 유사표현
비교

MP3 101

「すみません」과 「ごめんなさい」

'미안합니다'에 해당하는 일본어는 「すみません」과 「ごめんなさい」가 있다. 「すみません」의 원래의 의미는 '끝이 없다'라는 뜻이나, 현재는 여러 가지 의미로 사용되고 있다.

- **사죄의 의미** : 遅くなってすみません。 늦어서 미안합니다.
- **감사의 의미** : どうも、すみません。 대단히. 감사합니다.
- **사람을 부를 때** : すみません。 여보세요. 여기요.

사죄의 의미로 쓰일 때, 「ごめんなさい」가 있는데, 「ごめんなさい」는 잘못을 했을 때 사과의 의미로만 사용하는 말이며, 「すみません」보다 훨씬 사죄의 기분이 약한 경우에 쓰인다.

또한, 요즘 「すみません」 대신에 「すいません」이라고 하기도 하는데, 이는 「すみません」을 가볍게 말한 표현이므로, 윗사람이나 진심으로 사과를 해야 할 경우에는 사용하지 않는 것이 좋겠다.

「ごめんください」와 「ごめんなさい」

「ごめんください」는 남의 집을 방문할 때나 헤어질 때 사용하는 인사말이고, 「ごめんなさい」는 사과할 때 사용하는 말이다.

* ごめんください。 どなたかいらっしゃいませんか。 실례합니다. 아무도 안 계십니까?
* 今日遅くなって、 ごめんなさい。 오늘 늦어서, 죄송합니다.

참고로, 「ませ」를 붙여서 「ごめんくださいませ」라고 하면 보다 정중한 표현이 되며, 이 표현은 주로 여성들이 많이 사용한다. 비즈니스 상에서 사과를 할 경우에는 보다 더 정중하게 「申し訳ございません」이라고 한다.

「どうぞ」와 「どうも」

일본에 갈 때 다른 말은 몰라도 「どうぞ」와 「どうも」만 알아도, 웬만한 말은 다 통한다고 할 정도로 「どうぞ」와 「どうも」에는 수많은 언어표현이 숨어 있다. 먼저, 「どうぞ」는 다른 사람에게 무언가를 권할 때 쓰는 표현이다.

* どうぞ、こちらへ。 이쪽으로 오세요.　　* お先にどうぞ。 먼저 하세요.
* お茶をどうぞ。 차 드세요.

「どうぞ」는 상대방이 「どうぞ」라고 말할 때의 대답으로, 이 「どうも」에는 「どうも、ありがとうございます。 매우 감사합니다.」의 의미가 포함되어 있다.

「気持ち」와 「気分」

우리말로 '저 사람은 기분 나쁘다.'라고 할 때의 '기분'은 「気持ち」일까? 아니면 「気分」일까?

「気持ち」는 「心持ち 기분. 심기」「感情 감정」 등의 뉘앙스가 강하고, 「気分」은 「感じ 느낌」「雰囲気 분위기」 등의 뉘앙스가 강하다.

우리말에서 자신의 '컨디션, 건강상태' 등을 나타내는 경우에는 「気分」에 가깝다고 할 수 있는데, 「気分」은 당시의 주위환경으로 인하여 저절로 느껴지는 감정(感情)의 분위기를 나타낸다고 볼 수 있다.

「気持ち」는 주로 단순한 감정이 아닌 '기분 나쁘다', '징그럽다' 등, 어떤 상황에 대한 자신의 느낌을 나타낼 때 쓰인다. '기분이 좋다, 기분이 나쁘다' 등을 사용할 때 상황에 따라 「気持ち」가 될 때가 있고, 「気分」이 될 때도 있다. 「気持ち」는 「気分」보다 감정과 생각하고 있는 내용을 구체적으로 나타내는 경우가 많고, 「気分」은 구체적인 내용을 고려하지 않는 경우가 많다.

「お土産」와 「贈り物」

「お土産」는 한자 표기에서도 알 수 있듯이 '그 지방의 특산물'을 가리킨다. 따라서 여행지 등에서 그 지방의 특산품 등을 사온 선물을 뜻한다.

* 私は広島の友だちからお土産で紅葉まんじゅうをもらいました。

  나는 히로시마에 사는 친구로부터 선물로 단풍(모양) 만주를 받았습니다.

「贈り物」는 남의 집을 방문할 때나 무슨 기념 또는 축하(결혼, 졸업, 생일) 등에 하는 '선물'을 말하는데, 「プレゼント」라고도 한다.

「辞書」와 「辞典」

「辞典」과 「字引」는 유사하지만, 「辞典」은 「辞書」보다 딱딱한 느낌이 있고, 「字引」는 「辞典」「辞書」보다 스스럼없는 표현이라 할 수 있다. 그리고 「字引」와 「辞書」는 단독으로 사용하지만, 「辞典」은 「韓日辞典 한일사전」「漢和辞典 중일사전」「和英辞典 일영사전」처럼 다른 말 뒤에 붙여 사용하는 경우가 많다.

「夫婦」와 「夫妻」

우리말의 '부부'를 일본어에서는 「夫婦」라고도 「夫妻」라고도 하는데, 「夫婦」는 자신과 자신의 가까운 주위사람의 '부부'를 말할 때 사용한다. 「夫妻」는 남의 '부부'를 말할 때 사용한다.

* 私たちは仲のいい夫婦です。 우리들은 사이가 좋은 부부입니다.
* 山田さんの夫妻を招いてパーティーをしました。 야마다 씨 부부를 초대해서 파티를 했습니다.

「つもり」와 「予定」

「つもり」는 자신의 의지와 관련된 예정·생각일 경우에 사용하고, 「予定」는 이미 확정된 예정이나 공식적으로 알려진 행사의 예정일 경우에 사용한다.

＊ 卒業したらアメリカへ留学するつもりです。 졸업하면 미국에 유학 갈 생각입니다.

＊ 来月は臨時会議がある予定です。 다음 달은 임시 회의가 있을 예정입니다.

상대의 예정에 대해 말할 경우에는 「つもり」보다는 「予定」를 사용하는 것이 공손한 느낌을 주기도 한다.

＊ 先生はいつ日本へいらっしゃる予定ですか。 선생님은 언제 일본에 가실 예정입니까?

「いい」와 「よい」

「いい」와 「よい」의 한자는 「良い」로 같은 글자이나, 「よい」쪽이 더 격식 차린 표현이라고 말할 수 있다.
「いい(良い・善い・好い)」는 회화체 표현으로 쓰이며, '좋은, 바람직한 것'을 나타낸다.
「よい(良い・善い)」는 문장체에서 쓰이며 격식을 갖춘 딱딱한 표현이라고 할 수 있으며, '좋다, 다행이다, 친하다'라는 의미를 나타낸다. 「いい」는 그 자체로는 활용을 할 수 없어, 활용을 할 때에는 「よい」의 형태가 된다.

▶ いい 좋다 ⇨ よかった 좋았다 ⇨ よくて 좋고, 좋아서 ⇨ よくありません 좋지 않습니다 …

「早い」와 「速い」

「早い」는 '(시간이)이르다'라는 뜻으로, 시간·시기적으로 바로 앞의 어떤 일 및, 단시간인 어떤 일을 나타낸다.

＊ まだ早いです。 아직 이릅니다.

＊ 僕は君より早く来ましたよ。 나는 너보다 먼저 왔어요.

「速い」는 '(속도가)빠르다'라는 뜻으로, 동작이나 과정에서 스피드가 있는 것을 나타낸다.

＊ 足が速い。 발이 빠르다.

＊ 彼は頭の回転が速いです。 그는 머리 회전이 빠릅니다.

「かわいい」와 「きれいだ」

우리는 '귀엽다'와 '예쁘다'를 비슷한 말로 사용하고 있지만, 일본어에서는 「かわいい 귀엽다」와 「きれいだ 예쁘다」를 구별해 사용하고 있다. 「かわいい」는 イ형용사로, '작고, 귀엽고, 깜찍한 모양'을 말할 때 사용한다.

  ＊ かわいいお嬢さんですね。예쁜 따님이시네요. ⋯ 귀여워하며 애지중지하는 기분이 들어 있다.

「きれいだ」는 ナ형용사로, '예쁘고, 깨끗하고, 아름다운 모양'을 말할 때 사용한다.

  ＊ きれいな花ですね。예쁜 꽃이네요. ⋯ '귀엽다'는 의미보다 '예쁘고 아름답다'는 의미가 함축되어 있다.

「大きい家」와 「大きな家」

「大きい家 큰 집」에서의 「大きい 크다」는 형용사의 연체형으로, 일반적이고 객관적이고 논리적인 느낌이 강하다고 할 수 있다. 「大きな家 큰 집」에서의 「大きな」는 연체사로, 화자의 주관적인 판단에 의하거나 정서적인 느낌이 강하다고 할 수 있다. 참고로 연체사 「大きな」는 「夢 꿈」와 같이 추상적인 명사가 올 때 사용한다.

「おおぜい」와 「たくさん」

우리말의 '많다'에 해당하는 일본어는 「おおぜい」와 「たくさん」이 있다.
「おおぜい」는 대상이 사람일 경우, '사람이 많다'는 것을 나타낸다.

  ＊ 人がおおぜいいます。사람이 많이 있습니다.

  ＊ お客様がおおぜいお待ちです。많은 손님이 기다리십니다.

「たくさん」은 사물 등의 수나 양이 많음을 나타낸다.

  ＊ どうぞ、たくさん食べてください。자. 많이 드십시오.

  ＊ たくさんのお金がほしいです。많은 돈이 필요합니다.

「何」와 「何」

'무엇'에 해당하는 「何」는 다음에 오는 문자에 따라 「なに」과 「なん」으로 발음되는데, 「なに」로 발음될 경우는 뒤에 오는 단어가 「が」「を」일 경우이고, 「なん」으로 발음될 경우는 뒤에 오는 단어가 「で」「だ」「と」「の」「に」일 경우다. 그러나 「なん」「なに」 둘 다 발음될 경우는 뒤에 오는 단어가 「も」일 경우다.

「何」와 「どれ」

의문문에서 「何」는 이름이나 명칭 등을 묻는 경우이고, 「どれ」는 여러 가지(세 가지 이상) 있는 것 중에 하나를 지적해 말 할 때 쓰는 말이다.

＊ これは何ですか。 이것은 무엇입니까?

＊ 金さんのはどれですか。 김 씨의 것은 무엇입니까?

그리고 「どれ」는 구체적인 예를 들 때 사용하고, 「何」는 구체적인 예를 들지 않을 때 사용한다.

＊ りんごといちごとみかんの中でどれが一番好きですか。

　사과, 딸기, 귤 중에서 어느 것을 가장 좋아합니까?

＊ 果物の中で何が一番好きですか。 과일 중에서 무엇을 가장 좋아합니까?

「また」와 「まだ」

「また」와 「まだ」는 형태는 비슷하지만, 의미는 전혀 다른 단어다.
「また」는 '또, 또 다시'와 같이 '재차, 거듭'의 의미가 있다.

＊ じゃ、またね。 또 만나자.

＊ いずれまたうかがいます。 언젠가 다시(또) 찾아뵙겠습니다.

그러나 「まだ」는 계속의 의미로 '아직(도)'와 같이 사용된다. 즉, 같은 상황이 아직도 계속되고 있음을 나타낸다.

＊ まだ、雨が降っています。 아직 눈이 내리고 있습니다.

＊ お食事がまだでしたら、ご一緒しましょう。 식사를 아직 안 하셨다면 같이 합시다.

「もう」와 「まだ」

「もう＋긍정」은 '이미, 벌써'의 의미로 시간이나 사물이 지나가버린 것을 나타내고, 「もう＋부정」은 '이제'의 의미를 나타낸다. 「もう」는 뒤에 오는 내용이 긍정이냐, 부정이냐에 따라 의미용법이 달라진다.

＊ もう5時だ。 벌써 5시다.　　　　＊ もうありません。 이젠 없어요.

「まだ」는 '아직'의 의미로 같은 상태가 이전부터 현재까지 계속되고 있거나 또는 시간이 별로 경과하지 않은 상태를 가리킨다. 참고로, 우리말의 '아직 ~하지 않았습니다'라는 표현은 일본어로 「まだ～ませんでした」가 아니라, 「まだ～ていません」이라고 한다.

＊ いいえ、まだ食べていません。 아니요, 아직 먹지 않았습니다.

「こと」와 「の」

우리말의 '것'은 일본어로 「こと」 「の」 등이 있는데, 모든 문장에서 같이 사용되는 것은 아니다.

예를 들어 우리말의 '…온 것은…'을 '…온 이유(까닭)는…'이라고 이유나 목적을 나타내는 말로 대치할 수 있을 경우에는 「の」를 사용한다.

* 今回日本へ行ったのはゼミへの参席のためです。

　　이번에 일본에 간 것은 세미나에 참석하기 위해서입니다.

그러나 위와 같이 대치해 말할 수 없을 경우에는 「こと」와 「の」를 모두 사용할 수 있다.

* 年とって勉強するの(こと)は大変でしょう。 나이 들어서 공부하는 것은 힘들 것입니다.

그리고 대치해 말할 수 없을 경우, 「見る 보다・見える 보이다・聞く 듣다・聞こえる 들리다」 등의 시각과 청각에 관한 동사가 다음에 올 경우에는 「の」만이 사용된다.

* 昨日田中先生がテレビに出るのを見た。 어제 다나카 선생님이 텔레비전에 나오는 것을 보았다.

* 目覚まし時計が鳴るのが聞こえませんでした。 자명종 시계가 울리는 것을 듣지 못했습니다.

그러나 시각과 청각에 관한 동사 앞에 「こと」가 올 경우에는 의미가 완전히 달라지므로, 주의해야 한다.

ⓐ 彼が帰って来るのを聞いた。 그가 돌아오는 것을 들었다.

ⓑ 彼が帰って来ることを聞いた。 그가 돌아오는 것을 들었다.

여기서 ⓐ는 그가 오는 소리를 들은 경우이고, ⓑ는 그가 돌아온다고 하는 소식을 들은 경우이다.

즉, 「こと」는 주로 명사절에 사용한다.

* 俳句を書くのはすばらしい。 하이쿠를 쓰는 것은 멋지다.

「何の」와 「どんな」

「何の」와 「どんな」는 일본어를 배우는 외국인들에게는 특히 헷갈리기 쉬운 표현이다.

ⓐ 何の本ですか。 무슨 책입니까?　　　ⓑ どんな本ですか。 어떤 책입니까?

ⓐ의 「何の本」은 '무슨 책'이라는 뜻으로, 어떤 종류의 책이냐고 물어보는 것이다.

따라서 대답은 「日本語の本です。 일본어 책입니다.」라고 해야 할 것이다.

Ⓐ 何の先生？ 무슨 선생님?

Ⓑ 日本語の先生。 일본어 선생님.

ⓑ의 「どんな」는 '어떤'이란 뜻으로, 알지 못하는 사항이나 성질을 묻는 의문사다.

따라서 대답은 「おもしろい本です。 재미있는 책입니다.」라고 해야 할 것이다.

Ⓐ どんな先生？ 어떤 선생님?

Ⓑ ちょっとややこしい先生。 조금 까다로운 선생.

「どんな」쪽이 「なんの」보다 사용 폭이 더 넓다.

「どの」와 「どんな」

「どの〜」는 '설명을 필요로 하지 않는'경우에 사용하고, 「どんな〜」는 '설명을 필요로 하는 경우'에 사용한다.

Ⓐ 山田さんはどの人ですか？ 야마다 씨는 어느 분이에요?

Ⓑ あの人です。 저 사람입니다.

Ⓐ 山田さんはどんな人ですか？ 야마다 씨는 어떤 사람이에요?

Ⓑ やさしくて、面白い人です。 상냥하고 재미있는 사람입니다.

「くらい」와 「ほど」

「くらい」와 「ほど」는 '쯤, 정도, 만큼'을 나타내는 조사로, 그 쓰임이 같을 때와 다를 때가 있으므로, 사용에 주의를 해야 한다. 「くらい」는 앞의 오는 음에 따라 「ぐらい」라고도 하는데, 어떤 사물을 예시하고 대강 그 정도임을 나타내거나 정도가 낮은 한도를 나타낼 때 사용한다.

＊ こんな簡単なことくらいわかるでしょう。 이런 간단한 것 정도는 알겠죠?

「ほど」는 상태의 정도나 알맞은 정도를 말하고, '분량이나 범위에 대하여 그 폭의 정도'를 따지는 경우에 사용되는 말이다. 그리고 비교기준을 나타내고, 그것을 부정할 때 「〜ほど〜ない 〜만큼 〜하지 않다」의 형태로 사용된다.

＊ 冗談にもほどがある。 농담에도 정도가 있다.

또한, 긍정에서는 「くらい」를 사용하고, 부정에서는 「ほど」를 사용하는 것이 일반적이다.

＊ 今年は例年くらい雨が降ります。 올해는 예년만큼 비가 내립니다.

＊ 今年は例年ほど雨が降りません。 올해는 예년만큼 비가 내리지 않습니다.

그리고 「くらい」는 사물의 상태나 정도가 최소단위일 때 사용한다.

＊ 電話一本ぐらいしたっていいじゃないの。 전화 한 통 정도 해도 되잖아.

「ほど」는 관용적으로 한 쪽의 정도가 강해지면, 다른 한 쪽도 비례해서 강해진다는 의미로 「〜ば〜ほど 〜하면 〜할수록」의 표현으로도 사용된다.

＊お金は多ければ多いほどいいです。돈은 많으면 많을수록 좋습니다.

＊安ければ安いほど客が来る。싸면 쌀수록 손님이 온다.

「くらい」와 「ほど」가 함께 사용될 때는 대개 수와 양, 정도를 나타낼 때이다.

＊学校の体育館くらい(ほど)の広さである。학교의 체육관 정도의 넓이다.

＊10分くらい(ほど)待ってください。10분 정도 기다려 주세요.

그러나 「ほど」 「くらい」를 같이 사용해도 갖고 있는 뉘앙스가 다르기 때문에 주의가 필요하다.

ⓐ 田中君ぐらいの学生はいくらでもいる。다나카 군 정도의 학생은 얼마든지 있다.

ⓑ 田中君ほどの学生はそうざらにはいない。다나카 군 정도의 학생은 그렇게 흔치 않다.

ⓐ와 ⓑ를 비교해 보면, ⓐ는 다나카 군을 '경시'하는 인상을 주지만, ⓑ는 '감탄'의 느낌을 준다고 할 수 있다.

「から」와 「ので」

우리말 '때문에'에 해당하는 접속조사 「から」와 「ので」는 각각 원인, 이유, 근거가 되는 것을 나타낸다. 기본적으로 「から」는 전건과 후건이 주관적인 입장에서 연결되어 있을 때 주로 사용한다. 따라서 후건이 명령, 금지, 권유 등 화자의 판단이나 기분을 나타내는 경우에 「から」가 사용되는 경우가 많다.

＊相手は強そうだから注意しろ。상대가 강할 것 같으니 주의해라.

반면에 「ので」는 전건과 후건 간에 객관적인 인과관계가 인정되는 경우에 주로 사용된다. 따라서 「ので」의 후건에는 단정이나 사실의 서술 등의 표현이 많이 온다. 그러나 화자의 기분을 나타내는 표현에도 「ので」가 쓰일 때가 있는데, 이 경우는 자신의 기분을 전면에 내세우는 것을 피하고, 정중한 느낌을 표현하기 위해서이다.

＊よく分かりませんので、よろしくお願いします。잘 모르니, 잘 부탁드립니다.

양쪽 다 쓸 수 있는 경우는 「寒いから(ので)服を着た。춥기 때문에(추워서) 옷을 입었다.」와 같은 경우이다.

「まで」와 「までに」

'～까지'에 해당하는 일본어는 「～まで」와 「～までに」가 있는데, 「～まで」는 어느 시점까지 어떤 움직임이나 상태가 계속되는 경우이고, 「までに」는 어느 시점을 한계로 동작이나 상태가 끝나거나 완료되는 것을 나타낸다. 따라서 「までに」를 우리말로 번역할 때는 '～전까지'로 하면 된다. 따라서 그 기간 안에 동작과 작용이 이루어져야 한다.

✽ 授業が終わるまで外で待っていた。수업이 끝날 때까지 밖에서 기다리고 있었다.

✽ レポートは明日の6時までに出してください。리포트는 내일 6시 전까지 제출해 주세요.

관용적인 용법으로 「参考までに 참고로」와 같이 굳어진 표현으로 쓰이기도 한다.

「に」와 「で」

MP3 102

「に」는 물건이 존재하는 장소를 나타낼 때는 사용한다.

✽ 机の上に辞書がある。책상 위에 사전이 있다.

「で」는 동작이 행해진다던지 무엇인가가 일어나거나 하는 장소를 나타낼 때는 사용한다.

✽ 部屋でテレビを見る。방에서 텔레비전을 보다.

「に」를 사용할지 「で」를 사용할지는 주로 뒤에 오는 동사의 의미에 의해 결정된다고 할 수 있는데, 뒤에 동사가 「止める 세우다」「寝る 자다」「泊まる 숙박하다」「売っている 팔고 있다」가 왔을 때 앞에 「に」를 사용하면 상태를 나타내고, 「で」를 사용하면 동작을 나타낸다. 예를 들어, 「車を止める。차를 세우다.」가 「駐車する 주차하다」이면 「に」를, 「停止させる 정지시키다」이면 「で」를 사용한다. 예를 들어 「そこに止めてください。」라고 하면, 주차요원이 차 밖에서 '거기 세워주세요.'라고 할 때의 의미가 되고, 「そこで止めてください。」라고 하면 차 안에서 운전하는 사람에게 '거기 세워주세요.'라는 의미가 된다.

✽ そこに(で)車を止める。거기에 차를 세우다.

✽ 草の上に(で)寝る。풀 위에서 자다.

✽ 切手は郵便局に(で)売っている。우표는 우체국에서 판다.

✽ 旅館に(で)泊まる。여관에서 숙박하다

「ね」와 「よ」

우리말의 존경어 중의 하나인 '~요' 때문에 한국인 학습자는 「よ」를 자주 사용하고, 여기에는 존경의 의미가 있다고 보는 사람도 많다. 그렇지만 일본어의 「よ」는 자기의 주장을 말하거나 상대방에게 정보를 알려주는 역할을 하는 종조사다. 이와 유사한 표현으로 「ね」가 있는데, 이 「ね」는 확인이나 동의를 얻을 때 주로 사용하는 종조사다. 「ね」를 우리말로 하면 '~군요, ~지요 (확인)'가 될 경우가 많다. 또한, 회화체의 말끝에 와서 감탄, 놀람, 또는 자기의 생각을 상대에게 확인하는데 주로 쓰인다. 그리고 「~ね」는 말하는 억양이나 어조에 따라 여러 분위기를 나타내는데, 억양을 짧게 하여 높이면 상대방의 동의를 얻으려는 느낌을 준다.

＊ いいですが、ちょっと小さいですね。 좋습니다만. 좀 작군요.

＊ えんぴつとノートですね。 연필과 공책말이지요?

그러나 「よ」는 우리말로는 '~이야, ~요(주장)'와 같이 쓰일 때가 많다. 상대방이 모르는 정보를 알려주거나 자기의사를 강하게 주장하는 표현이다.

Ⓐ もう少し安いのはありませんか。 좀 싼 것 없습니까?

Ⓑ はい、ありますよ。 네, 있어요.

「さ」와 「み」

형용사의 의미 「い」를 「さ」나 「み」로 바꾸어 명사형을 만들 수 있는데, 「み」의 경우는 속성에 대한 감각을 나타내는 한편 「さ」는 구체적 치수를 나타낸다.

＊ おもみ 중후함 · したしみ 친숙함 · つよみ 강점

＊ たかさ 높이 · ふかさ 깊이 · おもさ 무게 · うれしさ 기쁨 · ありがたさ 고마움

「さ」는 순수일본어계, 한어계, 외래어계 등에 주로 붙는다.

① 객관적인 내용 : 旅の楽しさ 여행의 즐거움
② 내용의 정도를 나타낼 때 : 強さ 강도 · 高さ 높이 · 暑さ 더위 · 重さ 무게 · 甘さ 달콤함

「み」는 한정된 말에만 사용한다.

① 감각적, 시각적 : 重みのある人 무게가 있는 사람 · 厚みのある本 두께가 있는 책
② 내용의 장소와 부분을 말할 때 : 深みにはまる 구렁에 빠지다 · 事件が明るみに出る 사건이 표면화 되다

「～まる」와 「～める」

イ형용사에 「～まる」와 「～める」를 붙여 '~(해)지다, ~(하)게 하다'상태로의 변화를 나타낼 수가 있는데, 「～まる」가 붙으면 1류동사의 자동사가 되고, 「～める」가 붙으면 2류동사의 타동사가 된다.

＊ 風は強まってきたが、雨は少し弱まってきた。 바람은 강해졌지만, 비는 조금 약해졌다.
＊ 野生生物に対する理解が深まったり理解を深めたりしています。
　　야생생물에 대한 이해가 깊어지거나, 이해를 깊게 하거나 하고 있습니다.

단, 「細める 가늘게 하다」「赤める 붉히다」는 타동사만 있다.

「〜くなる」「〜くする」는 형용사가 나타내는 정도가 보다 심해진 것을 나타내지만, 「〜まる」「〜める」는 형용사가 나타내는 상태로의 변화를 나타낸다. 그래서 「〜まる」「〜める」는 추상적인 의미를 가지기 쉽다.

＊今回の講演で野生生物への感心が深まった。 이번의 강연으로 야생생물에게 관심이 깊어졌다.

「必ず」와 「きっと」

우리말에서 '꼭'을 일본어로 하는 경우, 「きっと」「必ず」「ぜひ」가 주로 사용되는데, 이 표현들의 뉘앙스에는 상당한 차이가 있다. 「必ず」는 '의무, 약속' 등을 말하는 것으로 명백한 논리에 따라 어떤 결과가 얻어질 때 사용되므로, 보다 확률적으로 우위를 차지하며 판단에 확신도가 가장 높다.

＊必ず成功して見せます。 반드시 성공해 보이겠습니다.

「きっと」는 다소 주관적인 느낌이 있으면서, 의지 · 강한 추정의 부정문 등에 사용된다.

＊会えばきっとけんかになる。 만나면, 꼭 싸우게 된다.

「ぜひ」는 주로 희망이나 바람을 동반하는 말과 함께 사용되기 때문에 「〜たい」와 함께 쓰이는 경우가 많다.

＊ぜひ会いたいです。 꼭 만나고 싶습니다.

따라서 「必ず」와 「きっと」는 판단이나 예상이 확실하고 분명하다고 여겨지는 경우에 쓰이며, 「ぜひ」는 '부디, 모쪼록, 어떻게 해서라도'의 뜻을 강하게 나타낸다. 본래 「きっと」는 화자가 자신을 갖고 틀림없이 그렇게 된다고 미루어 생각하는 기분으로 사용하고, 「ぜひ」는 「是が非でも 어떠한 일이 있어도 꼭 · 良くても 좋아도 · 悪くても必ず 나쁘더라도 꼭」의 기분을 나타내기 때문에 「ぜひ」에 이어지는 말은 대개 의뢰, 희망, 전망 등의 말이 동반된다.

「きっと」와 「必ず」의 차이점에서는, 이어지는 글이 추정일 경우에 「きっと」보다는 「必ず」가 추측과 확률이 높다고 할 수 있다. 「きっと」는 화자가 자신을 가지고 '그렇게 될 것이다'라고 추량하는 기분을 나타낼 때 쓰이며, 다른 사람에 대한 판단, 자기 자신에게도 사용된다. 「きっと」 용법 중에서, 화자 판단적 의지가 강한 경우 「必ず」로 교환이 가능하다.

＊今度の試合はきっと(必ず)勝つぞ！ 이번 시합은 꼭 이길 거야!

불확실한 경우에는 「きっと」만 사용된다.

＊あしたはきっと雨だろう。 내일은 꼭 비가 올 거야.

변하지 않는 기정사실인 경우는 「必ず」만 사용한다.

＊1＋1は、必ず2になる。 1 더하기 1은 반드시 2이다.

「やっと」와 「ようやく」

「やっと 겨우, 간신히」는 실현되는 시기로부터 실현직후에 걸친 시점을 중심으로 그 실현에 의해 화자 내지는 주체가 안도감을 느끼는 양상을 강하게 느낄 수 있다. 한편, 「ようやく 겨우, 가까스로, 간신히」는 실현에 이르기 직전까지의 경과를 중심으로 그것에 이르는 곤란함을 강하게 느낄 수 있다.

＊やっとたどりついた。 겨우 도착했다.

＊ようやくたどりついた。 겨우 도착했다.

그리고 구문상의 차이로는 「やっと」는 「〜だ(です) 〜대(입니다)」를 동반하여 술어가 될 수 있지만, 「ようやく」는 그 용법이 없다는 차이가 있다.

＊私の給料では、軽自動車を買うのもやっとです。 내 월급으로는 경자동차를 사는 것도 겨우입니다.

＊私の給料では、軽自動車を買うのもようやくです。(×)

「どうしても」와 「ぜひ」

남에게 자신의 집 근처에 오게 되면 꼭 들러 달라고 할 때는 다음과 같이 말할 수 있다.

＊お近くにお越しの際はぜひお立ち寄りください。 근처에 들르게 되면, 반드시 들러 주세요.

「どうしても 무슨 일이 있어도, 꼭」와 마찬가지로 「ぜひ」도 강한 소망을 나타낼 때 사용이 가능하다. 그러나 「どうしても」에는 「たとえ嫌いでも 싫더라도」 「ぜひとも 반드시」 「どんなことがあっても 무슨 일이 있어도」라고 말하는 것처럼 상대의 기분이나 사정을 무시하면서까지도 자신의 바람을 성취시키려고 하는 강한 요구까지가 포함되어 있다.

＊どうしても勝たなければなりません。 반드시 이기지 않으면 안 됩니다.

또한 부정의 말이 수반되어 '아무리 해도'라는 의미도 있다.

＊ジョン先生のお話はどうしてもわかりません。 정 교수님의 말씀은 아무리 해도 모르겠습니다.

반면에 「ぜひ」는 화자의 강한 소망을 나타낸다.

＊先生、ぜひ会いたいです。 선생님 꼭 뵙고 싶습니다.

「知る」와 「分かる」

'알다'에 해당하는 것이 일본어에는 「知る」와 「分かる」가 있다. 「知る」는 'know' 즉, '알다'에 가깝고, 「分かる」는 'understand' 즉, '이해하다, 터득하다'의 뉘앙스를 가지고 있다. 「知る」는 존재하는 사물을 머리로 포착하는 것이고, 「分かる」는 의미, 원인, 이유 등의 사실을 이해하는 뜻을 나타낸다. 따라서 「知る」는 인지하지 못했던 사실을 학습에 의해서나 외부로부터 들어서 획득하는 것이 되고, 「分かる」는 들어서 이해하고 읽어서 이해하는 것을 나타내는 것이 된다. 「分かる」는 무의식적인 행위, 작용을 나타내는 자동사로서 희망, 수동, 가능의 뜻으로는 사용되지 않고, 「知る」는 의미의 특성으로 보아 이미 지득하여 '알고 있다'고 하는 경우에 사용되는 말이므로 「～ている」의 문형인 「知っている」의 표현을 사용된다.

Ⓐ 山田さんを知っていますか。야마다 씨를 알고 있습니까?

Ⓑ はい、知っています。네. 알고 있습니다.

　　 いいえ、知りません。아니요, 모릅니다.

Ⓐ 日本語がわかりますか。일본어를 압니까?

Ⓑ はい、少しわかります。네. 조금 압니다.

　　 いいえ、わかりません。아니요, 모릅니다.

「考える」와 「思う」

「考える」는 머릿속으로 어느 대상에 대해서 지적 · 객관적 분석력을 작용시키는 것으로, 이것저것 지성을 짜내어 두뇌의 움직임을 전개시키는 행위를 말한다.

＊ 日本語で考えるのは難しい。일본어로 생각하는 것은 어렵다.

「思う」는 마음속으로 어떤 대상의 이미지(감각, 정서)를 의식하는 것으로, 판단, 결심, 추량, 원망, 상상, 회상, 연모 등의 대상으로서, 사람, 물건, 사항 등에 대해 감정적 의지적 주관적으로 마음을 움직이는 것을 말한다. 따라서 「思う」는 직관적, 정서적인 성격을 지니며, 「考える」는 논리적, 과정적 성격을 지닌다고 할 수 있으며, 「思う」가 「考える」보다 넓은 의미를 갖고 있기 때문에 「思う」에 「考える」가 포함된다고 할 수 있다.

＊ 李先生は両親の気持ちを考える親孝行な人です。이 선생님은 부모의 마음을 헤아리시는 효자입니다.

＊ 新しい気持ちで仕事をしようと思う。새로운 마음으로 일을 하려고 생각하다.

「住む」와 「暮らす」

우리말 '살다'에 해당하는 일본어는 「住む」와 「暮らす」가 있다.
「住む」는 어떤 장소에서의 거주, 즉, 어떤 장소를 생활의 근거지로 산다는 의미로, 「住む」를 쓰는 경우에는 장소를 표시할 필요가 있으며, 조사는 「に」와 함께 사용된다.

＊ソウルに住んでもう15年になりました。 서울에 산 지 벌써 15년이 되었습니다.

반면에 「暮らす」는 어떤 장소에서 세월을 보내 생활을 영위한다는 의미가 담겨져 있고, 장소를 나타낼 필요가 없으며, 조사는 「で」와 함께 사용된다.

＊やすい給料で暮らしている。 적은 월급으로 살고 있다.
＊三ヶ月日本で暮らしました。 3개월 일본에서 생활했습니다.

「住む」는 보통 아주 긴 기간과 결합하기 때문에 「2〜3日 2〜3일」 「毎日 매일」 등과는 함께 쓰이지 않고, 「暮らす」는 시간단위로 「一日 1일・毎日 매일・数週間 몇 주간・5ヶ月 5개월・長年 여러 해・一生 일생」 등은 함께 쓰일 수 있지만, 하루(1日) 미만의 시간과는 함께 쓰이지 않는다. 즉, 「ローマに行く前、パリで3時間暮らした。 로마에 가기 전에, 파리에서 3시간 생활했다.」와 같은 문장은 매우 부자연스럽다고 할 수 있다. 또한 「生きる 살다」는 생물 또는 희노애락을 말할 때 쓰인다.

「使う」와 「用いる」

'사용하다'의 의미인 「使う」와 「用いる」는 다음의 예문을 통해 그 차이를 알아보도록 하자.

ⓐ 人を使う。 사람을 사용하다.　　ⓑ 人を用いる。 사람을 사용하다.

「使う」를 사용한 ⓐ는 그 사람을 노동력으로 간주하여 일을 시킨다는 의미이고, 「用いる」를 사용한 ⓑ는 그 사람의 능력을 존중하고 살려서 어떤 일을 시킨다는 의미가 된다.

＊山田さんは人を使うのがうまいです。 야마다 씨는 사람을 부리는 것이 능숙합니다.
＊私の忠告は用いられませんでした。 나의 충고는 받아들여지지 않았습니다.

「する」와 「やる」

우리말 '하다'에 해당하는 표현으로는 「する」와 「やる」가 있다. 「やる」는 「する」보다 주체의 의지가 강하며 다소 속어적인 분위기가 있어, '영업・경영 등을 하다', '어떤 직무나 직책을 맡아 일하고 있다' 등에서 「やる」의 사용이 자연스러울 수 있다. 이에 비해 「する」는 「あくび 하품・くしゃみ 재채기」 등의 무의지적인 동작 등을 나타내는 경우에도 쓰인다. 「する」를 「やる」로 바꾸어 사용할 수 있는 경우가 있지만, 일반적으로 구어에서는 「する」보다는 「やる」를 많이 쓰고 있다.

＊山田さん今晩一杯やりませんか。 야마다 씨, 오늘밤 한 잔 하지 않겠습니까?

그러나 「する」를 항상 「やる」로 바꾸어 사용할 수 있는 것은 아니다. 예를 들어 「仕事をする 일을 하다」를 「仕事をやる」로 하면 부자연스럽기 때문이다.

「する」와 「される」

우리말 '되다'에 해당하는 일본어는 「なる」와 「される」인데, 「する 하다」가 '되다'의 의미로 사용되는 경우가 종종 있다. 즉, 일본어에서 「～する」는 「勉強する 공부하다」「研究する 연구하다」「運動する 운동하다」 등과 같이 우리말 '～하다'로 해석되어 타동사로 사용되는 경우가 일반적이지만, '～되다'라는 자동사의 뜻으로 사용되기도 한다. 따라서 자동사는 외부의 어떤 영향 없이 스스로 행위자적 변화를 한다는 것을 생각해 보면 수동형이 될 수 없다는 것을 알게 될 것이다. 즉, 외부의 어떤 영향 없이 스스로 되어 가는 경우를 나타내는 경우에는 「される」가 사용되지 않고 「する」가 사용된다고 보면 된다.

① 「する」가 '되다'로 해석되는 경우 : 悪化する 악화되다 · 判明する 판명되다 · 感染する 감염되다

＊病気に感染した場合 병에 감염된 경우

＊人間のことでも動物のことでもないことが判明した。 인간의 것도 동물의 것도 아닌 것으로 판명되었다.

② 「する」가 '하다', '되다'로 해석되는 경우 : 그러나 「する」와 「される」를 함께 사용가능한 것도 있다. 「決定する」와 같은 말은 '(다른 사람에 의해)일이 결정되다', '(스스로)일을 결정하다'와 같이 사용되므로 자동사와 타동사 모두에 해당되기 때문에 '결정되다'의 일본어는 「決定される」와 「決定する」를 동시에 사용할 수 있다.

統一する 통일하다(되다) · 分断する 분단하다(되다) · 持続する 지속하다(되다) · 確定する 확정하다(되다)

解決する 해결하다(되다) · 完成する 완성하다(되다) · 廃止する 폐지하다(되다) · 定着する 정착하다(되다)

成立する 성립하다(되다) · 発達する 발달하다(되다) · 到着する 도착하다(되다)

＊この国は農業が発展した。 이 나라는 농업이 발달했다.

＊この国は農業が発展された。 이 나라는 농업이 발전되었다.

＊進路が決定した学生へ。 진로가 결정된 학생에게.

＊善悪は何によって決定されるのか。 선악은 무엇에 의해 결정되는가?

「触れる」와 「触る」

「触れる」와 「触る」 모두 '닿다, 접촉하다'라는 의미인데, 「触る」는 접촉하는 양방 또는 일방이 만지는 경우 사용하고, 「触れる」는 사람이 스치는 것뿐만이 아니라 사물과 사물, 기체 등과의 접촉 시에도 사용한다. 또, 「触る」는 「触れる」보다 접촉의 정도가 강하고 시간도 길다고 할 수 있다. 따라서 「触る」는 '만지다'에 가깝고, 「触れる」는 '스치다'에 가깝다.

✽ ガイドさんは子どもたちに展示品には触らないように注意をした。

　가이드는 아이들에게 전시품은 만지지 않도록 주의를 주었다.

✽ 肩と肩が触れる。어깨와 어깨가 스치다.

「戻す」와 「返す」

우리말 '되돌려주다'에 해당하는 일본어 표현은 「戻す」와 「返す」가 있다. 「戻す」와 「返す」의 공통점은 일단 '이동하거나 진행된 것을 원래의 장소나 상태로 다시 옮긴다'는 점이다. 그럼, 어떤 차이가 있는지 알아보자.

「戻す」는 한쪽에서 다른 한쪽으로 이행한 후, 원래의 장소나 상태로 되돌아오는 경우에 사용된다. 즉, 본래의 상태대로 방향을 바꾸어 놓는다는 뉘앙스가 강하다.

✽ 食べ過ぎて戻す。과식해서 토하다.

✽ 時計の針を巻き戻す。시계 바늘을 되감다.

이에 비해 「返す」는 어떤 사물이 한 방향에서 다른 방향으로 이행할 때, 원점으로부터의 연결을 끊어버리고 새롭게 한 번 더 원래의 방향으로 다시 이동한다는 뉘앙스가 강하다.

✽ 言葉を返す。말을 되갚다.

✽ 巻き返す。되감다.

✽ 借金を返す。빚을 갚다.

또한, 「返す」는 반복의 의미도 가지고 있다.

✽ 読み返す 되풀이하여 읽다　　✽ 繰り返す 되풀이하다, 반복하다　　✽ 返すがえす 거듭거듭, 되풀이하여

아울러 「返す」는 겉의 면과 속의 면을 반대로 바꾸는 용법도 있다.

✽ ひっくり返す 뒤집다, 뒤엎다　　✽ 手のひらを返す 손바닥을 뒤짚다　　✽ 裏返す 뒤집다

「戻す」의 「返す」의 사용에 특히, 주의해야 할 것은 '저금한 돈을 찾아서 다시 자신의 손에 들어온 것'은 「払い戻し」라고 하지 「払い返し」라고는 하지 않는다는 점이다. 이외에 '빌린 돈을 갚을 때'는 「借金を返す」, '도서관에서 빌린 책을 반납할 때'는 「図書館に本を返す」라고 한다.

그러나 실제로는 「戻す」도 「返す」도 비슷한 의미를 가지고 있는 말이기 때문에 일반적인 경우에는 특별히 의식해서 구별하지 않고 사용하고 있는 경우도 있다.

「たたく」와 「なぐる」

「たたく」와 「なぐる」는 모두 '때리다, 치다'라는 의미이지만, 사람을 치는 경우 「たたく」는 보통 손바닥을 사용하는 것에 비해서, 「なぐる」는 「バットでなぐる 배트로 치다」처럼 강도가 세다고 할 수 있다. 즉, 주먹으로 친 경우 등이다. 또 「たたく」는 「ドラムをたたく 드럼을 치다」「戸をたたく 문을 두드리다」처럼 도구를 사용한다거나 물건을 계속해서 친다는 의미로도 사용되기 때문에 완력을 사용한다는 의미에 한정지을 수 없다.

「ある」와 「なる」

'있다'라는 뜻의 「ある」도 크기, 무게, 부피, 거리, 깊이를 나타낼 때는 '되다'라는 「なる」의 의미로 사용되기도 한다. 그러나 이런 경우 「なる」를 사용하면 어색한 경우가 많다.

＊１メーター７０センチあります。 1미터 70센티입니다.

＊７０キログラムある人。 70킬로그램 되는 사람.

「～となる」와 「～になる」

결과를 나타내는 '～이 되다'표현에는 「～になる」와 「～となる」가 있다.

＊１に２をたすと３となる。 1에 2를 더하면 30이 된다.

＊１に２をたすと３になる。 1에 2를 더하면 30이 된다.

여기서의 「～となる」 표현과 「～になる」 표현은 둘 다 변화의 결과를 나타내는 표현이다. 「～と思う ～라고 생각하다」「～と決める ～라고 정하다」「～と定める ～라고 정하다」와 마찬가지로 「と」의 인용 용법과도 상통한다. 이것에 비해서 「～になる」는 「冬になる 겨울이 되다」「雨になる 비가 되다」「中止になる 중지되다」와 같이 각각 앞의 단어와 일체가 되어 자연스럽게 그 상태에 도달한다는 의미가 강하다. 바꾸어 말하면 「に」는 귀착점(도착점)을 나타내는 용법이라고 볼 수 있다.

일본어교육에서 「と」와 「に」가 함께 공유하는 경우와 그렇지 못한 경우가 있다. 같은 의미처럼 보이지만 자세히 살펴보면 다르다는 것을 알 수 있다.

ⓐ 京子は大学を卒業して、会社員になり、やがて結婚した。
　　쿄코는 대학을 졸업하고, 회사원이 되어, 이윽고 결혼을 했다.

ⓑ 一朗は３０年の政治家ののち、ついに総理大臣となる。
　　이치로는 30년동안 정치가로 활동한 후, 마침내 총리가 되다.

ⓐ에서의 「会社員になる」는 인생의 자연적인 경과로서 기술하지만, ⓑ에서는 「総理大臣となる」라는 것을 특별한 결과로서 강조해 기술하고 있다. 「になる」가 변화의 결과를 특별한 것이 아니고 단순한 사실로서 기술한데 반해, 「となる」의 경우는 변화의 결과에 특별한 의미와 느낌이 부여된 경우이다.

「〜てある」와 「〜ておく」

'〜해 두다'라는 의미의 일본어 표현에는 「〜てある」와 「〜ておく」가 있다.

「〜てある」에는 '어떤 목적을 위한 행동을 하고, 그 효과가 지금도 남아 있다'라는 의미가 있는 반면, 「〜ておく」는 '어떤 목적을 위해 미리 어떤 행동을 한다'는 의미가 있다.

ⓐ 試験のために、勉強をしておきました。単語も覚えてあります。
　시험을 위해 공부를 해 두었습니다. 단어도 암기하고 있습니다.

ⓑ 試験のために来週までにこの本を読んでおきます。 시험을 위해 다음주까지 이 책을 읽어 둬야 합니다.

ⓐ에는 시험이라는 목적을 위한 행동을 하고, 그 효과가 지금도 남아 있다라는 의미가 있다. ⓑ에는 시험이라는 목적을 위하여 미리 어떤 책을 읽어두는 행동을 한다는 것이다.

ⓒ 試験のために、たくさん勉強をしておきました。 시험을 위해서 공부를 많이 해 뒀습니다.

ⓓ 試験のために、たくさん勉強をしてあります。 시험을 위해서 공부를 많이 했습니다.

ⓒ의 의미는 시험을 위해 많이 공부했다는 의미이나, ⓓ의 의미는 시험을 위해서 많이 공부했고 그 효과가 지금(발화시)도 남아 있다는 의미다. 「〜てある」와 「〜ておく」는 매우 비슷한 표현이지만, 「〜ておく」는 공부를 하다의 '하다'라는 것에 초점을 맞추므로, 「〜ておく」「〜ておいた」는 그 동작을 한 것이 발화시보다 후인가 전인가에 의해 결정된다.

한편, 「〜てある」는 어떤 동작(공부를 하다)을 한 것의 효과가 발화시(기준시)에도 '계속되고 있다'는 것에 초점이 있으므로 「〜てあった」가 아닌 「〜てある」라는 형이 되는 것에 주의해야 한다.

「〜かねない」와 「〜かねる」

「〜かねる」의 부정형이 「〜かねない」처럼 보이지만 그렇지 않다. 「〜かねる」가 '하기 어렵다, 할 수 없다'라는 부정의 의미를 나타내고, 「〜かねない」가 '할지도 모른다, 하지 않는다고 말 할 수 없다'라는 긍정의 의미를 나타내기 때문이다.

＊ それはちょっと決めかねます。 그건 좀 결정하기 어렵습니다.

＊ 彼女はうそを言いかねませんので、…。 그녀는 거짓말을 할지도 모르기 때문에, ….

이처럼, 「〜かねる」는 그 자체만으로 「できない 할 수 없다」 「〜することが難しい 〜하기 어렵다」라는 부정의 의미를 나타낸다. 그러나 「〜かねない」와 같이 부정형으로 한다면 「〜かねる」로는 전혀 예상할 수 없는 「〜してしまうかもしれない 〜할지도 모른다」라는 의미가 되어 버린다. 그렇기 때문에 「言いかねません」은 「言うかも知れません」이 되고, 「わかりかねません」은 「わかるかもしれません」라는 의미가 된다. 즉, 「かねない」는 '할지도 모른다'라는 의미가 되는 것이다.

　　＊ 彼はひどいことをやりかねない。 그 사람은 나쁜 짓을 할지도 모른다.

「〜かねる」는 관용적으로 「待ちかねて〜 기다리다 못해 〜(하다)」, 「見るに見かねる 차마 볼 수 없다. 보다 못해」 등으로 사용된다. 알아두면 편리할 것이다.

「わけだ」와 「ものだ」

「わけだ」는 말하는 사람의 평가나 판단을 넘어 일반적으로서의 당위주장을 나타내지만, 「ものだ」는 사회적 상식이나 도덕적인 것에 주로 사용된다. 「わけだ」는 납득, 당연한 설명, 결론을 나타낸다.

　　＊ 熱が40度もあるのですから、苦しいわけです。 열이 40도나 있기 때문에. 괴로울 것입니다.
　　＊ 市役所へ直接行けば済むわけだが、なかなかそう簡単には行かない。
　　　　 시청에 직접 가면 끝날 일이지만. 좀처럼 그렇게 간단하지 않다.
　　＊ いつも遅刻するから先生に叱られたわけだ。 언제나 지각을 해서 선생님께 꾸중을 들은 거야.

「ものだ」는 당위성, 본성 등을 말한다.

　　＊ 先生の言うことは聞くものだ。 선생님이 말하는 것은 듣는 법이다. ⋯▶ 당위
　　＊ 人は年をとると死ぬものだ。 사람은 나이를 들면 죽기 마련이다. ⋯▶ 본성

「なくて」와 「ないで」

MP3 103

「なくて」와 「ないで」의 의미용법에 대하여 구체적으로 설명되어 있는 곳이 거의 없는데, 그 이유는 아마 쉬운 것 같은데 어렵기 때문일 것이다.

「ないで」는 동사에 접속이 가능한 반면, 「なくて」는 명사와 동사에 접속이 가능하다. 「동사ないで」는 '하지 않고(하지 말고)'의 의미이며, 「동사なくて」는 '하지 않아서'의 의미이다.

「〜なければならない」가 「〜なくてはいけない」보다 필연성이 더 높다고 할 수 있는데, 주로 법률, 사회적 규범에 사용되는 경향이 강하다. 「なければならない」는 '〜하지 않으면 안 된다'라는 규칙이나 법률로 정해져 있는 경우에 사용된다. 기본적으로 「ないで」는 상태 부사적으로 용언의 의미를 수식하는 경우에 사용된다.

✲ 寝ないで待つ。 자지 않고 기다리다.

✲ 傘をささないで歩く。 우산도 쓰지 않고 걷다.

반면에 「なくて」의 앞에 오는 용언은 대다수의 경우 확정된 사항을 나타낸다. 따라서 명령이나 의사의 형태를 취할 수 없는 것이 보통이다. 「ないで」는 이점에 있어서는 자유롭다고 할 수 있다. 동사의 て형을 요구하며 형용사의 て형을 허락하지 않는 문 패턴에서는 「動詞ないで」형밖엔 사용될 수 없다. 즉 「動詞ないで」형은 동사적 부정형이며, 「動詞なくて」는 형용적 부정형이다. 즉, 항상 「～ないで欲しい」로 해야 한다.

또한 「動詞ないで」는 종속절을 형성하며 주문을 나타내는 현상에 대한 부대상황을 나타낸다. 「動詞なくて」는 독립절을 형성하고 그것이 나타내는 현상과 후속하는 절이 나타내는 현상이 시간적, 논리적, 심리적으로 계기하는 것을 나타낸다.

「うちに」와 「あいだに」

「うちに」는 정해져 있지 않는 시간의 범위 내를 나타내는 경우에 사용된다.

✲ 子どもが寝ているうちに掃除しよう。 아이가 자고 있는 동안에 청소해야지.

이때는 전항의 주어와 후항의 주어가 다르다고 할 수 있다. 또한 동작 · 작용의 진행과정을 나타내는 경우도 있다.

✲ 考えているうちに思い出した。 생각하고 있는 동안에 생각났다.

이 경우는 「～ているうちにだんだん ～하고 있는 동안에 점점」이라고 하는 서서히 진행해 가는 과정을 나타내고 있다. 전항과 후항의 주어가 공유한 경우로, 「考えている」의 주어와 「思い出した」의 주어는 「私」와 같이 동일하다. 이와 같이 「うちに」는 현재의 상태에서 다음의 상태로 변하는 경계선에 시점을 두고 다음으로 변화하는 상태 전까지의 '시간'을 한정한다. 따라서 「～ないうちに」와 같은 경우는 다음의 변화가 일어나기 전까지라고 하는 부정의 표현이 성립한다.

「あいだに」는 '언제부터 언제까지'라고 하는 시간의 범위를 한정한다.

✲ 子どもが寝ているあいだに掃除しよう。 아이가 자고 있는 동안에 청소해야지.

위의 문장을 「子どもが寝ているうちに掃除しよう」라는 「うちに」를 사용한 문장과 비교해 보자. 「あいだに」는 객관적으로 시간의 범위를 파악해, 자기 시작해서 일어나기 전까지의 시간의 범위를 나타내고 있다. 그러나 「うちに」처럼 다음에 '일어난다', 지금과 다른 상태를 '예상한다'라는 의미는 없기 때문에, 「子どもが起きないあいだに」라고 하는 표현은 성립되지 않는다. 「うちに」는 자기 시작한 것은 문제가 되지 않지만, 현재 자고 있는 상태에서 다음의 상태로 변화하는 시간을 문제로 삼고 있다. 따라서 「子どもが寝ているうちに」로도 「子どもが起きないうちに」로도 말할 수 있다. 「あいだ」보다 「うちに」쪽이 주관적인 기분이 포함되어 다음의 변화가 일어난다면 '어쩌지', '빨리', '그전에'라고 하는 기분의 조급함을 나타내는 의미가 포함되어 있다. 정리하면 「～あいだに」는 한정이 있는 일련의 시간을 나타낼 때 사용한다.

＊ 子供がいないあいだに片付けましょう。 아이가 없는 동안에 청소합시다.

「～うちに」는 한도를 나타낼 때이다. 「子供が帰らないうちに 아이가 없는 동안에」는 언제에서 언제까지의 사이가 아니라 '이내에'의 의미로 정도만을 나타낸다. 「温かいうちにどうぞ 따뜻할 때 드세요」라고는 말하는 것과 일맥상통한다. 「温かいうちに」는 「冷めないうちに 식기 전에」의 뉘앙스가 포함되어 있다. 「うちに」와 「あいだに」는 전항과 후항이 다른 주어로 표현되어지는 경우, 전항의 장면과 후항의 장면은 각각 다른 상황을 나타낸다. 즉, 자고 있는 상황과 청소한 상황이 다르다는 것이다.

「～る前に」와 「～た後で」

「～る前に」는 '～하기 전에'라는 의미로 동사의 현재형에 접속하고, 「～た後で」는 '～한 후에'라는 의미로 동사의 과거형에 접속한다.

＊ 日本人は子どもでもご飯を食べる前には「いただきます」という。
일본인은 아이라도 밥을 먹기 전에는 '잘 먹겠습니다'라고 한다.

＊ 韓国人はご飯を食べた後で「잘 먹었습니다(ごちそうさま)」という人が多くなっている。
한국인은 밥을 먹은 후에 '잘 먹었습니다'라고 하는 사람이 많아졌다.

「中途」와 「途中」

「中途 중도」와 「途中 도중」는 유사한 표현인데, 「途中」는 동작하는 중간쯤을 말하지만, 「中途」는 「中途採用 중도 채용」「中途退学 중도 퇴학」처럼 어느 기간의 중간을 말한다.

＊ 学校へ行く途中で京子と会った。 학교에 가는 도중에 쿄코와 만났다.

＊ 食事の途中で立ってはいけない。 식사 도중에 일어서면 안 된다.

「～を通じて」와 「～を通して」

'～을 통해서'에 대응되는 표현으로는 「～を通じて」와 「～を通して」가 있다. 그 차이는 「～を通じて」는 어느 일정 기간 동안 계속해서의 의미이고, 「～を通して」는 적극적이며 의지가 담겨 있다는 의미가 포함되어 있다.

＊ 大学の4年を通じていろいろ考えさせられました。

대학 4년을 통해서 여러 가지 생각할 수 있었습니다.

＊ 田中さんは一年を通して無欠席で頑張ってきましたね。すごいですね。
다나카 씨는 1년동안 무결석으로 열심히 했네요. 대단하네요.

「～と思う」와 「～と思っている」

「～と思う ～라고 생각하다」는 그때 그때의 판단이나 순간의 판단을 나타내며, 「～と思っている ～라고 생각하고 있다」는 전부터 그렇게 생각하고 있었다는 진행시간이 긴 것을 나타내는 경우와 사고의 주체가 제3자인 경우이다.

* 私は日本語はやさしいと思う。나는 일본어는 쉽다고 생각한다.
* 彼は日本語はやさしいと思っている。그는 일본어는 쉽다고 생각하고 있다.

「～だろう」와 「～と思う」

일본어에서 「～だろう」와 「～と思う」는 화자의 심적 태도를 나타내는 주요한 요소 중의 하나로 알려져 있다. 「だろう」는 화자의 생각을 단정하지 않고 서술할 때에 사용한다.

* あの人は田中さんの奥さんだろう。저 사람은 다나카 씨의 부인일 것이다.

이때 주로 사용되는 부사는 '아마'의 뜻을 가진 「たぶん 아마」, 「おそらく 아마」 등의 부사이다.
「だろう」와 거의 같은 의미로 사용할 수 있는 표현이 「～と思う」이다.

* あの人は田中さんの奥さんだと思います。저 사람은 다나카 씨의 부인이라고 생각합니다.

「～と思う」는 화자의 개인적 · 주관적인 사고를 명확하게 나타내기 위한 표현이기 때문에, 객관적인 정보를 나타낼 필요가 있는 경우나 논문 등에는 적합하지 않다. 「～と思う」는 뒤에 「～だろう ～일 것이다」, 「～かもしれない ～일지도 모른다」와 함께 사용되는 경우도 있는데, 이 경우는 소극적인 표현이 되는 효과가 있다.

* 彼はシングルだろうと思う。그는 독신일 거라고 생각한다.

「見おろす」와 「見あげる」

「見おろす」는 '내려다 보다'라는 뜻으로, 높은 데서 내려다보는 것을 의미하고, 「見あげる」는 '쳐다보다'라는 뜻으로, 아래서 위로 보는 것, 즉, 하늘을 쳐다볼 때의 행위를 표현한다.

「てもいいですか」와 「てもかまいませんか」

「～てもいいですか ～해도 됩니까?」는 말하는 사람이 하고자 하는 것에 대한 상대방의 판단을 묻는 표현이며, 「～てもかまいませんか ～해도 상관없습니까?」는 상대방에게 지장이 있는지 어떤지를 확인하는 표현이다.

「てもいいですか」나 「てもいいです」 쪽이 「てもかまいませんか」 「てもかまいません」 보다 적극적인 표현이라 할 수 있다.

＊ 鉛筆で書いてもいいですか。연필로 써도 됩니까?
＊ 鉛筆で書いてもかまいませんか。연필로 써도 상관없습니까?

「それなら」와 「それでは」

「それなら」와 「それでは」는 모두 '그렇다면'이라는 뜻을 나타내지만, 「それなら」 뒤에는 명령이나 의지를 나타내는 표현이 온다. 「それでは」는 앞의 일이 끝났다는 기분이 비해, 「それなら」는 아직 끝나지 않은 것도 표현할 수 있다. 이 경우는 「それでは」와 바꿔 사용할 수 없다.

Ⓐ 今日、部長は来ないかもしれない。오늘 부장님은 안 올지도 모른다.
Ⓑ それなら会議は中止にしよう。그럼. 회의를 중지하자.
＊ 準備できました。それでは始めましょう。준비 다 되었습니다. 그러면 시작합시다.

「相変わらず」와 「いまだに」

대학원 입학을 목표로 공부 중인 동료에게 다음과 같이 말할 수 있다.

＊ 相変わらず頑張っているね。여전히 열심히 하고 있구나.
＊ いまだに頑張っているね。아직도 열심히 하고 있구나.

「相変わらず」도 「いまだに」도 '이전과 마찬가지로 같은 상태가 계속되고 있다'를 나타낸다. 「相変わらず」는 「相変わらずおきれいですね。여전히 예쁘시네요.」처럼 좋은 일에도 「相変わらず貧乏暮らし 여전히 가난한 삶」처럼 나쁜 일에도 사용되지만, 「いまだに」는 원래 '이전의 상태가 계속되고 있는 것이 싫다'라는 의미를 포함하고 있기 때문에, 좋지 않은 의미로만 사용될 수밖에 없다. 따라서 「いまだに頑張っているね。」라고 말하면 「もうとっくにやめるべきなのに、いまでもしつこく頑張っている。벌써 예전에 끝냈어야 하는데, 아직도 끈질기게 노력하고 있다.」라는 의미가 되어 상대방에게 실례가 되니 주의해야 한다.

「きちんとした」와 「まともな」

우리말로 '정확한'에 해당하는 표현으로 「きちんと」와 「まともな」가 있다. 유사해 보이지만, 이미지가 달라 보일 것이다. 우리는 간혹 사람을 소개할 때, 「～さんはとてもまともな人ですよ。～씨는 매우 성실한(착실한) 사람이에요.」라고 말 할 때가 있을 것이다.

「まともな人」는「変ではない人 이상하지 않은 사람」「異常ではない人 이상하지 않은 사람」와 같이 최소한의 조건을 갖추고 있는 경우(착실한, 성실한)로 소극적인 평가를 하는 경우다. 결국「まともな人」는「常識はずれな人ではない 상식에서 어긋나는 사람이 아니다」「悪い人ではない 나쁜 사람이 아니다」라고 말하고 있는 것에 지나지 않는다. 그러나「～さんはとてもきちんとした人よ。」의 경우는「きちんとした人」가「礼儀正しい人 예의바른 사람」「立派な人 훌륭한 사람」「間違いない人 실수가 없는 사람」와 같이 적극적인 평가를 하고 있는 경우다. 즉,「きちんとした人」는 '예의를 잘 갖추고 있는 사람', '정확한 일을 하고 있는 사람'처럼 호의적인 평가를 하고 있는 것이 된다. 그렇기 때문에 자기에 관해서 다소 겸손의 의미를 담아서「まともな人になりたい 제대로 된 사람이 되고 싶다」라든가「まともな仕事につきたい 제대로 된 일을 하고 싶다」라고 하는 것은 괜찮다.

「真面目」와 「生真面目」

이웃집 남편을 '남편분, 성실하시네요.'라면 칭찬할 때 다음과 같이 두 가지 표현으로 말할 수 있을 것이다.

＊ ご主人、真面目な方ね。
＊ ご主人、生真面目な方ね。

하지만, 이 두 가지는 표현은 사람에 대한 평가가 다르다.
「生真面目」는「真面目」를 강조한 말이지만, 단순히「とても真面目だ」라는 의미뿐만 아니라「真面目すぎる」라는 의미가 포함되어,「融通がきかない 융통성이 없다」라든가「おもしろくない 재미없다」라고 하는 그다지 좋지 않은 인상을 풍긴다. '고지식한', '진국인'이라는 뉘앙스가 있기 때문에 바로 앞에 있는 사람이나 그 사람과 관계되는 사람에게「〇〇さんは生真面目ですね」라고 말하면 실례가 된다고 할 수 있다.

＊ 李先生は生真面目で冗談も通じない。 이 교수님은 고지식해서 농담도 안 통한다.
＊ どこまでが真面目なんだか分からない。 어디까지가 진실인지 잘 모르겠다.

「感心する」와 「感服する」

강연회에서 강의를 너무 잘 들은 후 강사에게 다음과 같이 말할 수 있다.

＊ 先生のお話には感心いたしました。 선생님의 이야기에 감탄했습니다.
＊ 先生のお話には感服いたしました。 선생님의 이야기에 감복했습니다.

이 두 표현의 차이는 존경의 의미가 포함되어 있느냐 없느냐의 차이이다.「感心する」에는 존경의 뜻은 없고,「感服する」에는 존경의 뜻을 포함하고 있다. 따라서「感服する」는 손아래 사람이 손윗사람에게 사용할 수 있지만,「感心する」는 손아래사람이 손윗사람에게 사용할 수 없으니 주의해야 한다.

「いいえ、まだ見ていません」과 「いいえ、見ませんでした」

Ⓐ 先生、冬のソナタというドラマ、ご覧になりましたか。 선생님, '겨울연가'라는 드라마, 보셨습니까?

Ⓑ いいえ、まだ見ていません。 아니요, 아직 보지 않았습니다.

아직은 보지 않았지만, 앞으로 볼지도 모른다고 하는 뉘앙스가 있는 답변을 하는 경우에는 「~ている」의 부정인 「~ていない」의 표현을 사용하면 된다. 그러나 「見ませんでした」의 사용은 어떤 상황이 이미 그것으로 끝났다는 것을 나타내는 경우에 사용된다. 즉, 「まだ 아직」라는 말이 동반될 수 없는 경우에 사용된다. 예를 들면, 「昨夜、テレビを見ましたか。 어젯밤, 텔레비전을 보셨습니까?」로 질문했을 경우의 대답으로 「いいえ、見ませんでした。 아니요, 못 봤습니다.」를 사용하면 이미 지난 어제의 일에 한정된 상황이기 때문에 '아직'이라는 말이 사용될 수 없음을 알 수 있다.

「でしょう」와 「ましょう」

「でしょう」에는 회화체에서 말끝을 올려 자신이 생각했던 것을 확인하는 용법이다. 예를 들면, 다나카 씨가 우산을 방에 두고 나갔을 때, 그 우산을 다나카 씨에게 들고 가 「田中さん、これはあなたの傘でしょう。 ╱ 」라고 하는 용법이다. 반면에 「ます」는 미연형 「ましょ」에 조동사 「う」가 붙은 「ましょう」는 호소와 상대방의 행동을 재촉하는 기분을 나타낸다. 예를 들어, 「そろそろ帰りましょう。 슬슬 돌아갑시다.」와 같이 행동을 재촉할 때 사용된다. 또한, 동의를 나타내는 말투로도 사용되며, 「~ませんか」는 상대방에게 권유할 때에 사용되는 표현이다.

　＊ 山田さん、明日映画を見に行きませんか。 야마다 씨, 내일 영화를 보러 가지 않겠습니까?

　＊ ええ、行きましょう。 예, 갑시다.

「ましょうか」와 「でしょうか」

「ましょうか」는 말하는 사람의 의지를 적극적으로 표현하기보다는 어떠한 사항의 전제하에 상대방의 의향을 묻거나 제안을 할 때 사용하고, 「ませんか」는 「ましょうか」보다 더 정중하게 상대방의 의향을 물어보거나 동의를 구할 때 사용된다.

　＊ そろそろ食事に行きましょうか。 슬슬 식사하러 갈까요?

　＊ そろそろ食事に行きませんか。 슬슬 식사하러 가지 않겠습니까?

참고로, 「ですか」는 대답할 수 있을 경우이며, 「でしょうか」는 대답할 수 없을 경우(자신의 질문에 대하여 상대방이 단정적으로 생각할 수 없다고 판단될 때) 사용된다.

　＊ 先生、これなんか、どうでしょうか。 선생님, 이건, 어떨까요?

　＊ 先生、これなんか、どうですか。 선생님, 이건, 어떻습니까?

「行^いく」와 「いらっしゃる」

「行^いく 가다」와 「来^くる 오다」의 존경어는 「いらっしゃる・おいでになる・お越^こしになる」와 같이 사용된다. 단, 밖에 외출할 때는 「行^いく」의 의미인 「お出^でかけになる」는 사용이 가능하나 「来^くる」의 의미로는 사용이 불가능하다.

	존경어	겸양어
行く	いらっしゃる・おいでになる・お越^こしになる	伺^{うかが}う・お伺^{うかが}いする・上^あがる・参^{まい}る

* **존경어** : これからどちらへいらっしゃる(おいでになる)のですか。
* **존경어** : 「明日^{あした}、お昼前^{ひるまえ}にそちらへ行^いきます。 내일, 점심 전에 그쪽으로 가겠습니다.
  ⇨ **겸양어** : 明日^{あした}、お昼前^{ひるまえ}にそちらへうかがいます(まいります)。

「いっらしゃる」는 「いる」「行^いく」「来^くる」의 존경어로, 「行^いかれる」「来^こられる」와 같이 존경어로도 사용되나 정중도는 「いっらしゃる」가 가장 높다.

* 李先生^{イ せんせい}は今^{いま}カナダにいらっしゃいます。 이 선생님은 지금 캐나다에 계십니다.
* カナダへはいついらっしゃいますか。 캐나다에는 언제 가십니까?
* どうぞ、こちらへいらしてください。 자, 이쪽으로 오세요.

「お会^あいになる」와 「お会^あいする」

'만나다'에 해당되는 표현이 「お会^あいになる」인지 「お会^あいする」인지 헷갈릴 때가 종종 있다. '만나다'의 겸양어가 우선 「お会^あいする」라는 것을 잘 이해하기 바란다.

🅐 金^{キム}さん、先日^{せんじつ}うちの主人^{しゅじん}にお会^あいになったそうですね。 김 씨, 지난번에 우리 남편을 만나셨다면서요.

🅑 ええ、そうなんです。駅^{えき}のホームで偶然^{ぐうぜん}お会^あいしました。 예, 그래요. 역의 홈에서 우연히 만났습니다.

'만나다'에 해당하는 「お会^あいする」는 자주 사용되는 겸양어다. 그러나 '만나뵙다'라는 존경어로는 「お会^あいになる」가 된다. 존경어와 겸양어는 틀리기 쉽기 때문에, 이번 기회에 꼭 알아두기 바란다.

	존경어	겸양어
会^あう	会^あわれる お会^あいになる お会^あいなさる	お会^あいする お会^あいいたす お会^あい申^{もう}し上^あげる 合^あわせていただく お目^めにかかる

겸양어인 「お会いする」 대신에 「お目にかかる」는 자주 사용되는 겸양표현의 경어이며, 처음 만났을 때 자주 사용된다.

＊ 日本語分野の名高い李先生に初めて会いました。
　일본어 분야에서 명성이 높은 이 선생님을 처음 뵈었습니다.

　⇨ 日本語分野の名高い李先生に初めてお会いいたしました。
　　　⇨ 日本語分野の名高い李先生に初めてお目にかかりました。

「申す」와 「おっしゃる」

'말하다'에 해당하는 「申す」는 자주 사용되는 겸양어이고, 「おっしゃる」는 존경어다.

	겸양어	존경어
言う	申す・申し上げる	言われる・おっしゃる

＊ ええ。おかげさまで。主人もよろしくと申しておりました。
　네, 덕분에, 남편도 잘 부탁드린다고 했습니다.

＊ 先生が言った通りのいい結果になりました。 선생님이 말씀하신대로의 좋은 결과가 나왔습니다.
　⇨ 先生が言われた(おっしゃった)通りのいい結果になりました。

「してあげる」와 「さしあげる」

「～してやる」의 겸양어는 「～してあげる」다.

＊ 傘を貸してあげます。우산을 빌려드리겠습니다.

여기에서 「あげる」는 「差す」「存ずる」「申す」 등에 붙여서 겸양표현을 만들기도 한다.

＊ こちらからご連絡を差し上げます。 저희 쪽에서 연락을 드리겠습니다.

＊ いいえ、私は存じ上げません。아니요, 저는 모릅니다.

「してあげる」는 경어의 의미가 조금 가볍게 때문에 손윗사람에게 사용할 때는 「差し上げる」「～して差し上げる」를 쓰는 것이 좋다. 다만, 상황에 따라서는 주제 넘는다는 인상을 줄 수도 있기 때문에 주의가 필요하다. 예를 들면, 「先生、駅まで車で送ってあげます。 선생님, 역까지 차로 데리려 드리겠습니다.」 라고 하면, 상대방에게 좀 주제 넘는다는 인상을 줄 수 있기 때문에, 이때는 「先生、駅まで車でお送ります。 선생님, 역까지 차로 모시겠습니다.」 라고 하는 편이 좋다.

「伺う」와 「承る」

「伺う」는 「聞く 듣다」 「尋ねる 방문하다」 「訪問する 방문하다」의 겸양어이다.

* 先生にお話を伺いました。 선생님에게 이야기를 들었습니다.

* 少々伺ってもよろしいですか。 좀 물어봐도 되나요?

* 先日、先生のお宅に伺いました。 일전에, 선생님 댁을 방문했습니다.

「承る」는 「聞く 듣다」 「引き受ける 받다」 「わかる 알다」의 겸양어이다.

* 皆様のお考えを承りたいと存じます。 여러분의 생각을 듣고 싶습니다.

* 確かにご予約を承っております。 분명히 예약해 두었습니다.

참고로 「承りました」는 비즈니스에서 널리 사용하는 말로, 「承知いたしました 알겠습니다」 「かしこまりました 알겠습니다」도 거의 같은 뜻으로 사용되고 있다.

「遠慮なさる」와 「ご遠慮ください」

「遠慮する」의 존경어는 「遠慮なさる」이며, 겸양어는 「遠慮させていただく」다.

* 遠慮なさらずに、どんどん召し上がってください。 사양하지 마시고 계속 드세요.

* せっかくのお誘いですが、遠慮させていただきます。 모처럼의 권유인데 사양하겠습니다.

주의할 것은 명령이나 의뢰의 존경어로는 「ご遠慮ください。 삼가해 주세요.」가 있다는 것이다.

* 店内での携帯電話の使用は、ご遠慮くださいますか。

가게 안에서의 휴대전화사용은 삼가주시겠습니까?

또한 겸양어로는 「ご遠慮いただけますか。 ご遠慮願えますか。」표현이 있다.

* ここではたばこをご遠慮願います。 이곳에서는 담배를 삼가주시기 바랍니다.

「お目にかかる」와 「お目にかける」

「会う 만나다」의 겸양어는 「お目にかかる」이고, 「見せる 보이다」의 겸양어는 「お目にかける」다.

* また、お目にかかりたく存じます。 또, 만나 뵙고 싶습니다.

* 機会があれば、お目にかけましょう。 기회가 되면 보여드리지요.

색인

저자 약력

이경수 (李暻洙)

- **출생** : 강화도 (과수원집 장남)
- **소속** : 한국방송통신대학교 일본학과 교수
- **학위** : 일본 히로시마대학 교육학연구과 교육학박사
- **전공** : 현대일본어문법(통사론)
- **학회 봉사 활동** : 동아사이 사랑방 포럼 공동대표(현)

   (전) : 한국일본어학회회장, 한국일어교육학회 편집위원장, 한국일본학회 부회장, 한국일본근대학회부회장,
   한국방송통신대학교 중앙도서관 관장. 인문과학대학 학장

- **방문 교수** : 캐나다 브리티쉬 콜럼비아대학, 나고야대학 문학연구과
- **중학교 고등학교 일본어교과서 집필** : 7차 교육과정, 2006 교육과정, 2009 교육과정, 2015 교육과정
- **각종 일본어 관련 시험 출제 및 평가위원**
- **저서** : 알면 다르게 보이는 일본문화 1, 2, 3 (지식의 날개) (공저)
- **역서** : 일본인이 오해받는 100가지 말과 행동(한울)
- **국외 전공 저서**

   『日本語教育の展開』(共著) 日本、渓水社

   『世界をつなぐことば』日本、三元社

- **연구보고서** (課題番号国11691041)

   「日本語教育のためのアジア諸言語の対訳作文データの収集とコーパスの構築」

   「韓国人日本語学習者の語彙認識に関する一考察」日本国立国語研究所

- **주요 논문 (일본)**

   「日・韓両語における複合動詞「-出す」と「-내다」の対照研-本動詞との関聯を中心に」『日本語教育』 89号
   日本語教育学会

   「現代朝鮮語の複合動詞について動詞の語日尾(아+내다를中心に」『朝鮮学報』 第162輯

   「中間的複合動詞「きる」の意味用法の記述」『世界日本語教育』 7号 国際交流基金

   「日韓両国語における複合動詞の格の対照考察」『NIDABA』 24号 西日本言語学会

- **국내 주요논문 50여 편**

우오즈미 야스코 (魚住 泰子)

- **출생** : 大阪 (오사카 출신)
  _{おおさか}

- **학력**

  한국외국어대학교대학원 일어일문학과 어학 박사

- **소속**

  한국방송통신대학교 일본학과 객원교수

- **경력**

  (전) EBS라디오 '야사시이 일본어' 출연

  인천대학교 일어교육학과 객원교수

  한국외국어대학교 통번역학부 일본어학과 강사

  중앙대학교 아시아문화학부 일본어문학전공 강사

  숭실대학교 일어일문학과 강사

  한양사이버대학교 일본어학과 강사

  명지전문대학교 일어일문학과 강사

  인터넷강의) 다락원 「뉴코스일본어(중급)」 「다이나믹 일본어」 「일본어 마스터1, 2, 3」

- **저서**

  일본어활용 2 (2022) 한국방송통신대학교출판문화원 사공환 및 3명 공저

  일본의 언어와 문화 (2022) 한국방송통신대학교출판문화원 이경수 및 5명 공저

  알면 다르게 보이는 일본문화 2 (지식의 날개) 강상규 및 56명 공저

- **논문**

  「現代日本語「いる」の分類に関する一考察」韓国外国語大学

  「現代日本語「XにYがある」に関する一考察 - 時間的限定性を中心に一」『日本語教育研究』第43輯

  「現代日本語「いる」存在文の時間的限定性における連続性」『日語日文学研究』第108輯　韓国日語日文学会

  「現代日本語の「いる」「ある」存在文に関する研究」韓国外国語大学

MEMO